P. BIZEUL

Chinois & Missionnaires

UNE PERSÉCUTION

DANS LA PROVINCE DE NING-KO-FOU

LIMOGES

MARC BARBOU & Cie, ÉDITEURS

RUE PUY-VIEILLE-MONNAIE

Chinois & Missionnaires

FORMAT IN-QUARTO CARRÉ

PROPRIÉTÉ DES ÉDITEURS

Le P. J. Seckinger, s. j.

fondateur de la mission du Ngan-hoëï.

P. BIZEUL

Chinois & Missionnaires

UNE PERSÉCUTION
DANS LA PROVINCE DE NING-KO-FOU

Édition ornée de vingt-huit gravures

LIMOGES
MARC BARBOU ET Cⁱᵉ, ÉDITEURS
RUE PUY-VIEILLE-MONNAIE

PRÉFACE

Les regards sont tournés vers le Céleste Empire. Une nation dix fois moins considérable a soulevé encore une fois le voile prétentieux qui cache ses pieds d'argile.

Dans cette guerre de 1894-1895, le géant s'est laissé surprendre, c'est vrai ; mais il y a des surprises qui ne surprennent personne que le présomptueux.

Depuis plusieurs années, cependant, malgré les cris de désespoir du vieux parti des arcs et des flèches, un semblant de préparation lointaine avait attiré l'attention. Si la mode change vite au matériel de guerre, celui qui avait pris la route de Chine était encore singulièrement nouveau, comparé à celui qu'il remplaçait. Mais en dehors d'une partie de la flotte et de quelques arsenaux, l'essai ressemblait plutôt à une fantaisie, et les soldats privilégiés à des amateurs.

Néanmoins, l'Europe qui juge trop l'Orient avec les idées d'Occident, paraissait croire que la résistance offrirait quelque intérêt. Il n'en fut rien. On avait oublié d'acheter le génie des batailles.

L'issue de ce grave conflit est connue ; sa portée sera encore assez longtemps inappréciable.

Une réforme complète dans l'organisation de la défense nationale sera étudiée, car l'évidence a dû vaincre en principe la force du vieux courant ; mais ces modifications capitales en nécessitent de trop graves dans l'économie tout entière pour qu'on puisse rien prévoir.

Pendant que l'impérieuse intervention de trois puissances (1) rappelait sagement au Japon qu'il n'est pas complètement émancipé, nous perdions un spectacle auquel le monde eut assisté avec le plus vif intérêt. Je veux parler de la transformation de la Chine.

(1) Russie, France, Allemagne.

L'hypothèse est fort vraisemblable. On pouvait tout supposer, du jour où les Européens se fussent tenus en dehors du conflit. A considérer moins la force des vainqueurs que le désarroi des vaincus, autant encore la défection morale de ceux-ci que leur désintéressement patriotique, un changement dynastique paraissait possible et le protectorat du Japon pouvait être directement ou indirectement une main mise sur le Céleste Empire.

Pareil coup d'état ne peut étonner que quiconque n'a pas bien pesé l'apathie indifférente des basses classes et le servilisme des hauts fonctionnaires, tous incapables de se passionner pour un drapeau, même celui de la patrie.

Nous avons donc été peut-être sur le point d'avoir à contempler la transformation de la Chine, ou conquise ou soumise par alliance forcée.

Qu'eût été cette lutte d'un nouveau genre? Il est plus facile de poser la question que d'y répondre. Toutefois, l'incroyable hardiesse, la savante méthode, la prudente circonspection et surtout l'unité d'entente des vainqueurs permettaient les meilleurs présages.

On a parfois rêvé et répété la crainte d'une Chine de l'avenir, rappelant les hordes envahissantes qui ont menacé l'Europe aux premiers jours du moyen âge. N'est-ce pas un peu confondre Tartares et Tartares, Tartares et Chinois?...

Depuis de longues années, ceux-ci émigrent dans les îles espagnoles et hollandaises; ils ont surtout attiré l'attention en Californie. Est-ce pareille invasion qui inspire cette assimilation? Il n'y a même pas analogie. Ces envahisseurs pacifiques sont des abeilles qui n'oublient jamais leur ruche et n'ont pas d'aiguillon. Elles ne quittent leurs parages que pour trouver des fleurs. Le jour où l'industrie chinoise prendra son essor par l'exploitation des voies ferrées et des mines, une Chine souterraine se peuplera et engouffrera des masses; les fabriques, dont le nombre croît chaque jour, absorberont des multitudes; l'agriculture deviendra prospère par les facilités d'exportation et n'aura jamais trop de bras. Le besoin d'émigrer cessera pour longtemps.

Les diplomates se sont sans doute préoccupés de l'impulsion des Japonais, qui semblent vouloir l'Orient aux Orientaux et qui seraient capables d'une puissante initiative, du jour où ils pourraient s'appuyer sur la Chine tranformée par eux et facilement gagnée à une thèse qui lui est instinctivement très chère. Les puissances étrangères veulent diviser pour régner.

Mais cette influence du Japon est-elle pratiquement à craindre? Les Japonais s'en défendent énergiquement, mettant en avant, non sans apparence de raison, la nature si différente de leur caractère et l'histoire de leurs progrès très significative.

On a remarqué que la Chine, loin d'accepter la loi de ses vainqueurs, les a toujours absorbés. N'en serait-il pas encore de même aujourd'hui pour un dictateur de fortune, forcé de quitter le champ de bataille?

Sans doute que l'histoire du passé peut souvent aider à prévoir l'avenir; néanmoins, pour qu'il y ait probabilité d'effets, il faut qu'il y ait parité ou au moins analogie de circonstances.

Dans les siècles passés, les vainqueurs ne jetèrent jamais dans la balance qu'une épée stérile ; son choc, plus que son poids, rompait momentanément l'équilibre. Il eut fallu quelque chose de plus et même beaucoup plus. L'épée est un instrument de destruction, il faut derrière elle et avec elle des principes, une civilisation, des idées. Entrés en Chine par la brèche, ces barbares sont dépaysés hors du champ de bataille et reconnaissent vite leur infériorité. Ils ne pouvaient toujours combattre, ils devaient donc disparaître.

Quand nous envisageons la situation actuelle, elle nous apparaît toute différente. La Chine n'a aucun avantage relatif. Au point de vue militaire, les progrès modernes qui s'imposent, et qu'elle s'obstine à ne pas prendre au sérieux, la placent d'emblée au dernier rang. Au point de vue des idées, elle est à demi conquise par l'ouverture des ports aux Européens et l'infiltration des nouvelles méthodes et des nouvelles choses. Au point de vue religieux, elle est au fond très indifférente ; rien en ses superstitions ne revêt le caractère du fanatisme comme en Algérie. Au point de vue administratif, livrée pieds et poings liés à l'arbitraire, elle est sinon aigrie, au moins complètement désaffectionnée.

Au point de vue patriotique, elle n'a ni la religion du drapeau, ni l'amour de son prince, ni l'unité fraternelle qui sont les suprêmes forces nationales. On ne voit pas pourquoi le Japon, ayant des principes à opposer aux principes, une civilisation de progrès à opposer à une civilisation primitive et plus apparente que réelle, de plus, ayant avec ces éléments vitaux une force dès longtemps supérieure pour leur venir en aide et leur permettre de prendre racine, loin d'être absorbé par la Chine, n'aurait pas été capable de la transformer comme la greffe transforme le sauvageon.

Au bout d'une génération, les rétrogrades impénitents auraient disparu sous la nouvelle couche, et aux Chinois des temps *héroïques* aurait succédé la Chine moderne. Pour pleurer un pareil deuil, faut-il d'avance savoir ce que sera la Chine de l'avenir?

Tel est le spectacle que semblaient nous préparer les lauriers peu platoniques du Japon qui, dans sa fortune, ne se serait certainement pas, comme les preux chevaliers de France, contenté d'honneur et de promesses.

Mais la Providence a voulu châtier et épargner encore. Réserve-t-elle à la Chine mieux que l'influence d'une voisine païenne encore et incapable, avec son progrès matériel, de lui imposer autre chose qu'une nouvelle civilisation bâtarde comme toute civilisation sans Dieu. Espérons-le et ne regrettons pas un retard. Le Japon a besoin de se perfectionner lui-même avant de perfectionner les autres. Il a bu trop de sang de martyrs et possède un tempérament trop bien accentué pour n'être pas susceptible de réforme religieuse ; mais elle est encore à attendre.

Pour la Chine, la question est toute différente. Maintenant que nous avons écarté l'hypothèse, nous pouvons considérer la réalité.

La Chine est aujourd'hui ce qu'elle était hier, avec une immense défaite en plus et des possessions en moins.

C'est la quatrième fois depuis la *guerre de l'opium* qu'elle se mesure et la quatrième fois qu'elle est battue à merci.

En 1840, l'Angleterre eut pu infiniment davantage profiter de sa force ; personne ne semblait vouloir entraver sa liberté.

Sa modération, qui suivit les terribles représailles du combat, porta les Chinois à croire qu'ils avaient encore du prestige, et comme sa cause était à leurs yeux indivisible de celle des autres nations européennes (la géographie n'entre pas dans les programmes des examens littéraires), le crédit des *étrangers* ne garda pas longtemps son lustre.

Car, il faut, non seulement le savoir, mais agir en conséquence : jamais la Chine n'a signé de bon cœur aucun traité avec nous.

Pourtant, tous ces traités sont des *traités de paix* au lendemain d'une grande défaite ; et toutes leurs défaites sont une juste punition de violations du droit des gens.

Inutile d'apporter ici les témoignages connus d'une haine perfide qui ne désarme pas. Remarquons seulement qu'elle a donné naissance au *Protectorat des missionnaires*

L'Angleterre depuis longtemps fait l'inique commerce d'empoisonnement qui abrutit et appauvrit le Chinois. Voulant y remédier, l'empereur fait brutalement jeter à la mer vingt mille caisses d'opium qui ne lui appartenaient pas. La guerre de 1840 répondit à cette mesure aussi maladroite qu'inefficace.

Quoi qu'il en soit, le traité de 1846, par lequel la France obtenait la liberté du christianisme, était une de ces surprises providentielles à laquelle on était loin de s'attendre. C'était bien le diable qui avait ouvert la brèche. La France se donnait une mission digne de la Fille aînée de l'Eglise. Désormais la position des missionnaires en ce pays infidèle, pour n'être pas sans dangers, prend un caractère officiel qui assure l'avenir, autant que peut le permettre la fragilité des puissances humaines.

Disons à ce propos qu'il serait singulièrement étrange qu'on vînt, de l'immixtion de la diplomatie française dans les affaires des Missions, à émettre le paradoxe que cette protection leur est défavorable.

Oui, il semblerait, mais c'est quand on y regarde à l'aveugle, que si le missionnaire d'aujourd'hui peut se prévaloir de nos cuirassés, le Chinois soit en droit, de dire qu'il leur ménage un parti et fonde un état dans l'état. Mais cette affirmation est ridiculement gratuite. Ce qu'il y a de vrai, c'est que nos marins protègent les missionnaires que les Chinois égorgent ; ce qu'il y a de faux, c'est que le missionnaire prêche autre chose que l'Evangile et prépare autre chose que de bons chrétiens chinois. En pense ce que voudra le lettré si peu scrupuleux, d'ailleurs.

Comment se fait-il qu'avant 1846, dès les premiers temps des premiers missionnaires, au moins sous Kang-hi, dans toute la durée de cette longue période, la même calomnie armait contre eux les masses crédules et fut un des principaux griefs de Yong-tcheng le persécuteur, fils de Kang-hi?

Non, ne nous flattons pas que, par un sot libéralisme, nous puissions ramollir pareil endurcissement. Vous voulez aller aux Chinois comme les Apôtres; vous êtes des temps Apostoliques, vous n'êtes pas du temps présent. L'expérience des siècles passés vraiment suffit. Il ne faut pas ingenûment seconder les ardents désirs du paganisme intransigeant comme le démon qui en est l'âme.

Qui donc peut ignorer qu'en Chine les manœuvres de la cour et de ses principaux représentants tendent toujours à établir une entente directe avec Rome? Est-ce par zèle pour la vérité ou pour évincer la protection gênante du *bras séculier*? Comment pareilles prétentions ne seraient-elles pas du plus pur machiavélisme, quand, malgré la crainte du canon, il ne se passe pas une année qui n'ajoute aux annales de l'Eglise quelques pages douloureuses? Il faut accorder que le pouvoir se trouve toujours désarmé en face de l'émeute; mais à quoi tient cette faiblesse? N'est-elle pas la plupart du temps une manœuvre de l'autorité? La suppression du Protectorat sera-t-elle un remède? Quelles garanties seraient offertes?

Au lendemain du traité de M. Lagrené, le vice-roi du Fo-kien, disait dans une circulaire confidentielle : « Les Français ne font pas très grand cas de leur commerce, mais ils voudraient répandre la religion chrétienne dans le monde entier (plût à Dieu!) pour en avoir de la gloire... insensiblement nous en reviendrons à surveiller la *perfidie* des chrétiens ».

Nous verrons dans la suite du récit les sentiments des mandarins de tout grade à l'égard de la religion.

D'ailleurs, que penser d'un pouvoir monarchique qui, réputé absolu, n'est en réalité que la plus faible présidence d'une république bâtarde.

L'empereur Tao-Koang écrivait en 1847 au vice-roi de Canton : « Les cités ont été élevées pour protéger le peuple, et la *volonté du peuple* sert de base aux décrets du ciel. Si les habitants de Canton refusent aux étrangers l'entrée de leur ville, comment puis-je promulguer un édit impérial qui méconnaisse ce vœu populaire? »

Ce n'est pas sans une joie profonde que la Chine a vu les nations européennes prendre à leur compte propre la protection de leurs missionnaires respectifs. Cette prérogative était trop flatteuse pour chaque drapeau, les menées de Ly-hong-tchang ne pouvaient qu'aboutir, et l'événement ne cessera de montrer les bénéfices que la Chine païenne doit en retirer. Pour les Missions, il en va sans doute autrement.

Qu'un missionnaire suédois, italien, belge, soit massacré, verrons-nous l'Italie envoyer sa flotte et faudra-t-il que la Belgique arme en guerre? En 1894, deux protestants suédois ont été tués, quelles ont été les revendications?

Les Missions belges ont été détruites, quelles réparations a-t-on obtenues?

Ce sont d'ailleurs autant de coups portés au prestige européen, et il est difficile d'espérer une entente internationale.

Cependant, la Chine est une grande nation, grande par son territoire, ses peuples, son âge, ses ressources et son avenir, si le christianisme y est favorisé ; car l'histoire est là pour montrer qu'il est la seule porte par laquelle on chasse efficacement la barbarie. A différentes reprises, il a jeté en Chine des racines profondes et, sous différents empereurs, reçu droit de cité. Les récents traités lui ont donné des titres imprescriptibles, et s'il lui faut une tutelle parce qu'il est faible, difficile à élever, et aujourd'hui moralement mineur, que cette tutelle s'exerce donc pour la réforme radicale d'un peuple qui ne peut et n'a pas le droit de s'en plaindre.

La vérité est un droit pour le Chinois ; il est de la justice des nations de le favoriser, et ce n'est pas violer les droits d'un empereur que de soutenir ses sujets et ses enfants, alors qu'il viole les leurs et les plus sacrés de tous.

La liberté de conscience n'a rien à réclamer, si ce n'est contre l'oppression d'un gouvernement qui la refuse quand il persécute ceux que la religion a pacifiquement conquis.

La conquête et le partage de la Chine seraient chose facile, comme l'a encore une fois montré la guerre du Japon ; mais, si cette solution sommaire et injuste, à moins de circonstances exceptionnellement graves, était un acheminement à sa transformation, il y aurait toujours à poser la question des principes civilisateurs qui n'ont rien de commun avec le *progrès matériel* brutalement compris.

Le christianisme, lui, n'a pas besoin de se faire creuser pareil sillon pour s'implanter.

Il est déjà acclimaté et prêt à étouffer les plants sauvages, si on lui laisse le soleil.

Lui seul suffit pour transformer la Chine ; et il en a bien transformé d'autres avant le siècle actuel, le siècle du progrès par excellence. Il lui conservera son autonomie et lui donnant la grandeur morale ; le progrès matériel ne se fera pas attendre. Celui-ci prendra son essor quand la justice aura fait fleurir la confiance.

Le christianisme, d'ailleurs, n'est pas de ces vainqueurs qui aient à craindre d'être *absorbés*. La lumière ne craint pas les ténèbres.

Depuis 1846, la religion chrétienne a fait un pas immense, à la faveur du Protectorat appelé providentiellement à remplacer les demi-moyens des monarques tenus en lisière par une constitution barbare, qu'ils n'ont su ni royalement braver, ni définitivement rompre. Leurs contradictions ne pouvaient aboutir à fonder le christianisme.

Comme en beaucoup de choses, la Chine en cela ne ressemble pas aux autres nations. La France a eu son Clovis, l'Angleterre son Ethelbert, l'Espagne un Récarède et Rome, Constantin. Partout, une main puissante porte le flambeau. A la conversion d'un peuple s'attache le souvenir d'un nom. Ici, à quelque époque de l'histoire religieuse qu'on remonte, qu'on envisage les succès religieux sous les *Yuen*, sous les *Ming*, ou sous les *Tsing*, on verra des empereurs favoriser la prédication d'une doctrine qu'ils approuvent, mais pas un ne fera le sacrifice de ses passions pour recevoir l'eau du baptême.

Aussi la faveur impériale semble-t-elle un caprice sans grande importance aux yeux de l'aristocratie littéraire. Les lois, la constitution, la coutume, le Tribunal des Rites, le corps des lettrés, tout ce colosse anonyme et impersonnel, dont l'esprit séculaire est aveugle, se tait un instant, que cet instant soit un siècle, peu importe, puisque lui, la vraie Chine, subsiste, attend et ne varie pas. Il a survécu aux princes, il est encore aujourd'hui identique en face des traités. Il le signe, mais il n'entend pas signer sa condamnation (1).

Toutefois, ce monstre qui est le paganisme quand même de droit, la persécution latente de fait, qui incarne en même temps la haine de tout progrès, qui se dressait toujours entre les meilleurs empereurs qu'il dominait et les missionnaires, qui est cause de toutes les difficultés aujourd'hui, a perdu une grande partie de sa force parce qu'il a peur du canon.

Et voilà pourquoi le Protectorat armé nous vaut une position meilleure de fait et incontestablement plus assurée pour l'avenir que la faveur de Chœn-tche, de Kang-hi ou de tout autre prince. Car non seulement la mort de ces empereurs rouvrit l'ère des persécutions, mais qu'on lise les lettres des missionnaires et on verra que, sous leur règne, le paganisme ne désarma jamais.

Pendant que ce dernier faisait élever une église à Pékin, le P. Hervieu, à Hoang-tcheou, était contraint d'abandonner une masure récemment achetée, parce qu'un bonze avait ameuté la populace et que le mandarin lui donnait victoire.

Des amis influents s'interposent auprès du vice-roi ; mais celui-ci, *fort des coutumes* contre l'empereur lui-même, menace de porter l'affaire au Tribunal des Rites. Accepter cet arbitrage était imprudent, car on lui avait récemment arraché une faveur, il ne fallait pas trop tôt y revenir.

Les accusations les plus extravagantes qui courent aujourd'hui se redisaient partout. Les étrangers voulaient se rendre maîtres du pays, tous les maux résultaient du baptême, les pères arrachaient les yeux pour faire des lunettes. A Pékin même, un mandarin, s'étant fait chrétien, se voyait abandonné de sa famille et était réduit à la misère (2).

Pour bâtir l'église de Pékin à l'européenne, il fallut toute l'autorité de l'Empereur et la présence d'un mandarin spécialement chargé de faire exécuter ses ordres.

(1) Le *Daily News*, journal de Chang-haï, écrivait à la date du 11 décembre 1895, qu'à Soutcheou, à la librairie impériale, on imprime encore les articles du code chinois contre le christianisme : « Tout Européen qui prêche la religion et fait des conversions sera condamné à la prison, puis à la strangulation. De même tout Mantchou ou Chinois qui engagera les autres à se faire chrétien, ou sera considéré comme chef de religion, sera puni du même châtiment. » Cette preuve est-elle assez concluante ?
(2) *Lettres édifiantes*, t. IX. 331.

En 1687, le P. de Fontaney et ses compagnons abordent à Ning-po. Les mandarins du lieu les reçoivent bien, mais le vice-roi les blâme et veut écrire à la Cour des Rites pour faire expulser les nouveau-venus. Trois mois après, l'empereur écrivait : « Que tous viennent à ma cour. Ceux qui savent les mathématiques demeureront auprès de moi pour me servir, les autres iront dans les provinces où bon leur semblera ». Le vice-roi ne reçut pas un blâme.

Un jour, les Pères de Pékin apprirent que le gouvernement du Tche-kiang avait chassé les chrétiens. Ils s'adressèrent à l'empereur. Celui-ci proposa d'étouffer l'affaire. « Mais, lui dirent les Pères, ce sera toujours à recommencer. »

L'empereur permit donc qu'on lui adressât une requête ; il la donna à la Cour des Rites pour être examinée.

Les examinateurs, qui connaissaient pourtant les sentiments du monarque, après avoir rappelé tous les édits proscripteurs, conclurent que la religion chrétienne ne pouvait être tolérée. L'empereur rejeta leur conclusion. Dans un second rapport, les examinateurs persistèrent à refuser l'approbation. Ils appliquaient les édits, et voilà Kang-hi, l'ami des missionnaires, le plus autocrate des empereurs chinois, qui accepte la conclusion. Défense aux Chinois de se faire chrétiens !

Les Pères de Pékin, à cette nouvelle, furent consternés et ne cachèrent pas leur inconsolable douleur. Kang-hi n'était pas satisfait, il eut voulu contenter tout le monde. Il offrit d'envoyer un Père dans les provinces avec des marques d'honneur qui convaincraient tout le monde de l'estime qu'il faisait des missionnaires et de l'approbation qu'il donnait à leur loi. Ce n'était qu'un demi-moyen. Voyant que la douleur des Pères ne diminuait pas, l'empereur appela le prince de Sosan pour le consulter. Celui-ci était très dévoué à la bonne cause.

— Quel moyen de les satisfaire, lui dit Kang-hi, si les tribunaux s'obstinent à ne vouloir pas approuver leur loi?

— Seigneur, répondit Sosan, il faut leur montrer que vous êtes le maître. Si vous me l'ordonnez, j'irai trouver les mandarins et je leur parlerai si fortement qu'aucun ne s'éloignera des désirs de Votre Majesté.

Ainsi fut fait. Les mandarins tartares se rendirent les premiers, les Chinois suivirent. Un édit fut affiché dans toutes les villes et enregistré dans les tribunaux (1).

Cet acte de vigueur eut une portée immense, mais les édits de proscription demeuraient. Le prince lui-même, les grands, tous gardaient leur culte et leurs rites païens. C'était une contradiction.

De contradictions, Yong-tcheng ne se privera pas.

D'une main haineuse, il signe l'expulsion des missionnaires qui prêchent l'Evangile dans les provinces, et de l'autre, il retient à la cour les Jésuites qui, après plus de cent ans de travaux de toutes sortes, n'ont pu arriver à faire école

(1) *Lettres édifiantes*, t. IX. Lettre du P. de Fontaney.

de science et de beaux-arts ; tant l'esprit routinier était vivace et sans repentance ! « Il est même à craindre, écrivait en 1730 le P. Parennin, que dans un changement de dynastie (il pouvait dire de règne) les vieux instruments chinois, mis au billon par l'ordre de Kang-hi, ne reparaissent avec honneur, et que ceux qui occupent aujourd'hui si utilement leur place ne soient envoyés à la fonderie pour en éteindre jusqu'au souvenir. »

Pendant ce temps-là, le P. Barborier entre en Chine dans un cercueil. La Chine chrétienne ayant aussi son genre de catacombes où les Jésuites, si calomniés dans les chaînes de leur esclavage à la cour, sont les premiers à donner l'exemple du sacrifice.

Cet empereur, fidèle image de l'esprit du monstre impersonnel qui gouverne, reçoit une légation de Benoît XIII, y répond avec majesté, ne néglige pas d'offrir *cent pièces de soieries* comme témoignage de respect, et la persécution suit son cours.

Voilà, nous semble-t-il, ce que nous apprend l'histoire sur l'efficacité des faveurs des princes qui ont protégé la religion en Chine, et pourquoi cette nation est encore païenne, car un gouvernement schismatique, hérétique ou païen constitutionnellement, doit être persécuteur s'il est intolérant. Les Chinois le sont, car ils ont en principe la logique de leur aveuglement.

Il nous paraît donc impossible de ne pas reconnaître, pour l'avantage des Missions, l'influence décisive des puissances, inaugurée par les traités.

Grâce au Protectorat, la religion est indépendante vis-à-vis de l'empereur et pas n'est besoin que des missionnaires, par des prodiges d'abnégation, se fassent pour ainsi dire les esclaves des caprices d'un prince pour gagner ses faveurs éphémères à la religion.

Elle est indépendante vis-à-vis des tribunaux suprêmes qui gouvernent à proprement parler l'empire, car les puissances qui la protègent traitent d'égal à égal avec eux.

La faveur si aléatoire d'un prince n'assurait pas l'avenir ; il semble assuré aujourd'hui ; car les puissances, soit qu'on envisage leurs intérêts en Orient, soit qu'on regarde leur antagonisme, ne peuvent à aucun prix négliger la question religieuse.

Maintenant, que le Céleste Empire ait à cœur de s'affranchir de cette tutelle et désire, au lieu du Protectorat de fer, un Légat de la cour de Rome, il est plus facile de comprendre son vœu que d'y adhérer dès aujourd'hui. Toutefois, lorsque la Cour de Pékin, en échange de cadeaux et de cent pièces de soieries, demandera des prédicateurs de l'Evangile ; quand, en échange de tout son vieil arsenal d'édits proscripteurs et de principes intolérants, le Tribunal des Rites, qui ne connaît que sa consigne, aura enregistré une constitution dont les articles relatifs au christianisme plaisent au Pape, alors la Chine pourra peut-être voir l'aurore de son émancipation. Le Protectorat des Missions, au jour de cette renaissance, aura fini sa glorieuse et pénible épopée dont, au mois de février 1896, les missionnaires n'ont pas manqué de rappeler l'heureuse cinquantaine.

En attendant l'avenir qui est à Dieu, nous verrons toujours avec une joie extrême les vaisseaux français et leurs intrépides marins prêts à braver tous les dangers pour aider notre œuvre divine, courir des bords de la mer Jaune et remonter les eaux majestueuses du fleuve Bleu.

Qui donc parmi nous leur ménagerait sa reconnaissance? Que ce modeste souvenir soit un témoignage de la nôtre.

I

La Préfecture de Ning-ko-fou

I

LA PRÉFECTURE DE NING-KO-FOU

En quittant Chang-haï pour se rendre à Ning-ko-fou, le voyageur remonte le fleuve Bleu et, après 36 heures de navigation à vapeur, il arrive à Ou-hou.

Cette sous-préfecture est devenue depuis vingt ans un entrepôt de commerce considérable et son importance grandit tous les jours. Cinq pontons, au service des différentes compagnies de bateaux à vapeur qui sillonnent le fleuve, suffisent à peine pour le service des voyageurs et des marchandises.

Une douane impériale desservie par des Européens augmente l'activité du port. Les faubourgs débordent dans la campagne et surtout sur les rives du fleuve. Les nouveaux quartiers, bâtis au centre du mouvement commercial fixé par le mouillage des navires, accaparent la fortune, tandis que, resserrée dans ses murailles traditionnelles, la ville s'appauvrit dans son isolement.

Les entrepôts de riz depuis quelques années ont pris beaucoup d'extension, grâce aux vapeurs de commerce qui viennent s'approvisionner à Ou-hou. Des trains immenses de bois descendent du haut du fleuve et s'y arrêtent. A certaines époques ils occupent plus d'une lieue sur les rives, en aval du port. Beaucoup de ces bois s'écoulent dans le pays dont les plaines et les collines sont absolument déboisées ; une grande partie descend à Nan-kin.

Il est assez curieux d'observer l'industrie de ces grandes compagnies de débardeurs. Il ne leur faut pas moins de deux mois d'une navigation on ne peut plus laborieuse, pour *flotter* jusqu'à Ou-hou ces vastes radeaux qui mesurent parfois cent mètres de long sur trente de large. Ce sont de vrais villages flottants; car toute une population y demeure dans une dizaine de maisons de bois, de planches ou de bambous, couvertes de nattes et parfaitement aménagées. Diriger ces masses énormes demande un personnel considérable et très expérimenté. Le fleuve Bleu à la sixième lune remplit son vaste lit, quand il ne déborde pas, et son courant peut atteindre cinq à six nœuds.

Ou-hou est encore un entrepôt d'opium depuis 1877. L'importation tend à diminuer depuis que les Chinois se sont mis à la culture du pavot, fort lucrative. Les prohibitions de l'autorité n'ont obtenu aucun résultat. Les mandarins, pour la plupart, fument et leur entourage surtout s'adonne à cette passion avec frénésie. Les soldats sont réputés grands fumeurs, et l'empereur semble avoir pris le parti de fermer les yeux sur une plaie nationale qui peut devenir fatale à l'empire, mais qui rapporte énormément au trésor.

« Ou-hou, dit le P. Havret (1), possède une cinquantaine de magasins qui servent de correspondants aux marchands étrangers... Une caisse d'opium revient environ à 600 piastres *mexicaines*; ils la revendent 650 piastres *carolus*, soit au cours actuel 865 mexicaines; ce qui donne par caisse un bénéfice de 265 piastres. On compte dans cette ville 5,000 maisons qui servent de fumoirs publics. Quatre d'entre elles sont somptueuses et contiennent chacune 60 lits de camp (car le fumeur ne déguste son poison que couché sur le côté). Ces établissements ne mettent pas moins de 50,000 pipes à la disposition de leur clientèle. Pour cette seule ville et sa banlieue, on pourrait estimer la dépense annuelle à 11 millions de francs. La population, il est vrai, dépasse 300,000 âmes. » On peut, par cette courte statistique, se faire une idée des ravages de ce poison qui envahit toutes les classes de la société et séduit déjà une notable portion des habitants de la campagne.

Pour se rendre à Ning-ko-fou, il faut prendre une barque, c'est le moyen de transport le plus commode. On remonte la petite rivière pendant 140 li (2). Peu à peu les plaines de riz, sans aucun pittoresque, font place à une nature plus accidentée et les collines se dessinent bientôt à l'horizon. On voit au loin une ligne montueuse, capricieusement découpée, dont la teinte bleuâtre tranche sur les nuages, c'est le pays de Ning-ko, situé par 31 degrés de latitude nord, entre le 116e et le 117e degré de longitude est. Comme toutes les autres, la ville de Ning-ko-fou a été très endommagée

(1) *La Province du Ngan-hoeï*. — Chang-haï, mission catholique. (*Variétés sinologiques*.)

(2) Le li est la mesure itinéraire chinoise qui vaut environ 660 mètres : 10 li font donc un peu plus d'une lieue et demie. Les mots *fou* et *hien* reviennent souvent. *Fou*, veut dire préfecture ; *hien*, sous-préfecture.

Une fumerie d'opium.

par le passage des *rebelles* dont nous parlerons; sur une certaine partie des terrains, les ruines abandonnées restent enfouies sous l'herbe. Aucun monument ne mérite l'attention.

Le commerce qui s'y fait n'est qu'un échange de denrées vulgaires. Le paysan apporte son riz et ses légumes, il remporte les ustentils de ménage, les étoffes et les mille petits riens qu'il aime. Le port est assez commerçant, car on transporte à Ou-hou et à Nan-kin beaucoup de riz, de bois et de charbon; et les barques fournissent à Ning-ko-fou l'indispensable huile de pétrole, jadis inconnue, les étoffes anglaises, l'opium et les articles étrangers de fantaisie, qui de plus en plus, séduisent les indigènes.

La préfecture est de moyenne grandeur, mesurant environ 100 kilomètres du nord au sud et autant de l'est à l'ouest.

Elle compte 6 sous-préfectures (1); mais comme la partie du sud principalement est très montagneuse et encore assez peu productive depuis les dévastations de la rébellion, la population y est beaucoup moins dense que dans les plaines du nord du fleuve Bleu. D'ailleurs, l'immigration des étrangers ne cesse pas et les statistiques plus ou moins approchées que l'on essaie seraient toujours à refaire.

Une grande partie du Ning-ko est fort accidentée. Sans être à proprement parler un pays de montagnes, on rencontre, au milieu des chaînes infinies de collines qui se développent capricieusement, des mamelons et des pics de plus de 400 mètres d'élévation. Dans les vallées, la culture du riz est prospère et de nombreux torrents descendent vers le fleuve Bleu. Ils se déversent en trois torrents principaux dont l'un a son embouchure à 2 lieues en amont de Ou-hou, le second à Ou-hou même, le troisième à T'ai-p'ing-fou.

Les crues du fleuve Bleu ont une influence considérable sur tous les affluents de son bassin. Ce fleuve qui, près de Ou-hou, mesure 3 kilo-

(1) *Proportion sur dix sous-préfectures* :

Sous-préfectures	Habitants	Proportion sur dix d'indigènes	d'étrangers	Ceux-ci, du
Sinen-tchang	319,970	2	8	Hou-pé; Ho-nan
Ning-ko	212,936	2	8	Hou-pé; Kiang-pé
Kin-hien	187,432	5	5	Hou-pé; Ngan-kin
T'ai-p'ing	156,973	9	1	Hou-pé
Tsin-té	98,460	9	1	Hou-pé
Nan-lin	236,440	1	9	Hou-pé

Total 1,212,211 habitants, soit 453,631 indigènes pour 758,580 étrangers.

Ce tableau est emprunté au livre du P. Havret, *Variétés sinologiques*, n° 2.

mètres de largeur, monte à la sixième lune, vers le mois de juin, de plus de 20 pieds. D'ailleurs, la marée elle-même se fait sentir parfois d'un pied et davantage aux équinoxes. Ces grandes eaux, dues à la fonte des neiges, arrêtent le cours des torrents et même le courant remontant est sensible à 40 li en amont de l'embouchure de la rivière de Ning-ko-fou. A cette époque, non seulement la navigation est partout facile, mais ces crues qui coïncident avec la plantation et la culture du riz sont, pour une grande partie de la contrée, située en dehors des pays montagneux, une source de fortune presque assurée. Les digues énormes et fort bien entretenues par les riverains qui protègent les champs sont, de distance en distance, munies de batardeaux. Il est ainsi facile de régler la quantité d'eau que réclame la culture.

En partant du Ning-ko, le P. du Halde, il y a 150 ans, écrivait : « Les coteaux de cette préfecture sont très agréables à la vue, et ses montagnes toutes couvertes de bois fournissent aux herboristes d'excellentes herbes médicinales ». Il parlait principalement de la partie sud et ouest de cette contrée. « Hélas ! écrit à son tour le P. Havret en 1893 (1), ces beaux temps sont passés et les anciennes forêts, coupées à ras du sol par le vandalisme des âpres *Houpénois*, ont depuis un quart de siècle enlevé aux collines du Ning-ko-fou leur poésie avec leur parure.

« Le gouvernement qui a été impuissant à réprimer ces désordres le serait tout autant s'il tentait de s'adjuger, à titre de domaine d'état, pour les exploiter, ces immenses espaces qui sont vraiment *nullius*. »

Il n'est pas, disons le tout de suite, dans le génie des autorités chinoises d'avoir la haute main sur la direction de ce qui constitue le bien public. Le progrès matériel, l'amélioration des questions économiques, la protection efficace de l'agriculture et du commerce, la surveillance de la propriété, l'entretien des routes, la répression de certains envahissements particuliers et mille autres détails administratifs sont, en réalité, autant de chapitres qui laissent les mandarins dans la plus froide indifférence. Ils trouvent sans doute que la perception des impôts, le bénéfice des procès et le souci des intrigues pour monter en grade augmentent assez le poids de l'existence pour qu'on soit excusable de déposer tout autre fardeau. Etrangers à la contrée qu'ils administrent, d'après les règlements, changeant de poste tous les trois ans, ils passent complètement désintéressés du bien qu'il y aurait à faire. Etant peu rétribués, ayant besoin de beaucoup d'argent, l'administration devient une exploitation ; et comme le personnel du tribunal n'est pas payé du tout par le gouvernement, tout ce grand réseau subalterne, bureaucrates, huissiers et policiers, devient un

(1) La *Province du Ngan-hœï ; Variétés sinologiques ; Chang-haï.*

filet aux mailles serrées, dont on ne sort que si l'on est assez petit pour y passer ou assez fort pour le briser.

L'état ruineux et immobile de la Chine peut s'expliquer et ces dernières lignes peuvent jeter quelque jour sur cette question ; elles nous aideront à en comprendre plusieurs autres, car on s'explique difficilement qu'un peuple intelligent, d'ailleurs, dans un pays richement doté par la nature, reste pauvre au point de vue matériel, arriéré au point de vue intellectuel et complètement en dehors du mouvement actuel des autres nations. La loi qui menace de mort tout Chinois qui sort du territoire n'est point abrogée. Son application, comme celle de bien d'autres lois, n'inquiète, sans doute, ni la justice ni le coupable, mais si cela prouve que la Chine commence à renier son passé, cela n'indique pas dans quel ordre d'idées elle envisage l'avenir.

Par le fait de l'incurie systématique des *pères et mères* (1) du peuple, les routes sont dans un état déplorable. Rien qui puisse en donner une idée aux Occidentaux de notre époque ; il faudrait avoir vécu il y a 50 ans, dans nos campagnes, ou du temps de Mme de Sévigné. Mais la route chinoise au Ning-ko ne ressemble aux grandes voies de communication du nord de la Chine que par ses bourbiers. Au nord, le char est un véhicule fort primitif, mais depuis longtemps connu. Au sud du Kiang, il n'existe pas. Autant donc les routes du nord sont larges et même praticables quand il ne pleut pas, bien qu'une poussière intense aveugle le voyageur, autant au Ning-ko les routes en général sont étroites. Ce sont à proprement parler des sentiers où brouettes et brouettiers, mules et muletiers, voyageurs en chaise et piétons marchent à la file. Si, jadis, les aborigènes avaient souci d'entretenir les dallages de pierres qui étaient leur méthode de résoudre ce problème des routes confortables, aujourd'hui les habitants, ou ruinés, ou nouveaux venus, n'ont point encore trouvé, ni le temps, ni l'argent nécessaire à une si vaste entreprise. L'initiative des notabilités locales est indispensable, puisque le chef du département n'y pense ni ne veut y penser ; il aurait d'ailleurs la sagesse d'en féliciter la commune, si elle voulait y consacrer du temps et de l'argent.

Dans la préfecture voisine de Hœï-tcheou, « les familles influentes, dit le P. Havret, ont à cœur ces travaux publics. Elles décident de l'urgence d'une souscription, en font circuler les listes et surveillent l'emploi des fonds. Ce sont elles pareillement qui prohibent l'emploi des brouettes sur tout le territoire de la préfecture. Ces véhicules à une roue, chargés de

(1) Cette dénomination classique donnée aux mandarins indique que les législateurs ont théoriquement compris le rôle qui leur est assigné.

300 livres, sont la ruine des routes le plus solidement dallées ». Là où ils sont en faveur, leur nombre est parfois considérable.

Cependant, au Nin-ko, la nécessité réveille l'apathie et fait taire les rivalités qui souvent divisent ces habitants de provenances diverses. Les ponts ont été presque partout ruinés faute d'entretien ; il y en avait de beaux par le nombre et la largeur de leurs arcades. Aujourd'hui, quelques-uns ont été relevés. Les notables du pays ont avec le peuple tout l'honneur de ces travaux. Chacun est imposé au prorata de sa fortune ; les familles plus à l'aise sont flattées d'être en tête de liste, et une pierre, plusieurs pierres dressées en souvenir auprès du monument, montrent à la postérité les noms des donateurs et leur don gravés en magnifiques caractères.

Les habitations et les villages n'ont qu'un aspect misérable. Les mots propriétés, villa, maison de campagne, à plus forte raison chalets et châteaux, seraient ici sans aucune signification. Ce n'est pas qu'on ne rencontre dans les villes et bourgades des maisons en briques, d'une construction récente et d'un médiocre extérieur, indiquant un propriétaire plus à l'aise, un commerçant plus heureux. Mais en Chine, l'aristocratie, la bourgeoisie, le commerce enrichi ne répondent en rien aux idées qu'on peut s'en faire en Europe, à l'aide des données qu'on a.

Au moyen âge, le seigneur pourvoyait lui-même à sa sécurité et les grandes murailles de son castel abritaient son luxe. Aujourd'hui, la gendarmerie et la police permettent de s'étaler partout. L'idée chrétienne a d'ailleurs réformé les mœurs, et la barbarie ne relèverait la tête que si le paganisme triomphait. En Chine, le christianisme n'a rien adouci, car il n'est dans ce vaste empire qu'à l'état d'infiniment petit. Le génie national n'est pas chevalier ; la police est sans organisation, sans principes et infiniment trop restreinte. La population exubérante n'a pas assez de terres pour sa prospérité, le commerce n'est qu'intérieur, l'exploitation des mines est défendue pour ne pas irriter le dragon de la terre, le nombre des voleurs est infini, les bandes de mendiants sont partout, l'autorité est rapace. Il suit de là que le peuple est pauvre et que le riche cache sa fortune. S'il voulait imiter l'Européen, le riche Chinois ne le pourrait pas. Ses maisons de campagnes seraient pillées en grand et en détail ; le mandarin lui-même, sans se départir des règles de la politesse, saurait contribuer à son dépouillement par des impositions légales et des emprunts forcés.

En somme, les dépositaires de l'autorité seuls peuvent afficher un certain luxe traditionnel et d'un genre particulier, qu'imite dans sa maison et son costume le riche commerçant des grandes villes.

Le Ning-ko, malgré ses maisons fort modestes, ses fermes construites en terre, couvertes en pailles, et d'une malpropreté, hélas, que n'excuse point la misère, est un pays jadis célèbre par sa richesse. La nature n'a point émigré, et il est intéressant de donner un coup d'œil à ses productions.

La principale culture du pays est le riz. Il n'exige que quatre mois de plantation pour payer généreusement le travailleur, si toutefois les conditions atmosphériques ont été favorables. Dans les contrées où n'existe pas le régime des digues dont nous avons parlé, il faut ménager des réservoirs d'eau pratiqués dans les gorges de montagnes, à la naissance des vallées, ou attendre du ciel les pluies d'ailleurs habituelles à l'époque de cette culture ; car le riz, planté dans la vase, demande beaucoup d'eau et de soleil. Il est la principale nourriture du pays, comme en Europe est le pain.

Les autres produits du sol sont le blé, l'orge. Le blé est souvent semé dans le champ du riz, mais il n'a pas toujours le temps de venir à maturité avant l'époque où celui-ci réclame sa place ; on le coupe alors sans miséricorde. Le blé chinois, d'ailleurs bon, est maigre et justifie le mépris dont il est entouré.

Le coton est cultivé au Ning-ko, moins pour le commerce et l'exportation que pour les besoins locaux. Il alimente un certain nombre de métiers à domicile ; ceux-ci diminuent de jour en jour, car Chang-haï compte aujourd'hui huit filatures à vapeur, et cinq nouvelles sont en construction. La principale appartient aux mandarins et compte 30,000 broches.

L'indigo est exploité sur place et sert à teindre les toiles de la campagne. Le colza et le chanvre oléagineux suffisent aux huileries locales et à la consommation. Le pays se suffit à lui-même. Certains cantons, Chœï-tong, par exemple, ont une réputation pour la perfection avec laquelle ils confisent les jujubes qu'ils exportent en abondance. Ce fruit est excellent. Le mûrier pousse partout et l'industrie des vers à soie y prospèrerait si les habitants voulaient s'y adonner.

Nous avons dit que les montagnes étaient déboisées. Dans certaines parties cependant, on a senti qu'il était avantageux de s'entendre pour ménager la repousse des arbres. Le bambou pousse partout et rapidement. Il y a des pieds qui mesurent 15 centimètres de diamètre. La pousse entière d'un bambou s'opère en trois mois, et ces tiges atteignent 20 et 30 pieds de hauteur. Il y a le bambou mâle et le bambou femelle. Il est difficile d'acheter aux propriétaires de bambouseries les souches de ces derniers. Ce sont les voleurs qui le plus souvent se chargent de fournir le double élément d'une plantation nouvelle.

On ne saurait énumérer tous les emplois de cet arbre providentiel. Meubles, ustensiles de ménage et de travail, charpentes de maisons couvertes de pailles, cordes, papier, etc. ; on mange même les jeunes pousses qui, bien apprêtées, constituent un mets excellent. Pour faire du papier, le bambou, fendu d'abord, est ensuite placé dans de grands réservoirs et couvert de chaux ; après quelques mois, il est battu sous les marteaux de pierre des moulins à eau et son étoupe fournit un papier utile pour l'emballage, les superstitions, le crépissage des murs où il remplace le sable.

Les petits torrents du Ning-ko sont remplis de ces fabriques de papier.

Les montagnes sont riches en calcaires et les fours à chaux ne manquent pas, mais cette chaux est de qualité inférieure.

En quelques cantons, le charbon de terre affleure à la surface du sol. Les habitants ont soin de l'utiliser ; l'intérêt a vite raison de la superstition parmi le peuple. Il en va autrement des lettrés qui ne possèdent point de mines. Ils poussent les hauts cris et leur protestation est entendue des mandarins. Il ne faut pas irriter le dragon de la terre en le troublant dans la solitude de ses royaumes souterrains.

Le thé pousse assez abondamment sur quelques montagnes, mais il n'a pas de renommée.

Ce pays n'a point d'industrie spéciale. Il a comme partout ses ouvriers de toutes sortes qui travaillent à peu près de la même manière, transformant la matière première que le sol procure et fait une exportation très insignifiante ; la seule qui compte, nous l'avons mentionnée, c'est le surplus du riz, le charbon de bois et les bambous.

Si nous donnons un coup d'œil aux mœurs des campagnards, nous connaîtrons mieux la principale classe des Chinois où se recrutent les chrétiens, et celle qui tient la place la plus importante dans ce récit.

Prenons un fermier dans son village. Il revient du champ, pousse devant lui son buffle noir aux cornes immenses et au pas lent. Il porte sur l'épaule sa petite charrue qu'on dirige d'une seule main. Sa queue de chevelure est enroulée autour de sa tête, il marche pieds-nus, son pantalon de toile bleue est court et il n'a qu'une mauvaise chemise de toile qui ne descend pas au-dessous de la ceinture. Il ne sait point écrire ; il se rappelle quelques caractères appris à l'école qu'il a fréquentée deux ou trois ans, tout juste ce qu'il lui en faut pour suivre l'explication d'un petit contrat de vente ou le billet d'une dette. Plusieurs en savent un peu plus, beaucoup en savent moins. Presque tous ont passé un ou deux ans à l'école, mais sans profit réel, car l'écriture chinoise est la moins utile de la terre pour la pratique de la vie ; elle demande trop d'étude.

Si notre campagnard n'est pas un lettré, au moins est-il vigoureux, d'une bonne taille, industrieux, rusé, routinier, et assez travailleur. Sa maison, c'est lui qui l'a construite. Les murs sont en terre, la charpente est de bambous, la couverture est la paille de son riz, ou le chaume qui pousse sur la montagne.

Entrons dans cette maison dont les murs ont 7 pieds peut-être d'élévation. Elle forme une cour intérieure avec les trois corps de bâtiments qui la composent ; le corps principal, orienté au midi, se divise en quatre chambres séparées par des cloisons de bambous entourés de paille tordue, fichés dans le sol et enduits d'une couche de terre délayée. Dans les murs, une ou deux lucarnes, un homme n'y pourrait passer, et elles sont garnies de barreaux très rapprochés. Une des deux chambres du milieu a une porte extérieure, toujours ouverte pendant le jour pour permettre à la lumière d'entrer. Cette chambre est la *salle de réception*. Au fond, face à la porte, se trouve collée au mur une grande image de poussah ou une image chrétienne ; au milieu, une table carrée et des bancs ; autour, quelques instruments de travail ; sous vos pieds, la terre nue. Telle est la salle de réception. Là, on reçoit l'étranger, l'ami, le voisin, on fume, on boit le thé. Les autres chambres sont celles de la famille. Il y fait noir et c'est à dessein ; car, de l'extérieur, on ne voit point ce que le propriétaire possède ; l'aile droite sert de cuisine, l'aile gauche d'écurie au bœuf et au porc. Pendant la journée, les porcs, les poules, les chiens, les canards, ont toute liberté.

Au Ning-ko, beaucoup de campagnards ont des maisons de briques dont plusieurs sont grandes et belles ; le plus grand nombre cependant est moitié briques, moitié terre. Ce luxe trompeur est un souvenir du temps passé. Les *Houpenois* ont trouvé ces maisons abandonnées, comme nous dirons au chapitre suivant. Ces ruines disent assez qu'avant le passage des rebelles les campagnards étaient riches. Ceux qui les remplacent ne peuvent ni entretenir, ni réparer ; et ces demeures à jour sont glaciales l'hiver.

Rentré à la maison, l'homme de travail appelle son fils, lui jette la corde du bœuf, et celui-ci, mettant un pied sur la grosse tête inclinée de l'animal, saute ou se hisse à califourchon sur son dos. Il va le conduire à la pâture, c'est-à-dire dans les chemins ou sur la montagne. Ces enfants pasteurs commencent dès l'âge de huit ans. Les petites filles font souvent partie de cette étrange cavalcade ; quand les garçons manquent dans la famille, elles y suppléent.

Pendant ce temps, le père de famille va battre du riz. Armé d'un gros marteau de pierre qui pèse presque 20 livres, il bat le riz placé dans un

Une ferme chinoise.

énorme mortier de pierre, pour en enlever l'écorce ; il le tamise ensuite. Le son servira au porc, et le riz blanc est donné à la ménagère qui prépare le repas du soir.

Dans la maison, les petits enfants jouent, crient, se roulent à terre, pleurent, ils sont partout les mêmes. En Chine, dans ces campagnes pauvres, ils sont particulièrement malpropres. Les familles sans enfants sont aussi rares que les familles nombreuses (1). La moyenne est de trois ou quatre enfants ; souvent on trouve une petite fille qui n'est point la sœur des autres. On la nomme *si-fou;* elle a été achetée quelques piastres et est la *future* du fils aîné ou du cadet. Cette coutume des fiançailles, même dès le berceau, est tout à fait chinoise. L'église proteste, et le missionnaire s'oppose à cet usage autant qu'il peut.

Toute la maigre lingerie de la maison sort des mains de la fermière. Beaucoup de paysans, sans faire commerce de coton, aiment à en cultiver ce qui suffira pour donner de quoi filer à la femme et aux filles. Il en est qui savent tisser. Elles peuvent fournir la maison de bonne toile et en avoir encore à vendre. Un métier, qui d'assez loin ressemble à ceux de nos tisserands de village, coûte 3 piastres, 8 ou 10 francs.

La femme chinoise de ces contrées a de petits pieds, elle aime donc être assise et sans doute que cette infirmité n'est pas pour rien dans la question de propreté du ménage. Peut-être cette douleur continuelle a-t-elle influé sur sa santé, le développement de ses forces et souvent l'aigreur du caractère.

Quand vous passez dans un village, vous voyez presque toujours la femme assise à l'ombre en compagnie de quelques voisines et toutes sont occupées de couture. Les jeunes filles brodent à la soie des fleurs pour leurs petits souliers ; la ménagère fait de gros souliers d'étoffe pour le mari et les garçons.

Les instruments de labour, sauf les ferrures, ont été fabriqués par le père de famille. Il suffit presque à tout, quand il est travailleur.

Dans cette vie agreste, la conversion au christianisme du villageois est-elle donc impossible ? Où sont les obstacles à la pratique des points essentiels de la loi évangélique ?

A certaines époques, lors de la plantation du riz ou de la récolte, il lui sera difficile de ne pas travailler le dimanche, car le travail se fait par grandes réunions d'hommes ; païens et chrétiens se trouvent mêlés en raison du voisinage. Mais le missionnaire accorde des dispenses nécessaires.

Beaucoup de ces familles vivent honnêtement et l'immoralité des

(1) La mortalité est grande parmi les petits enfants, car l'hygiène est inconnue.

centres populeux fait peu de ravages dans les campagnes. Le bien d'autrui n'est pas sans attraits pour ces consciences païennes, la justice ne domine pas toujours la voix des petits intérêts ; cependant le paysan n'est pas un grand voleur.

Le bon chrétien des campagnes gagne aussi bien sa vie que les païens les moins scrupuleux. L'obstacle vient donc d'ailleurs.

Les préjugés nationaux et le terre-à-terre des esprits et des cœurs arrêtent seuls la conquête du missionnaire.

Les calomnies les plus insensées ont perverti l'opinion. Elles ont pénétré partout ; car au bourg où le paysan doit aller souvent, il a eu l'occasion d'entendre le demi-lettré s'expliquer hautement sur les étrangers, ces *diables d'occident* qui arrachent les yeux, les cœurs, volent les enfants et sont de véritables monstres. D'autre part, le caractère du peuple, et en général du paysan, qui ne connaît rien absolument en dehors de la matière, est on ne peut moins préparé à goûter le culte du vrai.

Il ne s'est jamais demandé pourquoi il fait ses superstitions. Il ne sait pas qu'il a une âme, bien que les bonzes en reconnaissent trois. L'une demeure sur la tablette des ancêtres, l'autre va en enfer, la dernière passe dans le corps d'un animal. Pour le paysan, toutes ces histoires l'inquiètent moins que la plantation du riz.

Quand le missionnaire a l'occasion de l'inviter à embrasser le christianisme, il se hasarde parfois à lui demander d'un certain air narquois quel avantage il en résulterait. Comme il ne redoute aucunement l'enfer, il répond comme les sages de l'aréopage à saint Paul : « Nous en reparlerons ; nous t'entendrons une autre fois : *tsai kiang, tsai kiang.* »

Au fond il a peur de ses voisins, des notables, des lettrés, de l'opinion publique. Si le sous-préfet était chrétien, s'il avait sous les yeux l'exemple des grands, le paysan n'hésiterait pas. Mais nous ne sommes pas au XVIIe siècle, les temps sont changés. « Si les temps n'étaient pas changés, écrivait en 1894 le P. Bazin, des missions étrangères, les chrétiens seraient probablement plus nombreux (au Kouang-si). Mais nous sommes gouvernés par des païens qui nous détestent cordialement. Nous sommes *protégés* par des francs-maçons qui nous détestent encore davantage. Les Chinois, par la voie des prétoires, savent tout ce qui se passe en France, excepté le bien ; et les prétoriens, abusant de la situation, répandent ce qu'ils savent dans le peuple.

Un autre obstacle au progrès de la religion chrétienne en nos contrées, c'est l'opium. Ceux qui n'ont pas vu sur place l'abus qui s'en fait n'en peuvent avoir une idée. L'opium abrutit le corps et l'âme et la paresse qui s'en suit détruit les fortunes acquises, augmentant, par conséquence forcée le nombre des voleurs dont la Chine est peuplée. Les fumeurs d'opium n'ont de goût pour rien ; tous les remèdes sont sur eux sans vertu. Si quelques-uns se corrigent pour un laps de temps quelconque, ce n'est que pour retomber plus bas après. Et notez bien qu'ici, tout le monde se met à fumer ce poison lent ; je connais des enfants de douze à quatorze ans qui fument l'opium comme on fume le tabac chez nous ; il y en a même qui le fument au-dessous de cet âge. Presque tous les mandarins fument. Tous les prétoriens (leurs commis) : cela va sans dire. Tout ce qui vit dans les prétoires est une race maudite. »

Le portrait n'est pas flatteur, mais il est en partie vrai pour le Ning-ko, comme il est vrai pour le Kouang-si.

Un autre mal mine cette pauvre société en décadence et fait comme le cancer, il désagrège dans l'ombre : nous voulons parler des sociétés secrètes. Elles ont existé sans doute de tout temps, elles sont nombreuses, elles ont des buts plus ou moins différents : l'une, que nous signalons, corrompt aujourd'hui le peuple du Ning-ko, on la nomme *Ko-lao-hœï* (société des vieux frères) ; elle embrasse dans ses ramifications plusieurs provinces de l'Empire, et aurait peut-être un but politique. Le gouvernement semble s'en inquiéter un peu.

Au mois de novembre 1890, l'empereur accusait réception d'un mémorial du gouverneur du Ngan-hœï, rapportant l'arrestation et la décapitation de quelques membres influents de la société *Ko-lao*, lesquels depuis un certain temps préparaient une rébellion sur les limites de la dite province et de celle du Kiang-si. Dix-sept d'entre eux, le chef compris, avaient été saisis, ainsi que les armes et les munitions en leur pouvoir.

Chose déplorable, c'est que l'armée en est infestée (1).

Les sentiments de la secte à l'égard du christianisme et des missionnaires ne sauraient être l'objet d'un doute. Dans les troubles fort graves de la vallée du Kiang, qui ont tant inquiété les chrétiens en 1890 et ruiné tant d'églises, le mouvement et la direction n'avait pas d'autre origine ; seuls, les prétextes et les circonstances peuvent donner le change, car, contre le missionnaire, *Hérode* et *Pilate* se donnent la main.

Des ouvertures, dans un village du Nin-ko, étaient faites par les enrôleurs à quelques bons chrétiens qui tremblaient pour leur maison et l'église attenante : « Faites-vous inscrire de la société, leur fut-il dit ; donnez 2 piastres d'admission et personne ne vous inquiètera. Si vous refusez, on brûlera votre maison, l'église ; tout sera pillé. »

(1) Voir quelques détails dans *La province du Ngan-hœï* (page 58).

On peut croire que si les chefs ont des idées de renversement dynastique, de bouleversement politique, l'immense majorité des membres se compose de peureux, qui font alliance avec l'ennemi pour n'en être pas dévorés, et de vauriens qui ne rêvent que brigandage.

Ces renseignements généraux fort restreints nous paraissent suffisants, et nous croyons superflu de répéter sur les Chinois mille choses connues. Un essai de détails et de peintures nous semblerait sortir du cadre. Il fallait un simple chapitre préliminaire mettant le lecteur sur la voie. Il peut maintenant nous suivre aisément dans nos récits.

II

L'Immigration

II

L'IMMIGRATION

En Europe, la diversité des races, au moins autant que la position géographique des territoires a distingué et divise toujours les nations. Les variétés d'origine, de tempérament, de coutumes et même de religion, contiennent ou ramènent les nationalités dans leurs frontières naturelles. On y compterait de droit, sinon de fait, dix-huit états différents, comme en Chine, dix-huit provinces. C'est que le grand Empire céleste est homogène en principe et que l'élément Tartare qui l'a conquis a été absorbé par lui. Toutefois, divisée en dix-huit provinces, cette vaste nation, qui est plus facile de vaincre que de transformer, dans l'homogénéité même de sa race n'est pas sans offrir le spectacle de la diversité des caractères qui se modifient sous l'influence du climat et du sol. Ni la nourriture, ni les conditions de la vie ne sont partout les mêmes, tant s'en faut; et les habitants des diverses provinces sont loin de se ressembler. La population fluviale, cette multitude à moitié cosmopolite dans sa patrie, diffère également des autres. Sans en chercher la cause, il faut constater que les sympathies mutuelles font défaut.

Or, comme on l'a pu voir par le tableau de statistique, dans le chapitre précédent, la préfecture de Ning-ko-fou, par le fait des circonstances, se trouve composée de familles appartenant à trois provinces: les Aborigènes, les *Honanais* (émigrés du Honan), les Houpenois (émigrés du Hou-pé). Cette réunion d'éléments disparates ne profitera pas d'ici longtemps à l'harmonie domestique. Vingt ans après l'immigration, il sera encore très rare et très difficile de trouver des mariages mixtes. Peut-être cet état de choses ne serait-il pas étranger aux troubles fort graves que nous raconterons.

Mais, pourquoi ce mélange d'hommes de provenances diverses, si contraire en principe aux coutumes nationales ? C'est que la préfecture de Ning-ko-fou fut plus qu'aucune autre dévastée par les *rebelles*, et qu'il fallut la repeupler au moyen des immigrations.

Sur la fin du règne de l'empereur Tao-Koang (1848), des bandes d'hommes se soulevèrent dans la province du Kouang-si. Peu nombreuses d'abord, ces hordes, que leur sauvagerie rendit dès le début redoutables, se grossirent vite d'une foule de bandits, de mécontents, gens de sac et de corde, ne possédant rien en propre, ne rêvant que pillage et débauche.

Rien qui les inquiétât moins que les soldats chinois prêts à fraterniser et à leur procurer quelques armes. Sur leur passage les ruines s'amoncelèrent, tout était mis à feu et à sang.

Quel était le but de ces rebelles ? On ne saurait trop le définir. Bien des années ont passé depuis et si la lumière ne s'est pas encore faite, comment se fera-t-elle ?

Ces hommes laissaient pousser leurs cheveux comme des étrangers, refusant de se faire raser la tête, comme la coutume l'exige depuis l'avènement de la dynastie tartare. On les nomma *Tchanh-mao* (longs cheveux). Voulaient-ils protester contre cette inovation, signe déshonorant, souvenir de leur défaite ? Voulaient-ils, si les circonstances les favorisaient, renverser cette dynastie étrangère ? Il est fort difficile de trancher la question. Il y eut, par moments et par quartiers, assez d'organisation pour qu'on soit porté à le croire ; il y en eut trop peu pour ne pas conclure que l'immense majorité n'était qu'un ramassis de voleurs, ne rêvant que le mal, comme la populace de toutes les révolutions.

Dieu se servit de ces nouveaux barbares pour châtier les crimes d'un peuple qui comblait la mesure.

Ces habitants du Ning-ko, notamment, étaient profondément corrompus ; les *Tchang-mao* passeront, pilleront, tueront, resteront longtemps même dans le pays, et les trois quarts des aborigènes disparaîtront. Des immigrants viendront prendre leur place et la religion chrétienne entrera avec eux dans un pays où jamais elle n'eut été acceptée. Ce fut vers 1853 que les rebelles occupèrent la partie supérieure du Kiang-nan et Nan-kin sa capitale. Les vieillards du Hœi-tcheou racontaient, il y a peu d'années, que sur la route de Ou-ynen à Toen-ki, au passage de la grande montagne à cinq têtes (*ou-téou-lin*), le défilé de ces barbares dura huit jours.

Nan-kin, malgré son développement de 30 kilomètres, grâce à de très hautes murailles, était pour les nombreuses troupes chinoises et tartares facile à défendre ; ce fut pour ainsi dire un jeu de s'en emparer ! C'en était fait de la dynastie, si les rebelles eussent été autre chose que des troupeaux de brigands indisciplinés. Ils laissèrent le temps aux Européens de prêter main-forte à l'Empire, qui l'a oublié depuis longtemps. Mais de 1850 à 1860, les *Tchang-mao* eurent le temps de laisser loin derrière eux les exploits des Huns et des Vandales.

La Chine, modèle des royaumes heureux, sous la paisible observation des lois et le régime paternel de ses mandarins, n'est-ce pas une légende contre laquelle proteste l'histoire des nombreuses révolutions qui l'ont désolée et les soulèvements locaux de mécontents qui la troublent à l'état chronique ?

Dans la préfecture de Ning-ko-fou qui nous occupe, aujourd'hui encore, c'est-à-dire trente ans après, on voit des villages, de grandes bourgades qu'on ne reconnait qu'à leurs ruines. Des monceaux de dalles superbes, de vastes fondations, de grands pans de murailles témoignent clairement que les habitants étaient riches et que cette population disparue était très dense. Il serait difficile de trouver un seul village actuellement habité qui ne fût composé de ruines dissimulées. Par les récits de quelques vieillards échappés à la tourmente, on a pu savoir d'ailleurs qu'au bien-être et à l'abondance, répondait une extrême dépravation. La Providence pensait aux missionnaires en permettant que le vide se fît derrière l'invasion.

Au feu, au pillage, au carnage succéda la solitude. Plusieurs années durant, tout cet immense pays, en pleine Chine, ressembla réellement à un désert. Le voyageur pouvait y marcher des journées entières sans rencontrer personne. Les sentiers mêmes avaient momentanément disparu et les bêtes sauvages de toutes sortes régnaient en paix dans des forêts de lianes. Dix ans après, quand on commença à se répandre dans le pays, de véritables arbres poussaient au milieu des maisons abattues, et, chose horrible, les ossements de nombreux cadavres gisaient sous les broussailles. Ce fut alors que les mandarins pensèrent à faire venir d'ailleurs des émigrants pour repeupler ces lieux de désolation sur lesquels semblait planer une malédiction superstitieuse. Les terres ne possédaient plus que de rares propriétaires et le petit nombre d'indigènes, revenus en tremblant, pouvait à peine cultiver la millième partie des champs.

Des proclamations furent lancées. Les habitants du Hou-pé y répondirent avec un empressement qu'explique leur pauvreté et la densité de la population ; ceux du Ho-nan accoururent aussi.

Les mandarins promettaient que les terres abandonnées appartiendraient aux premiers occupants. Quelle perspective !

Les colons accoururent aussitôt, non pas un à un, famille par famille, mais par villages entiers. La route longue et pénible qui conduit au

Ning-ko se couvrit de caravanes houpénoises. Chacun emportait tout ce qu'il possédait. Les hommes, les femmes, les enfants, les petites filles, tout le monde était chargé. Il fallait vivre durant le voyage, souvent lutter contre de plus forts, devancer les autres pour se choisir la meilleure part.

Les premiers arrivés dans les premiers villages n'allaient pas plus loin, mais de nouveaux venus se croyant en force prétendaient ne pas poursuivre davantage. Des luttes atroces, de véritables batailles se livrèrent et cette pauvre terre, déjà repue du sang de ses habitants, se rougit encore. Les plus faibles reprenaient leur marche et s'enfonçaient de quelques journées dans les solitudes.

Il fallait ainsi conquérir ce sol abandonné où nulle autorité supérieure n'avait souci de l'organisation, du partage et du maintien de l'ordre. Point de mandarins pour dresser les actes d'une occupation légitime selon les termes du rescrit. Ils pensaient sans doute que la paix se ferait toute seule, comme l'eau troublée qui s'éclaircit d'autant plus vite qu'on s'en occupe moins.

Au bout de quelques mois survenaient d'anciens propriétaires, des aborigènes armés de faux titres ; ils les faisaient valoir contre les nouveaux venus déjà installés, après avoir triomphé des premiers obstacles au prix d'immenses sacrifices. Il s'agissait de les déposséder, de se mettre à leur place. Les querelles recommençaient plus intenses. Parfois des arrangements à l'amiable amenaient la paix, le plus souvent d'interminables procès bouleversaient tout, au triomphe d'insignes perfidies. Les autorités semblaient protéger l'élément aborigène. Cet état de choses enfanta des haines profondes, traditionnelles, qui restent et resteront longtemps enracinées dans les cœurs. Ces frères ennemis vivent côte à côte, sans se mêler, sans pour ainsi dire se connaître. Ils se détestent au fond plus cordialement peut-être qu'ils ne détestent l'Européen ; pouvons-nous dire davantage ?

Un jour viendra où le houpenois embrassera le christianisme ; dès lors, le missionnaire peut avoir la certitude que l'indigène, son rival, restera sourd à sa voix.

Dans ce nouveau pays, dont la terre délaissée avait poussé des forêts de lianes, il fallait non seulement s'assurer un coin de champ fertile, encore fallait-il vivre, fallait-il ne pas mourir de faim.

En quittant le hameau d'où la misère le chassait, autant que l'appelait l'espérance d'un avenir meilleur, l'émigrant emportait sa dernière poignée de riz. En quelques jours il ne lui restait plus qu'à tendre la main et à montrer sur le chemin ses enfants épuisés que traînait la mère. La lutte contre la mort commençait. Au terme du voyage, dans la forêt de Nin-ko,

Résidence des missionnaires à Lao-ho-kou (Hopé).

elle atteignait la limite, la dépassait souvent, et le nombre des morts de faim dépassa peut-être celui des survivants.

Nous n'exagérons rien dans ce tableau très sombre. Il ne pouvait en être autrement. Les colons n'apportaient rien ; les instruments de travail manquaient, les semences faisaient défaut, les terres ne poussaient que des broussailles et, ensemencées, elles demandaient quelques mois pour récompenser le laboureur. Il ne restait à l'homme que les racines sauvages, ce fut pendant plusieurs mois son unique nourriture. Pendant plusieurs années, aucun animal domestique, de quelqu'espèce que ce soit, n'aidera l'homme à vivre.

Une seule ressource restait, et nos Chinois ne se firent pas défaut, hélas, de l'exploiter.

Malgré les dévastations de toutes sortes auxquelles s'étaient livrés les *Tchang-mao*, ils n'avaient pu détruire les magnifiques forêts de grands arbres qui couronnaient les jolies collines du Ning-ko. Pour se procurer du riz, les nouveaux venus y mirent la hache à tort et à travers, anxieux de traîner au plus tôt sur les torrents qui descendent aux grandes villes ces précieux bois de construction. Heureux de leurs premiers succès, ils revinrent pleins d'ardeur. C'était une moisson toute prête ; âpre à cueillir, elle était au moins le salut. Des multitudes couvrirent les montagnes. Elles y passèrent des mois et des années. On ne s'arrêta que lorsque tout fut saccagé. L'autorité n'en avait cure. Sa voix peut-être eut été méconnue.

Aujourd'hui, nous l'avons dit, ce pays, qui avec ses vallées et ses montagnes vertes serait le plus joli et le plus pittoresque, ne présente guère à l'œil que l'aridité monotone de mamelons jaunis et brûlés par le soleil !

Au bout de quelques années, le nombre des colons était devenu considérable, et, bien qu'il restât encore une partie de la contrée inhabitée, les nouveaux propriétaires se virent inscrits sur les registres administatifs ; ils reçurent les visites officielles des agents du fisc. Cette horde rapace qui avait disparu avec la dépopulation y rentra aussitôt qu'elle aperçut des champs cultivés et des hommes ne mourant plus de faim. La proie était encore maigre, mais elle était facile. Les sympathies administratives n'étaient pas acquises aux nouveaux venus. Il leur fallut donner les premiers produits des récoltes et revenir aux racines de la montagne, aux derniers arbres à abattre pour ne pas être torturés ou expropriés.

Les anciens habitants qui possédaient quelques propriétés, n'ayant pas assez de bras pour en faire la culture, laissaient parfois les houpenois défricher en paix, puis après plusieurs années, quand les friches eurent disparu, quand les champs de riz revêtaient bonne apparence, ils élevaient la voix, montraient leurs titres et réclamaient les redevances. Le travailleur s'était endormi propriétaire et se réveillait fermier. Ce n'était pas sans bataille qu'il acceptait cette nouvelle injustice. Deux ans, trois ans et plus, il avait payé l'impôt comme propriétaire, on ne voulait point le rembourser.

Les tribunaux vendus condamnaient le plus pauvre. D'autres anciens propriétaires vendaient les terres défrichées ; mais s'appuyant sur une proclamation mandarinale, les défricheurs exigeaient qu'on leur donnât la préférence s'ils voulaient acheter, ils étaient dans leur droit. Les procès néanmoins reprenaient de plus belle, au grand profit des huissiers.

Venaient des années de sécheresses ; certaines terres ne produisaient rien, et tout cultivateur sans distinction devait quand meme payer sa redevance au gouvernement, c'est-à-dire aux prétoriens, car le gouvernement se portait propriétaire de tout lopin de terre abandonné. C'était un gâchis sans fond et sans bornes. La question sociale se résolvait ainsi : les paysans peuvent se disputer, se battre et mourir de faim ; on leur rendra la justice toutes les fois qu'ils pourront la payer.

Cet état de choses anormal et violent cessa peu à peu ; la reconnaissance des titres se fit, les achats de terre se régularisèrent, et aujourd'hui, sauf une grande partie des montagnes, chaque champ a son propriétaire reconnu. Et pourtant de nouveaux Houpenois immigrent encore.

Ce sont ces basses montagnes, ces flancs de collines qui attirent les colons. Vous rencontrez de temps en temps sur la route un voyageur harassé, chargé comme une bête de somme ; une femme et quelques enfants l'accompagnent. Vous lui adresez la parole :

— Quelle est votre vieille patrie, lui dites-vous ?
— Le Hou-pé.
— Où allez-vous donc ?
— Au Ning-ko-fou.
— Y connaissez-vous quelqu'un ?
— Oui, j'ai là-bas des parents.
— Dans quel village ?
— Je n'en sais rien.

Peut-être vous répondra-t-il plus clairement ; peut-être vous dira-t-il qu'il ne connaît personne.

— Mais alors où comptez-vous vous établir ?
— Je m'arrêterai au premier endroit où je trouverai de l'ouvrage, une masure, un moyen quelconque de me procurer un bol de riz.

Au moins, aujourd'hui, peut-il espérer de ne pas mourir d'inanition.

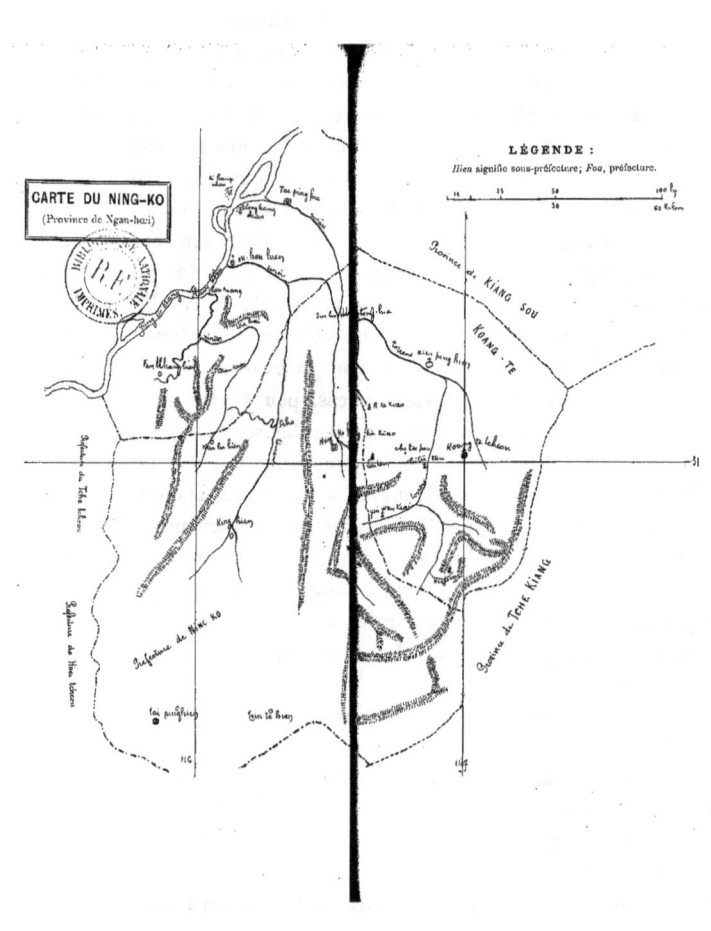

Sur la route, il demandera l'aumône, et si maigre qu'elle soit, suffira-t-elle au strict nécessaire.

De nos jours les houpénois ont imaginé une autre forme d'émigration ; qu'on nous permette l'expression, c'est l'émigration à la façon des grues et des hirondelles. Quand la sécheresse a brûlé leur récolte et que l'hiver s'annonce impitoyable, des villages entiers s'organisent en bandes sous la direction des notables et avec le laisser-passer des mandarins. Ces familles se font nomades et quittent leurs demeures, abandonnées à la garde de quelques infirmes. Ils partent pour quatre mois, emportant tous les ustensiles et le bagage nécessaire, comme des soldats en campagne. Le riz et l'argent font défaut, la charité publique les leur fournira ; tel est le but de cette marche de juif errant dont les étapes sont vaguement prévues. Le soir, l'arrêt se fait dans les grands villages ; les granges et les pagodes sont un asile. Les chefs, ayant en main l'acte authentique de leur identité, s'acheminent de porte en porte et mendient au nom de la communauté. Ce ne sont pas des vagabonds en guenilles qui n'ont sur les lèvres que des paroles sans dignité ; ce ne sont pas non plus des brigands qui demandent la bourse ou la vie.

Si leur étoile les conduit à votre porte, vous vous trouverez en face de quelques hommes insinuants, au maintien convenable ; vous serez porté à leur dire : « Sien cheng » (Monsieur). Ils vous parleront comme on plaide pour des clients malheureux ; vous leur ouvrirez votre bourse volontiers ; quoi qu'il soit moralement impossible de leur refuser, vous donnerez de bonne grâce. Il serait au moins inopportun de fermer l'oreille à leur prière : ils sont trop nombreux *et trop honnêtes*, il ne faut pas les irriter.

La paille pour faire le feu, le riz nécessaire, des légumes, de l'argent pour acheter l'huile, le sel ; tout se trouve au jour le jour.

Après deux mois de marche en avant, il est temps de revenir en arrière par une autre route.

Ils étaient partis trois ou quatre cents ; quand ils revoient le foyer solitaire, à l'époque où devront recommencer les travaux, plus d'un manque à l'appel.

Des vieillards, des femmes et leurs enfants n'ont pu résister aux fatigues. La troupe qui doit marcher, marcher toujours, les a laissés derrière elle, on ne les reverra plus.

Ces tournées étranges, nous les avons vues plusieurs fois. Mais si telle est la correction de droit qui semble légitimer l'autorisation des mandarins, n'y a-t-il pas trop souvent de graves abus de fait à déplorer, quand les chefs ne sont pas énergiques ?

Je vais citer une lettre écrite par le P. Debrix, en 1878 ; elle nous montrera le revers de la médaille :

« Tong-ngan (village de la sous-préfecture de Ning-ko-hien) a été envahi, sali et en partie pillé par une de ces bandes. (Le Père veut parler de sa petite résidence sise au bourg de Tong-ngan). Elles ont chacune leurs chefs respectifs avec une patente des mandarins.

» Sans parler des dépenses, la bande avait établi treize feux dans l'église, soit pour cuire le riz, soit pour se chauffer, soit pour préparer l'opium ; car hommes, femmes, enfants mêmes sont d'enragés fumeurs. Ils ont passé quinze jours en cet endroit au commencement de l'année chinoise. Ils ont dépensé, en viandes et autres mets de luxe, de trois à cinq cents piastres. Les boucheries et le marché de Tong-ngan, de Ho-lo-se et de Ho-li-ki avaient été mis à contribution. Quant au riz, à la paille et au bois de chauffage, on va demander de porte en porte, ou bien c'est le garde-champêtre qui recueille la quantité voulue.

Dernièrement, deux bandes de 150 à 160 individus sont passées à Ho-li-ki. Chacun doit donner et s'exécuter soit en nature, soit en argent. La première bande alla à Manfou et envahit notre église malgré le maître d'école, malgré les protestations des chrétiens. Pour éviter une dévastation comme à Tong-ngan, je suis allé trouver le mandarin. En l'absence du sous-préfet, le chef de bureau est allé avec une escorte les prier poliment de se retirer au plus vite. L'un des chefs est bachelier ès-lettres, deux autres kien-seng.

» Dès le lendemain matin, tout le monde déguerpit sans tambour ni trompette. Il m'en a coûté la peine de remercier les gens du *ya-men* (tribunal), satellites et soldats. Le chef de bureau a donné quatre piastres aux chefs.

» La seconde bande arrêtée à Ho-li-ki s'installa dans les pagodes. La pluie les y a retenus. Alors, ils se sont mis à jouer de grosses sommes. J'ai vu leur patente : elle indique le pays, le nombre de voyageurs, et invite les mandarins locaux à les assister sur leur passage. »

Cette forme de mendicité légale qui se répète presque chaque année pour quelques parties de la Chine, éclaire un côté de la question sociale et indique un des moyens assez bizarres que les Chinois ont imaginé pour la résoudre. Au moins, avec ces émigrations qui pourraient être surveillées, sommes-nous bien loin du socialisme gouvernemental, du communisme, des grèves violentes qui ne capitulent que devant la baïonnette.

Parmi les Houpénois, venus si nombreux du Nin-ko, se trouvaient un certain nombre de familles chrétiennes. Elles y végétèrent, absorbées par les soucis matériels de l'existence, jusqu'au jour où, instruits du fait, des missionnaires de Nan-kin iront à leur recherche, et pourront avec ce petit noyau former une grande chrétienté.

En 1875, le P. Hoang, missionnaire à Lou-tsen, écrivait :

« Monseigneur Zanoli m'a écrit dernièrement et m'a prié de rédiger une lettre en chinois pour les chrétiens de Hoei-tcheou, mes anciens paroissiens, sur les malheurs de ceux qui sont descendus au Kiang-nan et arrêter leur émigration. Leur départ fait, dit le saint Evêque, un dommage physique et moral très grave à son vicariat. Des chrétientés entières sont désertes ; et cependant, cette année, le nombre des émigrants ne fait qu'augmenter ! »

On compred le crève-cœur pour les missionnaires du Hou-pé, témoins impuissants d'une désertion en masse qui les frustrait du fruit si doux de bien des années de labeur. Mais Dieu avait ses desseins ; en leur retirant des consolations, il grandissait leurs mérites, et ils auront au ciel une grande part de gloire à cause de leur bonne semence d'élus qui a germé au centuple sur la terre étrangère.

III

Entrée des Missionnaires au Ning-ko

III

ENTRÉE DES MISSIONNAIRES AU NING-KO

N'ayant point à parler de la grande mission du Kiang-nan qui, depuis 1840, avait été confiée au zèle des Pères de la Compagnie de Jésus, il nous suffit de dire qu'elle se compose du Kiang-sou et du Ngan-hœï.

Absorbés par l'administration des chrétientés florissantes des environs de Chang-haï, les missionnaires, encore peu nombreux, dénués de ressources, ne purent de prime abord étendre leur action au gré de leurs désirs. Le Ngan-hœï demeura quelques années dans l'attente, les circonstances ne se prêtant pas à la conquête, l'heure de la Providence n'étant pas encore sonnée. Nan-kin était la limite du territoire évangélisé. Un établissement important y existait et les chrétiens étaient nombreux. Cette belle chrétienté disparut momentanément sous le règne de la terreur qui signala le passage des rebelles. Leur souvenir n'est pas encore effacé et les missionnaires relèvent péniblement les ruines de leurs œuvres apostoliques.

Au mois de février de l'année 1868, arrivaient à Nan-kin quelques familles chrétiennes émigrant du Hou-pé.

Elles dressèrent au Han-si-men leurs misérables paillotes et ne tardèrent pas à apprendre l'existence de missionnaires catholiques dans le voisinage. Leur joie fut grande à cette nouvelle.

Le P. de Carrère était alors ministre de la résidence. Il fit aux nouveaux venus le meilleur accueil et convint avec le F. Goussery, qui dirigeait des travaux de construction, qu'on emploierait de préférence ces pauvres chrétiens pour leur aider à vivre.

Au mois d'août, le P. de Carrère étant mort, le P. Seckinger, son successeur, apprit par ces émigrés que plusieurs familles chrétiennes s'étaient dirigées vers le Ning-ko, et s'étaient arrêtées à un petit village appelé Hui-tsen, aux environs de Chœï-Tong. Il décida d'aller leur rendre visite. Il prévoyait que ces émigrés pouvaient fournir les premiers éléments d'une chrétienté dans un pays où l'évangile n'avait pu pénétrer encore.

Ce fut au mois de septembre qu'il partit, en compagnie du P. Heude.

Une lettre de ce dernier nous donne quelques détails sur ce premier voyage d'exploration.

« Le 24 septembre, nous partions de Nan-kin par une jolie brise de mousson nord-est. En quelques heures, nous sortions du Kiang-sou pour entrer dans le Ngan-hœï. Le soir, nous couchions près d'un petit village appelé Tchai-che.

» Vous n'avez peut-être pas idée de la navigation à la *chinoise*. Si le vent est favorable, on marche bonnement ; s'il est contraire, pas trop fort et que l'on ait le courant pour soi, on tire des bordées parfois assez dures à l'estomac, car la lame est courte et brisante, elle secoue ferme ces lourdes constructions (1). S'il y a calme, on rame (2), on perche, on tire à la corde. Si le vent est trop fort et contraire, on s'arrête au premier port.

» On s'arrête toujours la nuit (3). Il n'y a que les voleurs et quelques Européens qui marchent un peu après le coucher du soleil. S'il n'y a pas de port, on s'arrête ordinairement près des barques militaires. La nuit, cependant, s'il y a plusieurs barques réunies, on peut s'estimer en sûreté. En revanche, près du garde-côte, il faut avoir de la bonne volonté pour dormir. De temps en temps l'homme de garde frappe son tambour ou son tam-tam ; quelquefois il tire le canon pour avertir les voleurs que là il y a des braves et qu'il leur faut passer au large (4).

---

(1) Quand le vent souffle à contre-courant, notamment du nord-est ou du nord-ouest, le vaste fleuve Bleu est très agité et le mal de mer n'y est point inconnu. Chaque année il s'y perd beaucoup de petites barques.

(2) Les grandes barques n'ont pas de rames, mais de longues godilles posées sur un bossoir latéral et ayant pour point d'appui une grosse tête de clou, grâce auquel on obtient le minimum de frottement.

(3) Sur les petits fleuves, de distance en distance, de 20 à 30 li, se trouve une barque militaire stationnaire chargée de la police. Quand arrive la brune, les bateaux ne peuvent passer outre. Sur le fleuve Bleu, les stations militaires sont nombreuses, mais la largeur est si vaste qu'il est impossible au garde-côte de contraindre à l'observation du règlement. Quand le vent est favorable, surtout pour remonter, beaucoup de mariniers en profitent toute la nuit ; notamment les grandes barques chargées de sel qui voyagent de conserve. Aujourd'hui la piraterie est moins à craindre, sans avoir dit son dernier mot, cependant.

(4) Il y a cependant peu d'années, malgré les soldats, une douane a été complètement dévalisée.

Missionnaire en jonque chinoise.

» Puis, viennent les pétards en l'honneur du diable (1), les cris des bateliers, leurs chants, les hurlements des chiens et des veilleurs du village. Tout cela favorise singulièrement le sommeil, surtout s'il y a un peu de fièvre dans les veines. J'ai fini par m'y habituer. Nous remontons le fleuve jusqu'à Tai-ping-fou, puis nous entrons dans le canal de Ning-ko-fou.

» Le long du chemin, rien de remarquable. De part et d'autre de la vallée, les collines sont complètement dénudées. Le sol se compose de grès ou d'argiles rouges mêlés de galets. A peine avions-nous fait deux lieues que le vent est devenu absolument contraire et la pluie très abondante ; il fallut s'arrêter avec quelques petites barques de pêche. C'est à cet endroit que j'ai vu pour la première fois les barques à miroir. Ce sont des canots longs et étroits. Ils se conjuguent souvent deux ensemble pour mieux tenir. Le long du bord est fixée une large planche peinte en blanc ; elle s'incline doucement jusqu'à la surface de l'eau où elle se reflète. En avant et tout autour il y a des filets ; le poisson vient à cette lumière relativement plus considérable que celle de l'espace environnant et les pêcheurs le prennent. J'ai lu quelque part que le poisson sautait sur la planche et dans la barque ; mais d'après les explications qu'on nous a données, c'est erroné (2).

» Le vent étant devenu contraire et très violent, il nous fallut séjourner au pied d'une petite colline un jour et demi. Nous remettons ensuite à la voile et le lendemain, après bien des difficultés causées par la rupture des digues et l'obstruction des canaux, nous jetions notre grappin sous les murs de Ning-ko-fou.

» Au milieu du canal, j'ai tiré le héron cendré (*ardea cinerea Loth.*). Avec un petit fusil comme le mien, cet oiseau est difficile à tuer.

» Le reste du jour fut employé à faire des provisions et à louer une petite barque pour remonter la rivière qui descend des montagnes à l'est de Ning-ko-fou. Nous sommes partis le soir même. Notre barque avait ordre de nous attendre. Nous avons couché, le soir, près d'un grand pont. Il a onze à douze arches et autant d'éperons en forte maçonnerie ; mais sa direction forme un angle obtus avec celle de l'eau. Le constructeur a eu

---

(1) Soir et matin, les grandes barques frappent le tam-tam et brûlent une liasse de pétards en l'honneur du dieu de la navigation. L'avant est la partie sacrée du bateau.

(2) Dans les *Nouveaux Mémoires sur l'état présent de la Chine*, du P. Lecomte, s. j., on lit en effet que le poisson saute dans la barque. Nous avons à notre tour interrogé plusieurs fois et les explications concordent avec l'assertion du P. Lecomte. Cette pêche se fait la nuit ; un filet est tendu verticalement dans le sens de la longueur du canot pour arrêter le poisson qui saute par dessus la planche.

en vue d'atténuer les désastres causés par la violence du courant en cet endroit. Le dessus du pont est pavé de grandes pierres plates ; malheureusement, les rebelles ont détruit la moitié des parapets pour construire un petit fort sur le milieu du pont, afin d'intercepter les communications des Impériaux et probablement aussi pour rançonner les allants et venants. Le matin d'assez bonne heure, le P. Seckinger crie aux bateliers de se lever et nous voilà remontant le courant à force de perche. L'eau devient de moins en moins profonde ; nous touchions souvent le fond de galets et nos hommes sont contraints de descendre dans la rivière pour soulever la barque. Je n'ai rien vu dans ce courant que quelques mulettes en mauvais état et un grand martin-pêcheur. Il est au moins d'une taille double du nôtre et fort beau. Je ne l'ai remarqué que le long de ce torrent. Les saules abondent : peut-être pourrai-je les étudier par la suite (1). Le troisième jour après notre départ de Ning-ko-fou, nous sommes arrivés à Chœï-tong. La vallée où est situé ce village est fort bien cultivée et abonde en *Pé-ko-chou ;* c'est le *Guiko-biloba.* C'est un arbre d'une grande beauté ; son port rappelle celui du tulipier de Virginie. Son feuillage découpé s'agite au vent comme les feuilles du tremble. Les Chinois en font leurs planches d'imprimerie et d'autres ouvrages d'art. A Chang-haï et ailleurs, les bonzes le plantent près des pagodes ; mais, depuis la rebellion, un grand nombre a disparu et il est difficile de s'en procurer. A Chœï-tong, on pourrait avoir un de ces arbres, de 20 à 30 pieds de haut sur 2 pieds de côté, pour une piastre. Un chrétien m'a donné beaucoup de noyaux et, en les examinant, j'ai trouvé deux formes distinctes.

» Dans la soirée, nous arrivions au village de Hin-tsen, but de notre excursion. C'est un amas de grandes et belles maisons étagées au fond d'une vallée. Les sommets les dominent de toutes parts et abritent des vents froids. Les vieux chênes verts, les platanes et les guikos y entrelacent leurs divers feuillages et y donnent une ombre impénétrable aux rayons du soleil. Nos pic-verts et nos grimpereaux parcourent sans cesse leur écorce pour y trouver leur repas quotidien. L'écureuil gris cabriole dans leurs branches ; la grive-mauviette et le hoa-mi font entendre leurs notes éclatantes et de nombreux sangliers s'engraissent dans les fourrés à la saison des glands. Mais, mon cher père, quelle désolation au milieu de cette ravissante nature ! De 70 pauvres émigrés chrétiens arrivés au printemps, 11 ont déjà succombé sous les attaques de fièvre bilieuse. Sur les 60 qui restent, je n'ai vu que deux ou trois figures en bon état et il est possible que cet hiver la moitié au moins succombe encore. Notre visite

(1) Le P. Heude, naturaliste distingué, a consacré sa vie en Chine aux études scientifiques. On lui doit plusieurs publications et des travaux remarquables.

leur a fait du bien. Le P. Seckinger s'est efforcé de relever le moral et nous avons fait distribuer un peu de riz. Pendant que le Père s'occupait des affaires, moi, j'ai battu les bois.

» Le terrain est le carbonifère, marbre noir, galets roulés, schistes métamorphiques. J'ai vu le charbon dans la crevasse d'un torrent derrière ce village.

» Nous sommes restés quatre jours à Hui-tsen, puis nous avons regagné notre barque à Ning-ko-fou.

» En gagnant par les canaux le port de Ou-hou, je n'ai rien vu de curieux qu'une certaine méthode de pêche très bizarre. Le pêcheur est couché à plat ventre dans un baquet oblong et ce baquet bascule sur l'avant de manière que le menton affleure l'eau. Les pieds et les jambes sont en l'air et tiennent un seau où sont déposées les captures. L'instrument de pêche est primitif, ce sont bel et bien les dix doigts qui fouillent dans les herbes aquatiques et les trous pratiqués sous le berge. On voit ainsi prendre des anguilles, des brêmes, etc. Le spectacle d'une bande de baquets vivants se mouvant ainsi à travers les roseaux est fort curieux. »

Nous n'avons pas hésité à transcrire cette longue lettre bien qu'elle ne nous donne aucun détail sur le vrai but du voyage ; les renseignements dont elle est pleine éclairent un côté de la question apostolique.

Le P. Seckinger s'occupa des émigrés. Ils étaient arrivés au printemps. Sur 70 personnes, 11 avaient déjà succombé sous les attaques de fièvres et dans les étreintes de la plus affreuse misère. Tous ressemblaient à des squelettes ; comment résisteraient-ils aux rigueurs de l'hiver ? Le bon missionnaire leur fit distribuer le riz qu'il avait apporté, et releva un peu leur moral pendant les quatre jours qu'il resta au milieu d'eux.

Dans ce petit village, perdu au milieu des montagnes, mais d'un abord relativement facile, providentiellement fourni d'un noyau chrétien, tout invitait les missionnaires à la fondation d'un premier établissement. Le P. Seckinger n'était pas homme à négliger une si bonne occasion. Au mois de mars 1869, le P. Royer fut envoyé de Nan-kin en compagnie du F. Goussery, ayant pour mission d'étudier les conditions matérielles pour une fondation, l'état des esprits, et d'offrir quelques nouveaux secours aux malheureux chrétiens.

Chœï-tong, aujourd'hui si animé, si commerçant, quoique bourgade peu importante, n'offrait à cette époque que le spectacle de ruines amoncelées.

Le déboisement des montagnes y réunissait de nombreux travailleurs au visage amaigri, entassant sur les rives du torrent les troncs d'arbres abattus sur les montagnes.

Point de chrétiens encore. Emportant les provisions que l'affreuse disette nécessitait, ils s'acheminèrent vers le hameau de Hui-tsen.

Des masures pitoyables, vides de tout, nous dit le F. Goussery, abritaient les plus malheureux des hommes. La faim, la maladie et le travail en avaient encore moissonné. Ils reçurent les missionnaires comme des anges descendus du ciel. « Les Pères! les Pères! » On répétait ces mots en pleurant de joie. La fin des souffrances semblait venue. Plus de délaissement, plus de larmes ni de désespoir. La religion est bien le plus puissant des liens pour unir les cœurs.

Ces deux étrangers étaient pour ces Chinois chrétiens plus chers que tous les Chinois de la Chine.

Témoin irrécusable, le F. Goussery nous affirma que la famine était indescriptible. Ces affamés ne se nourrissaient que de glands ou de racines écrasées entre des pierres et pétries en galettes. On les disputait aux sangliers qui, nuit et jour, par bandes, fouillaient en liberté les halliers de la montagne. Les vêtements étaient à l'avenant et on sortait de l'hiver. Comme ceux de malheureux naufragés, ils se composaient de haillons pourris, à peine suffisants pour sauvegarder la décence la plus sommaire, inutiles et impuissants contre la rigueur du climat.

Au bout de huit jours, nos voyageurs durent néanmoins songer au départ. Ils avaient épuisé, en les distribuant, toutes leurs provisions. D'autre part, le toit qu'on leur partageait leur faisait une loi de ne pas prolonger les sacrifices de l'hospitalité. Ils quittèrent donc le village l'âme brisée par le spectacle de tant de maux et l'impuissance d'y apporter un remède.

Un rapport fut immédiatement envoyé à Mgr Languillat. Il fallait aviser à retourner le plus tôt possible dans cette contrée, y revenant les mains pleines et pour y fonder un établissement.

Des ordres furent donnés sans retard pour la confection de plusieurs centaines de vêtements de toutes formes et pour tous les âges.

Deux mois après, le P. Royer s'embarqua de nouveau. Il était seul, mais largement pourvu. Chrétiens et païens du voisinage, tous admis à partager les ressources de la charité, s'unissaient pour exprimer leur reconnaissance.

Le Père donnait son riz et ne dédaignait pas la galette de glands. Les cœurs lui étaient complètement acquis ; l'œuvre de Dieu était en bonne voie. Il fallait une maison. On pouvait en choisir parmi les ruines, mais il était indispensable qu'un homme de la partie en dirigeât les réparations.

Au mois d'octobre, le P. Royer ramena le F. Goussery. Ordinairement de Ning-ko-pou à Chœï-tong, le voyage en barque s'effectue en deux jours. Cette fois, l'eau était si basse que trois jours et trois nuits furent nécessaires. Le Père avait remarqué que le pays, si peuplé d'animaux sauvages, ne possédait pas un seul animal domestique, de quelqu'espèce que ce fût. Il avait donc embarqué six couples de poulets et deux porcs. Ce furent là, comme dans l'arche de Noé, les prémices de toute l'immense basse-cour d'aujourd'hui et dont nul ne sait l'origine. Or, ces passagers de circonstance n'étaient pas là pour l'agrément des autres. La barque était très petite et, dès le soir du premier jour, la position des voyageurs était pitoyable.

La chaleur aidant, les jours et les nuits se passèrent dans l'exercice de la mortification la moins imaginaire. Elle eut sa récompense. Cette nouvelle ressource toucha le plus vivement les pauvres colons chrétiens et païens de Hui-tsen; elle concourut à augmenter la célébrité du missionnaire à dix lieues à la ronde. Cette étrange monnaie acheta bien des âmes.

Un fragment de lettre, écrite par le P. Royer à Sa Grandeur, nous donne quelques renseignements :

« Le 14 octobre, quoique bien fatigué, je quittai Nan-kin pour me rendre dans mon pauvre et désolé district de Ning-ko-fou. La crue des eaux du fleuve a été tellement grande que tout le pays était inondé depuis le 9 juillet.

» Nous avons mis douze jours pour remonter le fleuve Bleu et la rivière de Ning-ko-fou. Comment vous peindre le spectacle de ces contrées entièrement submergées; de ces populations réfugiées sur les collines, vivant de racines et de poisson !

» La *Sainte-Marie* (1) traversait le pays en pleins champs, à travers les villages et les maisons en ruine. La fièvre ne me quittait guère et ce que je voyais était peu propre à me remettre.

» Arrivé à Ning-ko-fou, j'apprends que bon nombre de mes chrétiens nouvellement arrivés du Hou-pé sont décimés par la fièvre et la dysenterie. Je les avais quittés le 6 juillet, j'arrivais le 28 octobre; treize de nos chrétiens étaient morts pendant ces trois mois, sans sacrements. Six étaient encore moribonds. J'en administrai trois dès le premier jour de mon arrivée. »

Pendant que le P. Royer vaquait aux travaux de l'apostolat et profitait des bonnes dispositions des païens pour les conquérir à la foi, le F. Goussery installait une maison en ruines, y faisait toiture et plan-

(1) Grande barque appartenant aux missionnaires, pouvant remonter jusqu'à Ning-ko-fou, mais trop profonde pour les eaux basses du petit torrent de Chœï-tong.

chers, relevait les pans de murs et préparait un pied-à-terre qui isolât les missionnaires.

Le Père était fort épuisé. Voyant son état, le Frère le pressait de repartir, mais l'apôtre, plein de zèle, lui répondait moitié riant, moitié sérieux : « Etes-vous donc mon supérieur ? Savez-vous ce que vous avez à faire ? Eh bien, fabriquez-moi une grande croix, nous allons la planter sur la montagne et vous m'enterrerez au pied. »

Mais le Frère n'entendait pas raison et s'inquiétait non sans motif.

Un beau soir il dit au Père :

— Mon Père, j'ai loué une chaise et des porteurs, vous allez partir demain.

— Que dites-vous ? qui êtes-vous pour me parler ainsi ? êtes-vous mon supérieur ?

— Mon Père, je suis infirmier, et comme tel vous devez m'obéir, car je ne puis vous accorder de rester ici plus longtemps ; j'ai un devoir de conscience à remplir.

Le misssionnaire se radoucit aussitôt.

— C'est vrai, c'est vrai. Comme infirmier, vous pouvez, hélas ! m'imposer vos volontés.

Et, le lendemain, une chaise de bambou et huit porteurs emportaient le pauvre épuisé vers Ning-ko-fou où attendait la barque.

Mais les porteurs, malgré leur grand nombre étaient eux-mêmes tellement privés de forces par le manque habituel de nourriture qu'ils ne purent aller plus loin que Sün-kia-pou, village situé sur le bord du torrent à mi-route de Ning-ko-fou.

Là, le Père fut déposé sur la grève et l'on chercha une barque qui voulut bien s'en charger. Les esprits étaient si hostiles que voyant, un *diable d'Occident*, personne ne voulut se mettre à son service. Ce ne fut que le soir, fort tard, qu'on décida un batelier à louer sa barque. Le Père arriva à Nin-ko-fou à trois heures du matin.

Quand le F. Goussery, qui avait pris une barque à Chœï-tong, arriva dans la matinée, il trouva son malade couché et fort agité. Une fièvre violente l'avait malmené toute la nuit. Grâce à une forte dose de quinine, le retour s'effectua heureusement.

Le cinquième voyage fut accompli par le P. Lelec, qui acheta une maison de Hui-tsen et une autre à Chœï-tong qui devait plus tard devenir la plus importante chrétienté.

L'apostolat bientôt s'étendit au loin.

Terminons cet aperçu par une lettre du P. Ravary. En 1872, trois ans plus tard, il écrivait :

« Cette espèce de grand mouvement vers notre sainte religion est aujourd'hui un fait accompli. Quelles consolations pour le cœur du missionnaire a données et donnera encore cette terre promise !

» C'est splendide ! Nous sommes arrivés au chiffre de 3,000 et quelques centaines de catéchumènes. Si nous avions pu et surtout voulu inscrire les noms présentés par les députations, nous aurions plus de 10,000 noms inscrits sur nos listes.

» Parmi les premiers venus, nous avons baptisé, aux mois de mai et de juin, près de 120 adultes. Aux grandes fêtes de novembre et de décembre trois ou quatre cents pourront, je l'espère, recevoir la même faveur.

» L'an dernier à pareille époque nous n'avions qu'une église ; aujourd'hui nous en comptons onze : cinq dans le district de Ning-ko-fou, quatre dans celui de Ning-ko-hien, une dans le Koang-té-tcheou et la onzième dans le Kien-ping-hien. Nous avions fort à cœur, le P. Bies et votre serviteur, d'aller prendre possession d'une nouvelle résidence qu'on nous offrait dans le Kin-hien, mais le temps nous fit défaut. »

Les deux missionnaires, les catéchistes et les vieux chrétiens à leur service étaient débordés de tous côtés.

Bien qu'il puisse sembler peu à propos d'interrompre un récit qui commence à peine, nous croyons utile et intéressant de le faire pour étudier dans le chapitre qui va suivre les classes sociales avec lesquelles le missionnaire se trouve surtout en relations. Il est venu, il est vrai, évangéliser la Chine et tous les Chinois sans distinction ; mais, si nous nous plaçons au point de vue très particulier de ses succès et des obstacles qu'il rencontre, il faut nécessairement restreindre et préciser davantage ; dès lors, nous n'en comprendrons que mieux ses luttes, ses espérances et le caractère propre de son apostolat.

On le sait, l'heure où la voix du messager de Dieu trouvait quelques échos dans les rangs de la haute société est passée depuis longtemps. Fidèle à une tactique inaugurée surtout depuis les dures leçons de 1860, l'autorité a caché ses vieux sabres et dissimule de même, du moins ordinairement, ses plus ardents désirs.

Sans être neutre, le mandarin n'est donc ni le catéchumène, ni l'assaillant du prédicateur de l'Evangile. Le boute-feu, le porte-drapeau, le fier-à-bras, le risque-tout, qui d'ailleurs ne risque rien, c'est le lettré.

D'autre part celui qui se montre accessible aux efforts du missionnaire, c'est le paysan. Nous allons donc, en quelques traits, essayer leurs profils, car il faut ici les envisager dans leur attitude vis-à-vis de la religion chrétienne.

IV

Missionnaires et Lettrés

IV

MISSIONNAIRES ET LETTRÉS

« En Chine, dit le P. du Halde, tout est peuple, ou lettré, ou mandarin. »

Dans l'acceptation stricte, le lettré serait un gradué ou un aspirant aux grades littéraires. Mais au sens communément reçu, il faut donner à cette dénomination si précieuse une extension beaucoup plus large. C'est ainsi que, dans les campages en particulier, passent pour lettrés tous ceux qui savent tenir honorablement un pinceau et lire couramment les caractères. D'ailleurs, les bacheliers, les docteurs, surtout les candidats aux examens, n'ont pas seuls la vanité, la fierté méprisante des castes nobles pour les parias, dès lors qu'ils se comparent au petit peuple, ou simplement méditent sur eux-mêmes.

Il en va ainsi de tous ces fruits secs de l'arbre de la science qui ont assez de génie pour écrire proprement une lettre, une supplique, un contrat de vente, ouvrir une école et commenter un journal. D'autre part, il ne serait pas exact d'imaginer rien qui, entre le lettré et le paysan, ressemblât aux luttes sourdes, aux jalousies bruyantes qui divisent les classes de la vieille Europe. L'ignorant en Chine, pour n'être pas plus sot que dans les autres pays du monde, reconnaît à l'ordre et à la hiérarchie sa primauté de droit. Les commotions populaires sont surtout des questions de pillage pour lesquelles la misère, la paresse et l'opium sont toujours prêts à fournir des recrues.

Le lettré sait jouir en paix des égards dont la foule l'entoure ; il s'en prévaut surtout en lui-même, et est infiniment adroit pour exploiter son petit prestige. Il n'oublie rien pour se rendre indispensable, et comme la

Chine est le pays de la chicane par excellence, sa sphère d'action est puissante.

Qu'il soit affilié aux sociétés secrètes, laisse pousser ses ongles et fume l'opium, c'est là son moindre défaut.

A l'affut de tous les scandales, il est passé *maître chanteur ;* qu'on me pardonne l'expression en faveur aujourd'hui. Mêlé à toutes les disputes, il soutient toujours quelqu'un, celui d'abord qui soudoie le mieux sa verve intarissable. Des préférences, il n'en a pas ; il recevra volontiers des deux mains. Il n'a pas pu tout dire la veille, ni tant retourner la question qu'il ne reste à gagner des piastres sur le point de vue resté dans l'ombre. Compère des huissiers de prétoire, il leur amène des plaideurs embrouillés, ayant rédigé leurs suppliques. Ses clients reviennent avec les coquilles, lui a sû partager l'huitre avec les prétoriens ; mais il sait faire remarquer aux intéressantes parties que les coquilles sont à peu près égales et que chacun a la sienne. On le récompense.

« On ne saurait croire, dit le P. Le Comte, au xviiie siècle, jusqu'où va leur souplesse et leur subtilité, quand il faut s'insinuer dans les esprits, ménager une bonne occasion, ou profiter des ouvertures qu'on leur donne. Leur qualité essentielle, c'est de tromper quand ils peuvent ; plusieurs ne s'en cachent point, et j'ai ouï dire qu'il y en a d'assez effrontés, quand on les a surpris en faute, pour s'excuser sur leur peu d'habileté. « Vous voyez, disent-ils, que je n'y entends pas finesse ; vous en savez plus long que moi ; mais peut-être que je serai plus heureux une autre fois (1). »

Au premier rang de ces experts en lecture et en écriture, dont le pinceau est la gloire et l'effronterie la fortune, il faut placer les maîtres d'école.

Si, dans d'autres parties du monde, plusieurs de ces apôtres de l'enfance sortent de l'obscurité grâce à leur vertu et à leur dévouement, en Chine le maître d'école, par sa seule position, est dans la lumière qui environne la caste noble. Parmi eux, d'ailleurs, les bacheliers et les licenciés ne font pas défaut, et la gloire du globule qui brille sur le chapeau des privilégiés rejaillit sur le corps tout entier. Puisque les grades littéraires sont le blason au Céleste Empire, comment l'instituteur qui vit dans l'arène n'aurait-il pas sa place, au moins sous le péristyle du temple de l'aristocratie ?

Il est donc, comme nous avons dit, écrivain public, notaire, avoué de l'endroit, conseiller des notables, grand entremetteur d'affaires et de mariages, correspondant parfois des journaux, leur commentateur d'office,

(1) *Nouveaux mémoires sur l'état présent de la Chine,* t. I, p. 498.

École chinoise.

et généralement ennemi juré des missionnaires. Il en a lu et relu toutes les infamies dans les pamphlets qu'il dévore et répand autour de lui.

Nous parlons en général ; et cette peinture de l'instituteur païen subsiste vraie, alors que des cas particuliers semblent réclamer de moins sombres couleurs. Après le maître d'école, n'oublions pas d'autres demi-savants tels que le médecin, l'apothicaire. Ils ont une teinture littéraire. Signalons le gros commerçant qui a possédé au moins *ses quatre livres* (1) avant de se livrer à l'étude approfondie de *l'abaque* et des rouéries commerciales.

En réalité, ce ne sont pas des lettrés, quoi qu'il y en ait parmi eux, mais ils en ont la réputation dans la petite classe, ils en ont surtout la fierté, la morgue, les préjugés contre les Européens, ces barbares. Ils peuvent lire les mauvais romans qui circulent de boutique en boutique ; ils tiennent parfaitement leurs comptes, écrivent des lettres, des contrats. Enfin ils en savent assez pour s'élever très haut dans leur propre estime, et ils consolent leurs regrets en destinant un de leur fils à la carrière des dignités.

Entre ces demi-lettrés et les mandarins, il y a les vrais lettrés sans charge et les candidats aux grades. Il importe aussi d'en parler brièvement.

Par le fait que les succès littéraires confèrent aux élus les lettres de noblesse et ouvrent la porte à toutes les dignités ; comme en Chine, ainsi que d'autre part, les honneurs remontent l'arbre généalogique et couronnent l'heureux père d'un fils annobli, on conçoit l'ardeur pour l'étude, étonnante en ce pays, et le souci des parents à l'aise pour toutes les dépenses qu'exige l'instruction de leurs enfants. Il n'est donc point de nation plus entichée des grades littéraires, point de pays où de si grandes récompenses les fassent autant rechercher ; point de gouvernement qui pour ses aspirants et ses lauréats fasse de pareils sacrifices. Les examens semblent tenir en Chine la place la plus importante dans les affaires de l'état (2). Ce sont ces littérateurs qui occuperont tous les degrés de la hiérarchie

---

(1) « La grande étude. » — « Le juste milieu. » — « Le livre des sentences. » — « Le philosophe Mencius. »

(2) On peut consulter le savant et très intéressant travail du P. Zi, s. j. sur la « Pratique des examens littéraires ». Variétés sinologiques, n° 5.
Un détail : A Nan-kin, aux sessions de licence, les 30,000 candidats, chaque fois, coûtent à l'Empereur 80,000 taëls environ ; soit 500,000 francs. Si on calcule les frais annuels que nécessitent tous les examens de tous genres, de toutes les préfectures et sous-préfectures, si on fait la part du principe qui veut former des hommes d'état à l'aide de l'amplification littéraire, il faut avouer que ces dépenses pacifiques ont un genre de sagesse qui balance bien celui d'une paix armée comme en Europe, et les folies persécutives de la laïcisation comme en notre cher pays.

mandarinale, depuis le dernier sous-préfet, jusqu'au premier des censeurs. L'écolier de la veille se trouve du jour au lendemain chargé d'un département où tout dépend de lui, justice, enregistrement, travaux publics, police, commerce et agriculture. On l'appelle « Père et Mère du peuple ». Ce titre est tout un programme. Plût à Dieu qu'il administrât en bon père de famille, lui que n'aiguillonnent point les épines de la bureaucratie.

Puisque nous parlons du but, à propos des lettrés qui y tendent, disons en passant que la faveur a bien aussi ses petites entrées dans les couloirs de l'université chinoise. Voici ce qu'on lit dans les *Lettres édifiantes* (t. 13, p. 305).

« Je ne vous détaillerai point, Monsieur, toutes les précautions dont on use pour obvier aux inconvénients et aux abus que la faveur a coutume d'introduire dans ces sortes d'examens..... Cela n'empêche pas qu'il ne se trouve à la Chine au moins autant de capitaines inhabiles que d'ignorants mandarins. Quoique la peine de mort soit attachée à la vente des suffrages, il arrive cependant rarement qu'on l'inflige aux examinateurs qui prostituent les leurs. D'abord, le nombre des coupables serait trop grand, et bientôt l'Empire n'aurait plus de mandarins. D'ailleurs, les dénonciations sont rares, crainte de se mettre à dos les gouverneurs des provinces, qui, sous divers prétextes, ne manqueraient pas de venger l'honneur du mandarinat, soit par des exactions tyraniques, soit par des persécutions cruelles, soit par des emprisonnements qu'ils motivent toujours assez bien pourvu qu'ils aient à la cour des partisans de leur iniquité. Ici, comme partout ailleurs, ces derniers sont fort communs, et l'injustice est toujours facile, quand on a la faveur du prince ou l'appui de ceux qui l'environnent.

» Cette grande application aux lettres rend les Chinois moins propres à la guerre, éteint en eux cette humeur martiale qui naît avec les peuples les plus barbares, et leur fait négliger les arts dont on prétend qu'ils avaient autrefois des connaissances plus étendues et plus parfaites. »

Enfin, cette littérature qui doit tenir lieu de tout dans la formation des autorités de ce vaste empire, en quoi consiste-t-elle donc, quelle est sa valeur ? Confucius a son nom parmi les sages du vieux temps ; les gradués seraient-ils formés à son école et classés par ordre de mérite dans la science raisonnée de ses sentences ?

Effaçons-nous derrière des juges plus compétents et citons simplement quelques lignes de la préface d'un livre qui a rapport à la question (1) :

(1) *Allusions littéraires*, par le P. Pétillon. *Variétés sinologiques*, n° 8.

« Science de mots au service d'un esprit délié, mais superficiel, voilà donc où aboutit l'instruction au Céleste Empire. Enrichissez votre mémoire de lambeaux de phrases, émaillez-en votre style, et ce qui, sous d'autres cieux vous mériterait l'épithète de pédant, vous vaut ici la qualification de littérateur admirable : mosaïste ou jongleur d'allusions, qu'on l'appelle du nom qu'on voudra, il n'en reste pas moins acquis que le lettré chinois, par son goût excessif pour cette figure de rhétorique, cause le désespoir de l'étudiant européen. »

Encore s'il comprenait toujours ce qu'il lit, ou ce qu'il dit, ou ce qu'il écrit ! « Mettez-lui sous les yeux une de ces descriptions rythmées, dont le commentaire n'est possible qu'à l'auteur, vous devinerez au dandinement de sa tête la satisfaction de son âme de lettré. Peut-être les exclamations louangeuses, qu'arrachera le chef-d'œuvre à votre dilettante, feront-elles naître en vous le désir de comprendre ces allégories pour partager son admiration ? Ne vous hâtez pas trop cependant de lui poser des questions. Si vous n'avez affaire qu'à un habile tourneur de périodes, et non à un vrai érudit, vous l'exposerez bien vite à ânonner devant ces allusions. Le fréquent usage qu'en font les autres et qu'il en fait lui-même ne lui en a pas rendu le sens plus familier. »

Mais, quoi qu'il en soit de cette beauté inutile et de cette gloire innocente, il nous intéresse surtout de considérer un instant les gradués et les non gradués, ces bâtards de la famille, en face de la religion chrétienne.

Traiter longuement cette question serait moins à propos que sans intérêt. Avec la question de fait dont toutes les lettres des missionnaires sont remplies, on trouverait peut-être une pseudo-question de droit inhérente au singulier tempérament de cette monarchie séculaire. L'ennemi de tout bien, qui, avant Notre Seigneur, réalisa en Asie son règne officiel en plein soleil, semble avoir trouvé un refuge en Chine, où, grâce au caractère du peuple, aux traditions, aux lois de l'empire, il résiste aussi bien, sinon mieux, qu'en aucun lieu du monde. C'est bien à lui qu'il faut accorder la paternité de cette immense machine païenne dont les rouages bizarres sont si bien agencés et qui, montée depuis des siècles, n'avance ni ne recule.

Par le seul fait du paganisme, tous les cœurs sont corrompus ; mais à ce mal commun à tous les peuples que n'a pas transformés l'Evangile, il faut ajouter la perversion des esprits que se partagent entre tous les païens, quoiqu'à des titres différents, les disciples de Mahomet et ceux de Confucius. Celui-ci a dit : « *Un homme doit souvent changer s'il veut être constant dans sa sagesse.* » Mais il a dit encore : « *Il est pernicieux de*

Médecin chinois.

s'adonner à l'étude des doctrines nouvelles. » Avec ces deux maximes, il avait pour sûr deux cordes à son arc. Les adeptes savent utiliser la première en politique et la seconde en religion. Nous verrons que celle-ci est devenue loi de l'empire.

Disciple aveugle du *saint homme*, le lettré, incapable de comprendre ce qu'il peut y avoir de relativement bon dans certaines pages de ses théories morales, serait très embarrassé de formuler ce qu'il croit. Il accepte les yeux fermés les explications traditionnelles, et c'est le philosophe Tchou-hi qui est pour les livres sacrés « le commentateur officiellement reconnu et faisant loi aux examens. »

« Beau diseur, autant que philosophe détestable, cet homme est parvenu à imposer, depuis bientôt six siècles, à la masse de ses compatriotes, une explication toute matérialiste des anciens livres.

» Il est vrai que la plupart, contents d'un vague à peu près, emploient la terminologie du philosophe commentateur sans se mettre guère en peine d'en rechercher le sens exact.

» Le système... est exposé à l'orientale, sans ordre ni suite, sans précision ni métode (1).

En conséquence et en principe, le lettré est un sceptique.

» Tout lettré qui se respecte doit décrier les bonzes et vilipender leur doctrine ; c'est un lieu commun, une simple boutade sans conséquence ; car dans la pratique, de nos jours, du moins, le confucianiste le plus enragé réclame à l'occasion les services du *bonze* ou du *tao-che* (2). »

« Les bonzes, écrivait le P. Premare, en 1699, sont fort méprisés des honnêtes gens, parce qu'avec ces apparences de piété, ont sait leurs divers systèmes sur la religion qui sont tout pleins d'extravagances, et que ce sont pour la plupart des gens perdus de débauche (3). »

N'importe quel bonze, en effet, pourrait dire comme ce médecin de Pékin au Père Cibot : « La crédulité du peuple est le gagne-pain de tous mes confrères (4). »

Les mandarins, d'ailleurs, donnent l'exemple des plus grossières superstitions et personne n'a jamais pensé, en Chine païenne, que ce monstrueux amalgame de contradictions religieuses méritât le moindre reproche ; c'est tout le contraire qu'il faut admettre.

---

(1) *Le Philosophe Tchou-hi, par le S. Le Gall.* — Variétés sinologiques, n° 6. Chang-hai, mission catholique.

(2) Ibid. Le bonze est un prêtre bouddhiste, le tao-che, sectateur et prêtre de Lao-Kiun.

(3) Lettres édifiantes, t. 9, p. 227.

(4) Lettres édifiantes, t. 9, p. 134.

Sans croire sérieusement aux sottises du bouddhisme populaire, le fait d'y adhérer pour *la galerie* montre chez le lettré un caractère bas et corrompu. Le petit peuple, sans rien raisonner, a au moins l'honneur de son aveuglement.

L'éducation sceptique du lettré l'arme de longue main contre le christianisme, il a l'esprit faussé.

La haute opinion qu'il conçoit de la philosophie de ses vieux livres, sans les comprendre, le remplit de mépris pour toutes les autres doctrines, dont il ne veut d'abord pas entendre parler. Son orgueil croît avec l'élévation que lui procure sa supériorité littéraire ; et dès lors qu'il se croit le premier dans son pays, qui donc le persuadera que son pays n'est pas le premier du monde !

La religion chrétienne qui frappe à sa porte n'est qu'une pauvre étrangère. Cette inconnue aurait trouvé mieux que lui dans les trésors de sa littérature archi-séculaire ? Est-ce acceptable ?

D'ailleurs, les calomnies qui ont entouré le berceau relativement récent du christianisme en Chine, le lettré dès sa jeunesse les a entendues, lues dans vingt pamphlets. Il a l'opinion des docteurs et des académiciens qui sont pour lui l'organe de la sagesse. Il sait enfin que le christianisme est incompatible avec les règlements superstitieux des charges auxquelles il aspire... Que de raisons pour le repousser et, quand on n'en veut pas, pour le combattre !

Tous ces prétextes, dont on comprend mieux la force quand on a vu leurs effets, expliquent l'attitude du lettré en face du missionnaire et peuvent faire comprendre ce que disait le fils de Kang-hi, une fois sur le trône : « Vous avez su tromper mon père, disait-il aux Jésuites qui le suppliaient lors d'une persécution, n'espérez pas me tromper. Au début, vous étiez très peu, mais aujourd'hui les chrétiens pullulent. Vous voulez que tous les Chinois soient chrétiens, que deviendrions-nous ? Nous serions les sujets de vos rois !

» L'Empereur, mon père, a beaucoup perdu de sa réputation dans l'esprit *des lettrés*. »

Les lettrés ! ils incarnent la vieille Chine païenne. N'étant jamais sortis de chez eux, ils n'ont rien vu qui puisse leur ouvrir de nouveaux horizons ; la majesté de leurs rites les surpasse. Issus du peuple pour la plupart, les honneurs qui récompensent leurs grades les passionnent ; le bien-être relatif, au sein d'un paupérisme universel, les endort ; et comme ils résument l'opinion, puisque le peuple est une immense fourmilière sans soleil et sans suffrage, cette vieille monarchie aristocratique, sous le joug des lettrés, ne sortira jamais de son sillon. Il faut attendre un cataclysme.

De tout temps le Chinois semble voir derrière l'Européen un fantôme d'invasion étrangère. Les paroles de Yong-tcheng, citées plus haut, en sont un témoignage qui peut suffire. L'Européen est donc l'ennemi. Que peut être le missionnaire, sinon un soldat d'avant-garde ? Le lettré est incapable de comprendre la simple loyauté des commerçants étrangers, infiniment moins encore le sacrifice désintéressé du prêtre.

Il convient donc au gardien officiel ou officieux de l'autonomie chinoise de lui faire une guerre sans merci. S'il est à la porte, il faut l'empêcher d'entrer ; s'il a franchi le seuil, il faut le chasser ; si on ne peut le chasser, il faut faire le vide autour de lui ; si sa personne est relativement inviolable, il faut frapper les sujets de l'empire qui l'approchent. Mensonges, calomnies, pamphlets, tout est bon pour exciter la populace aveugle.

Tel est le programme diabolique et parfaitement poursuivi depuis des siècles par les lettrés de tout âge. Les jeunes candidats aux examens, « candidats rois du ciel », comme les appellent facétieusement les gens du Kiang-sou (1), inaugureront à leur manière les luttes sérieuses de l'âge mûr contre le prêtre européen. Nous devons en dire quelque chose, car les vexations des jeunes lettrés appartiennent directement à notre récit.

Dans tous les pays du monde, la race des étudiants est turbulente. La Chine ne saurait faire exception.

Parmi les 162 décrets impériaux ou décisions ministérielles, édictés pour la réglementation des examens sous les neuf derniers Empereurs, plusieurs rappellent cette jeunesse à la bonne tenue qui sied à leur rang. C'est qu'on les a vus très souvent s'unir pour troubler les examens, imposer au préfet ce qui leur passe par la tête ; et comme celui-ci peut être cassé si l'examen n'a pas lieu, on a vu des préfets, incapables d'énergie, se prosterner devant les mutins pour acheter la paix.

Les missionnaires ont toujours à prendre quelques mesures de prudence à l'époque de ces réunions périodiques. La curiosité porte ces jeunes gens vers nos résidences ; et se sentant en nombre, ils sont arrogants.

Au mois de mars 1875, il y avait à Ning-ko-fou un examen supplémentaire ; à cette session extraordinaire pouvaient se présenter ceux qui avaient échoué précédemment.

Le P. Orta, résident habituel, était absent de la maison ; il ne s'y trouvait qu'un gardien. Celui-ci ne se préoccupait point, confiant que l'étroite et si misérable demeure, confondue au milieu des autres, n'attirerait pas l'attention. Ce n'était, en effet, rien moins qu'un palais. Le P. André écrivait : « Nous avons couché le 2 mars à Ning-ko-fou ; le

(1) Pratique des Examens littéraires, p. 3. *Variétés synologiques.*

P. Bies et le P. Chen-leang sur le plancher de la chapelle ; le P. Ministre dans la chambre de gauche en entrant ; le P. Chen-eull dans celle de droite et votre petit serviteur sur un peu de paille, au pied du P. Orta. » Le vieux portier avait néanmoins fermé sa porte. Mais c'était la porte du Tien-tchou-t'ang ! (1)

Nos candidats ne furent pas embarrassés pour en trouver la route. La porte était close, raison de plus pour entrer. Les coups menacent de la briser, elle s'obstine à ne pas s'ouvrir. Fatigués de frapper sans succès, nos étourdis jetèrent des pierres sur le toit ; puis, quand ce jeu les eut également fatigués, l'un d'entre eux, plus hardi, sauta par dessus le mur du jardin ; les autres de suivre et les voilà qui pénètrent dans la maison.

Que se passa-t-il ? Rien de bien lamentable. Ils firent main-basse sur beaucoup de petites choses qui leur convenaient ; encore ne se montrèrent-ils pas grands voleurs. Les carreaux de vitre, pour faire des lanternes sans doute, les séduisirent surtout. C'était mieux que de les casser. Enfin, quand ils eurent fait toutes leurs folies, ils disparurent.

A son retour, le P. Orta crut, au moins pour le principe, qu'il convenait de porter plainte au préfet. Celui-ci, pour ne pas irriter les coupables se garda bien de les gronder. Il fit dire au Père de mieux fermer sa porte. On pensa que, si la réponse était suffisamment cavalière, les dégâts ne dépassant pas un millier de sapèques, il serait impolitique de demander réparation.

Trois mois après, le P. Le Cornec, ministre, se trouvait lui-même de garde au retour de nouveaux examens. Il écrivait ensuite :

« Je n'ai eu qu'à me louer de mes rapports avec les lettrés. Ils se sont montrés avides de détail sur l'Europe ; ont admiré la rapidité avec laquelle j'écrivais le français, et ont été tout ébahis quand je leur ai récité par cœur quelque tirade du *Ta-hio* ou du Tchong-iong (livres classiques). Ils ont été généralement très polis. »

Il n'en sera pas de même l'année suivante, comme nous le verrons dans un autre chapitre. Il n'en avait pas été non plus ainsi l'année précédente, à Ning-ko-fou, toujours.

Deux mille jeunes gens étaient réunis, et l'envie de voir les barbes d'occident les avait attirés en foule au Tien-tchou-t'ang.

Le P. Garnier (aujourd'hui Monseigneur Garnier) tenait la position, armé de cette patience sans limite qui, seule, peut conjurer des orages. Son catéchiste Yé consacra toutes les longues heures de ces quinze longs jours à recevoir ces messieurs, à leur expliquer la doctrine ou plutôt à

(1) Ce nom désigne la résidence des missionnaires et parfois, mais improprement, la religion elle-même.

répondre sagement à leurs fastidieuses et facétieuses questions. Comme dans les inondations, il est plus avantageux de tout ouvrir pour éviter que tout soit enfoncé. L'un d'eux avait à sa disposition un ouvrage du P. Jean Soerio, intitulé *Chen kiao yao yen*, ou *Dissertation sur le christianisme*. Il le couvrit de ratures, de notes obscènes et impies, puis le déposa secrètement sur l'autel. Au dire de ce jeune ami de Confucius, les Européens ne comprennent rien à la bonne doctrine du ciel, parce qu'ils sont nés d'animaux immondes. La métempsychose nous donnait le coup de grâce.

Une autre main avait écrit sur le même livre :

« En publiant votre fausse doctrine, vous cherchez à corrompre les mœurs et à troubler les cœurs. Votre but est de profiter ensuite de ces désordres pour vous emparer du pays. Mais, tout diables que vous êtes, et malgré vos machinations, vous ne réussirez jamais à échapper aux pièges que vous tendent les Chinois. »

Enfin, après avoir de mille façons, soit en paroles moqueuses, soit en questions impertinentes, soit en grimpant sur les tables et en fouillant partout, satisfait leurs odieux caprices, ils se retirèrent sans coup férir.

Comme nous les reverrons bientôt, il était nécessaire de les présenter au lecteur. Ces lignes peuvent le mettre « *au point* » sur l'esprit de cette classe influente et toute prépondérante en Chine.

V

Missionnaires et Paysans

V

MISSIONNAIRES ET PAYSANS

En Chine, plus que partout ailleurs, le peuple qui travaille à la sueur de son front semble vivre au jour le jour et parfois connaît la faim. Cette masse ignorante est absorbée par la matière ; l'instruction ne la perfectionne ni ne la pervertit ; elle compose l'immense majorité. Voilà pourquoi, en étudiant la Chine, on ferait bien de compter davantage avec elle. Après tout, une nation : est-ce un ensemble de lois, est-ce une forme de gouvernement, une religion, un costume, une langue ? Evidemment non ; tout cela peut changer et les coutumes aussi.

Tempérament, caractère, race enfin, quelle que soit la caractéristique d'une nation, ce qui la signale et l'incarne, c'est la masse du peuple. Ici, le suffrage universel a raison. C'est que le peuple vit à ciel ouvert, sans contrainte, pense tout haut ; prime-sautier au premier chef, il n'a cure des chaînes de l'étiquette, ne sacrifie à la mode que très imparfaitement, est tout nature. Tout peuple sauvage a paru enfant aux explorateurs. Dans son genre très particulier de civilisation, le Chinois accuse encore cette note d'une façon très accentuée, cela tient à son isolement systématique. Il ne sait que ce qu'il a vu et il n'a vu que son coin de terre. Les lettrés eux-mêmes n'ont rien vu autre chose.

« Si je compare ensemble, dit La Bruyère, les deux conditions des hommes les plus opposées, je veux dire les grands avec le peuple, ce dernier me paraît content du nécessaire. » Si l'écrivain vivait encore, il ne pourrait l'écrire aujourd'hui plus justement qu'en parlant des Chinois. Ici, en effet, cette seconde classe n'est vraiment pas difficile. Son berceau n'est pas moëlleux ; l'apprentissage de la misère se fait en conscience. Tout le monde grandit dans ce qu'on appelle la souffrance et le travail et n'imaginant pas d'autre sort ; il l'accepte comme la pluie et le beau temps. La jalousie et l'irritation des *nouvelles couches* ne troublent point son cerveau, du moins comme en Occident.

Il est hors de doute que le tempérament de la race se prête moins aux idées audacieuses. Des révolutions sanglantes et nombreuses ont bouleversé le pays, mais il faut les comparer à des tempêtes accidentelles : les ouragans qui passent ne modifient pas le climat.

Le peuple chinois paraît conservateur, si ce n'est par raison, disons par instinct et il suffit. Le mot de république y est simplement inconnu. L'idée qui s'y attache serait incompréhensible. Est-ce parce que le régime monarchique est le plus naturel ? Est-ce aussi parce qu'il convient le mieux aux peuples ayant une certaine timidité, qui, pour la paix sociale, peut faire beaucoup, à défaut d'autres vertus ?

Le petit peuple n'a pas le malheur de se croire plus malheureux qu'il n'est ; c'est qu'il ignore ce qu'on appelle les revendications sociales. Sa misère, il l'accepte, et l'habitude non moins que l'exemple des misères qu'il trouve autour de lui changent en quelque sorte sa signification. De qui serait-il jaloux ? Les commerçants plus à l'aise sont des parvenus qui travaillent encore. Les demi-lettrés ou les lettrés sans charge ont plus d'honneur que de sapèques ; les mandarins, pour la plupart, sont les enfants du peuple. Tout le monde fraternise. Le dernier paysan se croit aussi quelque chose.

La densité de la population semble défier toute statistique. Parfois les émigrations s'imposent, car la famine fait des ravages en certaines années de sécheresse ou d'inondation.

Les canaux sont couverts de barques, comme en aucun pays de la terre ; les barques des pêcheurs sont remplies d'enfants ; les campagnes sont couvertes de chaumières branlantes ; les rues étroites des villes et des bourgades sont encombrées de passants, de marchands et de voyageurs.

Il serait impossible d'énumérer tous les petits commerces, les moyens ingénieux, les mille industries qu'inspire au rusé et pratique Chinois la nécessité de se procurer des bols de riz. A chaque jour suffit son mal. C'est la très minime partie de la population qui met de côté des ressources pour les incertitudes du lendemain. L'ouvrier qui gagne plus que le nécessaire s'empresse de courir au superflu ; le paysan, au lendemain de la récolte, si elle n'est pas engagée d'avance, saura se dédommager de bien des mois de privations. Enfin, le crédit, car tout le monde prête et emprunte, aide à résoudre encore la question sociale et fait un peu de nivellement. Car le moins pauvre y perd toujours en faveur du plus pauvre qui ne restitue qu'en partie. Le petit commerçant de village ne peut vendre qu'à crédit une partie de l'année, car le paysan pauvre achète sur ses récoltes. Le dernier mois de l'année, il faut mettre les comptes à jour. Les réclamations, les visites, les pourparlers, les va-et-vient sont indescriptibles.

Le Chinois n'aime pas l'étranger. Cette antipathie est remarquée par tous les missionnaires du XVIIe siècle. Est-ce la timidité qui engendre la défiance ? Ami de la paix, ce bon peuple croit-il prévenir la guerre en s'isolant ?

Chose curieuse et digne de remarque, même entre eux il y a compétition. Les provinces sont moins sœurs que belles-sœurs. Dans certaines contrées, les villages sont frères ennemis. On pourrait descendre encore et trouver dans la famille les affreux ravages de l'égoïsme. Le paganisme peut-il faire autre chose que des peuples « sans affection », selon le mot de saint Paul.

Toutefois, de là à conclure que le Chinois, le peuple chinois soit rebelle à tout progrès et impénitent dans sa routine séculaire, il y aurait grave erreur. Le contraire aujourd'hui saute aux yeux.

Profondément absorbés par les soucis des conditions premières de la vie, paysans et travailleurs sont surtout attentifs et sensibles à ce qui facilite leur tâche dans la solution du problème quotidien.

Jamais ils ne feront grève aux étrangers qui payent argent comptant. Dans tous les ports ouverts aux Européens, les Chinois accourent, s'empressent et savent parfaitement se soumettre aux exigences des nouvelles conditions qui s'imposent.

D'ailleurs, quel est donc l'endroit où le missionnaire ne trouvera pas, du jour au lendemain, à acheter dix maisons plutôt qu'une, si les lettrés, ou les mandarins généralement poussés par eux, ne viennent pas s'interposer à la sourdine, circonvenir ou menacer le vendeur ?

Que des navires étrangers viennent chargés de riz dans un port, le paysan est enchanté. Mais l'exportation fait la hausse et le lettré, consommateur stérile, peu soucieux des bénéfices du producteur, partira de là pour monter l'opinion. Il aura pour l'approuver beaucoup d'ouvriers qui vivent au jour le jour et qui ne considèrent pas que l'argent qui entre lui reviendra sous forme de travail. Car c'est la pauvreté publique qui explique le mieux la singulière déchéance de tous les arts en Chine.

Le bas peuple ne voit que ce qu'il touche Laissé à lui-même, au nom de l'intérêt, il aime ce qui lui est avantageux.

« Aux yeux du monde entier, dit le P. Gaillard (1), la Chine s'est fait une réputation presque indiscutable d'hostilité systématique à toute innovation. Ce conservatisme réfractaire n'est pourtant pas aussi ancré dans les mœurs que le répètent les manuels de géographie. On se tromperait étrangement si l'on regardait les Chinois comme des ennemis nés de toute modification ; et, mieux étudiée, l'histoire de cette race donne un fréquent démenti à certaines affirmations courantes trop absolues. Les « Fils de Han » forment avant tout un peuple positif, pratique, utilitaire, qui ouvre la porte bien large à toute invention de quelque provenance qu'elle soit, si, d'aventure, il y soupçonne un profit immédiat, tangible, réel ou chimérique. L'intérêt prime alors l'antipathie de race pour l'occidental.

» .....De nos jours et sous nos yeux, les Célestes encombrent les steamers de leurs côtes et du Yang-tse, les rares lignes de chemin de fer tolérées et les voitures qui circulent sur les *concessions*. Les allumettes chimiques, les draps de laine, l'horlogerie, les cigares et les cigarettes, les parapluies européens, (avec la culture et l'abus de l'opium, hélas !) pénètrent jusqu'au fond des plus lointaines provinces. »

On pourrait augmenter beaucoup cette nomenclature tant le commerce européen trouve faveur auprès du peuple.

La récente guerre du Japon n'a-t-elle pas montré le Chinois sous un nouveau jour, le vrai, sans doute ?

Partout où le vainqueur s'est momentanément fixé, il a trouvé des sujets non seulement obéissants, mais fort souples ; non seulement domptés par la peur, mais contents du nouveau régime, respectueux des droits individuels. Le drapeau national a fui les champs de bataille, mais on ne peut pas dire qu'il était réfugié dans les cœurs.

Le peuple tient à ses institutions plutôt négativement, parce qu'il n'en connaît pas d'autres. Il croit naïvement les calomnies et il a peur. Quand il voit de près l'étranger, ses sentiments se modifient.

Serait-ce sa religion qui lui tient davantage au cœur ? Qui donc donnerait sa vie pour ses superstitions ? De son argent, en fait-il moins de cas ? Il faut être témoin des récriminations du peuple quand les notables font les collectes, impôts forcés, pour les comédies, les constructions de pagodes.

Combien sont venus au missionnaire pour profiter des immunités du chrétien ! La crédulité païenne est puissante, nous ne le nions pas, mais l'ostentation joue un grand rôle dans les générosités des donateurs. La main gauche sait toujours, même d'avance, ce que donne la main droite.

(1) « *Croix et Swastika* » *Variétés sinologiques*, n° 3. Chang-haï. Mission catholique.

Laboureur chinois.

Comment, enfin, cette masse populaire accueille-t-elle les missionnaires ?

Le rapide succès qu'ils obtinrent dès l'aurore de leur apostolat au Ning-ko ne saurait résoudre la question, à cause des conditions exceptionnelles de l'immigration et de l'isolement des nouveaux venus.

Au fond, cependant, le fait repose sur un principe qui subsiste toujours, quelles que soient les modifications accidentelles des circonstances ; partout l'homme cherche son intérêt. Les motifs parfaitement purs sont rares aux cœurs des catéchumènes. Devenus chrétiens et bons chrétiens, cent fois leurs propres aveux en ont été le témoignage. S'en étonner serait ignorer le milieu païen et supposer, règle générale, une grâce exceptionnelle chez des ignorants qu'absorbe la matière.

Nous avons fait suffisamment ressortir la condition du Chinois ordinaire, inutile de répéter que l'influence néfaste le remplit souvent d'une haine aveugle ou, pour le moins, d'une profonde défiance. Mais, j'ose le dire, l'éloignement pour les étranger cède vite quand son gros bon sens a le temps d'ouvrir les yeux ou que sa cupidité lui fait trouver l'amorce. Son attitude à l'égard du missionnaire devient donc, la plupart du temps, une question d'honnêteté relative ou de bénéfice entrevu. Telle est la condition ordinaire du paysan en face du prédicateur évangélique. Elle devient encore beaucoup plus avantageuse pour celui-ci quand il rencontre, comme il n'est pas si rare, des paysans païens indépendants, que les calomnies des lettrés n'ont pas excités, n'ayant que leurs préjugés naturels, leur timidité, leurs liens superstitieux, l'amour de l'argent et le terre-à-terre inhérent à la pauvreté, toutes choses de race, semble-t-il. Alors il n'a plus devant lui qu'un indifférent. La curiosité le lui amène, la pureté de la doctrine gagne son estime et l'intérêt fera bientôt le nœud des premiers compromis.

De la condition du missionnaire lui-même dépend donc aussi la solution du problème ; car la curiosité porte à l'enseigne. Mais de l'enseigne au comptoir, il y a souvent plus loin qu'il ne paraît.

Comme les exemples et la conduite des premières autorités d'un pays ont une puissante influence sur l'opinion publique, il fut très sage et très apostolique, chez les Jésuites du XVIIe siècle, de tendre et d'arriver à gagner les faveurs de la couronne dès le début de leur entrée en Chine. Nous avons dit en commençant pourquoi Kang-hi lui-même fut impuissant à arrêter le grand mouvement païen qui l'entraînait malgré lui, semble-t-il. Sous son règne, il ne fut jamais permis aux Tartares d'embrasser le christianisme (1). La seule présence des missionnaires à la cour, indépendam-

(1) Lettres édifiantes, t. 12, p. 426.

ment des faveurs de l'empereur et des conversions de hauts dignitaires, était pour le peuple un argument de la plus haute valeur.

Quand le P. Ricci vint en Chine, les vestiges des apôtres précédents avaient disparu et il eût sans doute été bien difficile de creuser de nouvelles fondations contre la volonté d'un pouvoir devenu si soupçonneux et si jaloux de son autorité. Dieu prépara des apôtres de choix et disposa les cœurs dont la faveur était nécessaire.

Quand l'édifice nouveau eut des bases solides, selon les lois ordinaires de la Providence, l'épreuve eut son tour. Elle avait, même au temps le plus florissant de la prédication, contrarié partiellement l'œuvre naissante, mais avec de particuliers ménagements ; car si les Chinois chrétiens n'ont pas très soif du martyre, les catéchumènes tremblent à la seule pensée d'un contre-temps.

Il y avait plus de cent ans que se poursuivait presque sans obstacles la pacifique conquête des âmes, quand s'éleva l'horrible tempête de 1724. Qui dira les ruines amoncelées sous les trois successeurs de Kang-hi !

Enfin, après un temps de proscription violente à peu près égal au temps de la prospérité qui l'avait précédé, la miséricorde divine disposa des événements qui semblaient le moins préparés à l'œuvre la plus sainte pour en tirer les effets les plus inattendus. Les Anglais battent les Chinois pour les forcer à ouvrir leurs ports à l'opium ; n'était-ce pas la punition du ciel ? Mais Dieu, qui châtie pour convertir, veut que par la brèche, et cette fois sous les plis pacifiques du drapeau de la France, rentre la paix religieuse que l'empereur Tao-koang, comme ses trois prédécesseurs, ne demandait qu'à troubler.

Après le traité de 1846, et la clause additionnelle du traité de 1860, la position du missionnaire en Chine est devenue officiellement régulière.

Indépendamment de toutes les haines sourdes, de toutes les trahisons ourdies dans l'ombre, de toutes les déloyautés, il peut sortir au grand soleil et prêcher à tout venant. Il traite de pair avec les mandarins, et le petit peuple, qui ne peut se présenter devant eux qu'à genoux, est, malgré lui, profondément dominé par cette puissante attitude. Par le fait, l'Européen devient une caste privilégiée sous plus d'un rapport. On imaginerait difficilement le sans-gêne du mandarin à l'égard de ses subordonnés chinois. Le lettré trouve quelque grâce à ses yeux, parce qu'il a de l'influence, parce qu'il peut écrire une dénonciation. Il a l'immunité de la bastonnade. Mais le mandarin a mille moyens de lui montrer sa mauvaise humeur.

A l'égard du missionnaire, il tiendra généralement une conduite extérieurement correcte. Il n'est pas rare, si des complications ne viennent pas embrouiller les relations, de rencontrer des préfets et des sous-préfets bienveillants. Il y a des courants établis dans plus d'un endroit où les employés du tribunal, gagnés, d'une certaine façon, à la cause de Tien-tchou-t'ang, ont à cœur d'écarter les nuages. Le mandarin nouveau ne change pas l'orientation et donne à pleines voiles dans la passe.

Dans les visites du premier de l'an et les cadeaux qu'on échange, le petit peuple ne voit qu'une chose : la position élevée d'un étranger qui marche dans les sphères supérieures. Il se voit bien au-dessous de lui, car il a l'instinct et le respect de la hiérarchie.

Il estime le gradué, les privilèges du missionnaire sont à ses yeux une sorte de diplôme.

De plus, il a le respect de l'argent. L'Européen est à ses yeux exceptionnellement riche. Le missionnaire doit nécessairement acheter des terrains, bâtir des maisons, des églises, des écoles, entretenir un nombreux personnel. Il devient, à peu près partout dans les campagnes, l'homme le plus en vue par l'apparente supériorité de ses ressources. Il fait l'aumône, il s'inscrit sur les listes des œuvres municipales, il est généreux pour récompenser à l'occasion le zèle d'un notable ou d'un satellite. Il occupe une place vraiment prépondérante.

Des vexations locales ont-elles lieu, si elles sont le fait particulier de quelque haineux, maladroit, la justice exceptionnellement prompte qu'il obtient, concourt encore à grandir son prestige.

Dans les grandes persécutions qui ont passé sous la rubrique d'une populace ameutée, depuis 1846, soit à Tien-tsin, soit au Ning-ko, soit sur les bords du fleuve Bleu en 1891, on a pu voir le gouvernement contraint d'en venir aux indemnités et, de toutes parts, la religion chrétienne relever tranquillement la tête. Sur les ruines de la veille s'élève, le lendemain, un établissement nouveau. Le petit peuple ne peut, malgré sa courte philosophie, méconnaître qu'il n'y a point d'effet sans cause.

Ces courtes considérations suffisent pour indiquer sous quel jour, dans les circonstances actuelles, le missionnaire apparaît au Chinois. Si l'on n'y regarde pas de trop près, si l'on embrasse la situation dans son ensemble, cette troisième période du christianisme en Chine se distingue absolument des autres. Qui donc n'y doit admirer la sagesse et la miséricordieuse Providence de Dieu !

La domination païenne peut-elle faire autre chose que de regimber contre les baïonnettes qui brillent, bien que d'un éclat pacifique, autour des traités sommeillants sous le drapeau de la France ? La faveur des empereurs fut chose précieuse, mais trop aléatoire. Le « Fils du Ciel » meurt, sa protection s'évanouit. D'ailleurs, impuissant à réformer les traditions anti-chrétiennes, son bon vouloir eut toujours des limites.

Aujourd'hui, l'action de la diplomatie s'exerce sur un terrain moins mouvant. Peu importe la mauvaise humeur d'un fantôme dont l'ombre légère ne passe que sur les grands murs d'un palais. Au XVIIe siècle, le bon exemple et la favorable attitude des autorités fut une question de bienveillance ; au XIXe, je ne dirai ni le bon exemple, ni la favorable attitude, mais la protection limitée et contrainte du pouvoir est une question de politique.

Pour le missionnaire et le peuple, c'est toutefois une influence et une action favorable qui descendent d'en haut. C'est l'essentiel. Rien ne fait prévoir qu'il y ait le moins à craindre sur la stabilité des positions désormais

Groupe de mandarins.

conquises. L'immense revers de l'Empire humilié sous les verges du petit Japon n'est pas fait pour flatter sa présomption, quoiqu'il n'ait rien perdu de sa morgue. Les nations européennes lui ont encore une fois montré la puissance de leur intervention. Sans penser à sa reconnaissance, elles peuvent compter sur ses calculs. Une revue de cuirassés européens l'emporte sur tous les cadeaux du monde.

Nous avons un instant interrompu notre récit, pour mieux aider le lecteur à juger des faits par la connaissance des deux classes principales de Chinois qui y jouent leur rôle, nous allons le reprendre sans désormais plus nous arrêter.

VI

Un incendie à Lou-tsen et un pillage à Kien-ping

VI

UN INCENDIE A LOU-TSEN (NGOU-TSEN-WAN) ET UN PILLAGE A KIEN-PING

N'ayant point pour but d'écrire l'histoire proprement dite de la mission de Ning-ko, mais voulant simplement raconter l'émouvant épisode de la persécution qui troubla ses débuts, nous nous contentons d'esquisser à grands traits ce qui semble avantageux à connaître pour mieux juger les événements. Les faits que nous choisissons, outre l'intérêt qu'ils peuvent présenter, ont une signification au point de vue de l'explication de la persécution qu'ils préparent ou qu'ils présagent. Nous pourrons revenir sur la considération des causes auxquelles on peut l'attribuer, car elles tiennent à un ensemble de circonstances subordonnées les unes aux autres ; et ce sont elles qu'il importe surtout de faire ressortir dans les premiers chapitres de notre récit.

Nous sommes en 1875. Nous avons laissé le P. Ravary, à la fin du chapitre troisième, dans les consolations que lui apportaient les foules, accourant réclamer des places de catéchumènes sur ses listes interminables. Les années qui suivirent furent surtout laborieuses et méritoires par les innombrables sacrifices que réclame l'organisation. Au spirituel comme au matériel, tout était à créer ; et si de ces deux chefs tout semblait relativement sourire aux missionnaires, on peut se demander sur lequel de ces deux terrains il était le plus facile de bâtir.

Il y eut bien quelques déboires à supporter aux environs de Kien-ping, mais ces prémices de la lutte se terminèrent pour le P. Bies par les honneurs d'une première victoire.

Un incident considérable signala l'année 1873, ce fut le voyage de Mgr Languillat. Si nous voulons résumer d'un mot l'impression de ce passage, il faut dire qu'il fut vraiment triomphal, nous servant du mot lui-même que Sa Grandeur choisit pour exprimer l'enthousiasme qui l'accueillit partout.

« Jamais évêque n'avait foulé le sol de cette terre païenne. Le 8 novembre, Sa Grandeur accompagnée du R. P. Garnier, supérieur de la section de Nan-kin, arrivait à Ning-ko-fou, où elle était reçue par le P. Ravary ; et les païens députaient l'un des leurs pour souhaiter la bienvenue à l'évêque du Kiang-nan.

Le 9, jour du dimanche, à deux heures, Monseigneur fit sa visite officielle aux mandarins ; elle fut pleine de courtoisie. A quatre heures, les mandarins vinrent la lui rendre dans une maison achetée par les missionnaires, quelques jours auparavant. Le lendemain, Sa Grandeur partait pour faire sa tournée pastorale. Le sous-préfet avait eu la gracieuseté de mettre dix-huit porteurs de chaises à sa disposition.

Les païens eux-mêmes comme les chrétiens accouraient en foule pour voir le *maître de la religion*.

A Chœï-tong, les notables, tous païens, vinrent saluer Monseigneur et lui offrirent des présents (1). »

Cette étonnante manifestation dura dix jours, se renouvelant partout. Elle demeure dans les cœurs comme un souvenir impérissable et tous ceux qui en ont été témoins aiment encore à en raconter les bruyantes fêtes. Pétards, coups de fusils, cavalcades, drapeaux, députations, dîners, musiques sans fin, rien ne manquait de ce qui exprime au plus haut point en Chine l'honneur rendu et le respect témoigné avec enthousiasme.

« Durant cette année, dit la Relation, la sollicitude des missionnaires s'est portée principalement sur la bonne organisation des écoles ; il y en a actuellement 22 et le nombre des élèves est de 337. Parmi ces enfants, 39 appartiennent à des familles chrétiennes ; les autres sont catéchumènes. Cette mission possède actuellement dix-neuf chapelles accompagnées de chambres pour les missionnaires au nombre de huit. »

Mais le démon ne pouvait se résoudre à se laisser, sans résistance, arracher tant d'âmes. Or, au mois de mai 1875, le P. Le Cornec, ministre de la section, écrivait : « Tous les pères vont bien et travaillent avec fruit, chacun selon la mesure de ses forces. Tout va-t-il encore bien ? — Oui ; avec une petite restriction. Ce n'est pas un orage, mais un petit point noir qui s'évanouira, j'espère, si la sainte Vierge veut bien nous protéger en ce mois.

» L'apparition de certains hommes est toujours de mauvais augure. Or, nous avons eu chez nous deux apparitions depuis un mois.

(1) Relation de la mission de Nan-kin 1873-74.

» A Kong-té-tcheou, jouit maintenant des loisirs de la vie privée un certain Tchang-ta-lao-yé, ex-préfet de Tien-tsin, dégradé et envoyé en exil à la suite des graves affaires de 1870. Il vient de bâtir une maison dans cette ville, sa patrie; et quoiqu'il ne soit revêtu d'aucune charge officielle, il exerce là une influence qui peut devenir funeste. Jusqu'ici, nous ne pouvons l'accuser d'avoir rien fait contre nous à ciel ouvert, mais j'ai tout lieu de craindre ses menées secrètes. »

» La seconde apparition est celle du fameux Tcheng-yen. Il est à Pi-ka-kiao où il recommence ses menaces et ses manœuvres. Il est secondé par le notable Tsang-fa-tsai qui, d'abord ami du P. Hoang après avoir été ennemi du P. Bies, vient de virer de bord après avoir acheté un bouton (1).

» Avec la réapparition de Tcheng-yen, coïncidait à Kien-ping l'affaire suivante.

» A quelques pas de cette ville, près de la porte du sud, nous avions depuis le mois de décembre ou janvier trois familles catéchumènes. Elles avaient bâti des cabanes en paille, comme le font les pauvres gens et s'occupaient tranquillement du défrichement des terres, quand quelques soldats se sont mis à les tracasser. Ils sont allés plusieurs fois dans les maisons, quand ne s'y trouvaient que les femmes, demandant du thé, du tabac, disant forces paroles grossières et se moquant des *yang-kœï-tse*, (diables d'occident), de leur religion et de leurs adhérents.

» Les chefs de famille sont venus prévenir le P. Hoang qui a envoyé l'exhortateur Kao passer un jour ou deux dans les familles, avec commission de dire aux soldats, quand ils reviendraient, que leur visite ne convenait point alors que les femmes seules étaient présentes.

» L'exhortateur parti, on n'a point tenu compte de l'avertissement, et nos chrétiens, fatigués de ces continuelles visites, ont enfin saisi deux soldats et les ont conduits au P. Hoang à Lou-tsen.

» Le Père, craignant de se compromettre avec cette race turbulente, a envoyé le catéchiste Yang à la ville de Kien-pin pour prévenir le chef des soldats, le priant d'envoyer un homme reconnaître si ces gens étaient réellement ses soldats et promettant de les lui rendre en cas d'affirmative.

» L'envoyé du colonel est venu, a d'abord fait quelques difficultés, puis a reconnu les individus pour de vrais soldats. Comme, entre autres paroles, ils avaient dit autrefois qu'ils brûleraient les cabanes de nos chrétiens, le P. Hoang leur demande, avant de les laisser aller, pourquoi ils avaient proféré de semblables menaces. Ils ont d'abord nié le fait, puis

(1) Globule qui surmonte le chapeau de cérémonie et indique le degré de noblesse littéraire. C'est l'équivalent d'un galon ou d'une décoration.

ont fini par dire qu'ils avaient simplement voulu plaisanter ; ont prié le Père de leur pardonner. Le Père alors, accompagné d'un catéchiste les conduisit lui-même jusqu'au bourg de Che-tse-pou, où il les remit devant témoins à l'envoyé du colonel.

» On croyait la chose terminée, quand deux jours après, les cabanes de nos chrétiens brûlaient. Hommes et femmes alors travaillaient aux champs ; seul, un vieillard se trouvait à la maison, et quand, à ses cris, ils aperçurent l'incendie, ils n'ont vu sur la route que des soldats courant vers la ville. Quatre étaient à cheval et deux à pied.

» Le feu avaient été mis par dehors, comme il était facile de le constater.

» A cette nouvelle, le bruit se répand partout que les soldats avaient brûlé les maisons des chrétiens, qu'on allait brûler toutes les églises, exterminer les chrétiens, etc... Grand effroi chez bon nombre de catéchumènes.

» Je devais aller à Kien-ping voir le nouveau mandarin que je n'avais pas encore visité et qu'on disait bien disposé pour nous. Je suis donc parti immédiatement. En passant à Lou-tsen, je pris le P. Hoang avec moi et nous nous présentâmes au tribunal avec les cérémonies d'usage. Le sous-préfet nous reçut très bien, se montra très aimable ; et voyant ses bonnes dispositions, je lui dis un mot de l'affaire des soldats. Il me dit alors de m'adresser à Tchao-ta-jen qui remplaçait le tong-lin (1) Fang, absent depuis longtemps.

» Je me rendis donc chez lui dans le même équipage ; mais il nous reçut très froidement et nia que ses soldats fussent cause de l'incendie, refusant toute réparation.

» Voyant que tous les arguments du P. Hoang échouaient devant son obstination, je lui dis :

» — Pourquoi vos soldats ont-ils si souvent tracassé ces familles en leur reprochant d'être chrétiens ? c'est un fait que vous ne pouvez nier. Tous les sujets de l'Empire n'ont-ils pas le droit d'être chrétiens ? Pourquoi vos soldats ont-ils déchiré les images de ces chrétiens ? c'est encore un fait certain et une grave offense. Pourquoi vos soldats ont-ils plusieurs fois menacé ces gens de brûler leur maison ? c'est encore une chose certaine. Pourquoi, enfin, au commencement de l'incendie n'a-t-on vu qu'eux sur la route ?

» Il n'a pas répondu mot à toutes ces questions, mais pas davantage voulu nous donner satisfaction. »

On eut de nouveau recours au sous-préfet qui répondit d'attendre le

(1) Tong-lin est le nom d'un grade militaire qui équivaut à général.

Monseigneur Languillat, vicaire apostolique de Kiang-nan.

retour du général Fang pour cette affaire de soldats. Mais que pour les différents au sujet des achats de terrain dont il lui avait été parlé en même temps, il se chargeait d'examiner la question.

Le P. Le Cornec partit pour Koang-té où d'autres affaires demandaient sa présence. Il alla voir le mandarin. Celui-ci, dès le lendemain, lui rendit sa visite. Comme la conversation tomba incidemment sur l'incendie : « — Qu'est-ce que c'est, qu'est-ce que c'est? » demanda le mandarin.

Le Père lui en fit sommairement le récit.

« — La justice demande, dit alors le grand homme, qu'on traite avec la même balance ceux qui sont chrétiens comme ceux qui ne le sont pas. »

Il ajouta quelques paroles de bienveillance.

A peine rentré à l'auberge, le Père recevait du tribunal un dîner composé de six plats.

C'était de très bon augure et la marque certaine d'excellentes dispositions de la part du mandarin. Ces bons rapports étaient d'autant plus précieux que Kien-pin est sous la juridiction de Koang-té.

Après un petit voyage à Chœï-tong, le Père ministre revenait à Kien-pin et envoyait de nouveau sa carte au tribunal. Le sous-préfet fit répondre qu'étant fatigué, il lui était impossible d'accorder audience.

On rédigea donc une lettre motivée. Mais, hélas, le soir arriva une réponse écrite d'une manière très violente. Elle contenait en substance « que, pour toute cause judiciaire, les parties quelles qu'elles fussent, chrétiennes ou païennes, devaient s'adresser personnellement au mandarin. Que notre rôle était de prêcher la religion et que celui du mandarin était de gouverner son peuple ; qu'il n'empêchait personne d'acheter, mais qu'il ne forçait personne à vendre ; qu'il ne suscitait point d'affaires, mais n'en craignait point... »

Ce n'était rien moins que favorable et ce style indiquait assez la main haineuse d'un subalterne, dont le mandarin, trop bonasse, par nature se servait malheureusement. Ils avaient sans doute appris que le mandarin de Koang-té n'ignorait rien et qu'on avait eu recours à lui ; cette démarche les humiliait et les irritait. On peut le supposer par la parole d'une autre autorité de la ville qui, en petit comité, avait dit au P. Hoang : « Si vous voulez perdre la paix avec nous, vous n'avez qu'à pousser plus haut. »

Rappelons en passant quelques appréciations du P. du Halde, dont on ne saurait contester ni la grande autorité, ni la bienveillance.

« Rien, dit-il, ne serait comparable au bel ordre que les lois chinoises ont établi pour le gouvernement de l'Empire, si tous les mandarins, au lieu de suivre leurs passions, se conformaient à des lois si sages ; et l'on peut dire qu'il n'y aurait point d'état plus heureux. Mais comme, parmi un si grand nombre, il s'en trouve toujours qui bornent leur félicité aux biens de la vie présente et à tout ce qui peut la rendre commode et agréable, ils se font quelquefois peu de scrupule de ne pas suivre les lois les plus sacrées de la raison et de la justice, et de les sacrifier à leur propre intérêt.

» Il n'y a point de ruses ni d'artifices auxquels quelques officiers inférieurs n'aient recours pour tromper les mandarins supérieurs ; et parmi ceux-ci, il ne laisse pas de s'en trouver qui tâchent d'en imposer aux tribunaux suprêmes de la cour, et même de surprendre l'empereur. Ils savent si bien couvrir leurs passions sous les expressions les plus humbles et les plus flatteuses, et ils affectent dans les mémoires qu'ils présentent un tel air de désintéressement, qu'il est difficile que le prince ne prenne les mensonges pour la vérité.

» D'ailleurs, comme leurs appointements ne suffisent pas toujours pour entretenir leur faste et leur luxe, les injustices, pourvu qu'elles soient secrètes, ne leur coûtent guère. On a vu des ministres d'état et les premiers présidents des cours souveraines rançonner sous-main les vice-rois des provinces, et ceux-ci forcés de se dédommager de la même manière sur leurs subalternes qui ne manquent pas de tirer sur les peuples de quoi fournir à ces frais. »

Que cette citation, tableau d'histoire ancienne, suffise à la peinture d'aujourd'hui, car, outre la haine de l'étranger et du nom chrétien, le dépit des officiers du tribunal est toujours grand, quand ils nous voient prendre en mains la cause du peuple, qu'ils ne peuvent plus écorcher, obligés qu'ils sont de nous rendre gratis une justice que le pauvre n'achète qu'au prix de sa ruine. Le plus souvent, d'ailleurs, tout se termine par des accommodements dérisoires; tout le monde a raison, tout le monde a tort ; un peu de bastonnade, et surtout payez comptant. Disons toutefois, comme témoin à décharge, que le Chinois n'est pas facile à maintenir dans le sentier de la justice et de la charité ; et l'expérience ne montre que trop que les plus belles conceptions gouvernementales ne sont que des rêves, quand, pour produire de bons fruits, elles sont greffées sur le sauvageon du paganisme.

Sur ces entrefaites, malgré les inimitiés sourdes que l'autorité subalterne ourdissait contre les missionnaires, une maison avait été achetée à Kien-ping, car il était avantageux d'avoir une résidence dans la sous-préfecture, non seulement pour donner du prestige à l'évangélisation, mais aussi pour la facilité des relations avec les mandarins. Or, chaque nouveau pied-à-terre semble une conquête et demande une bataille. Le fantôme de nos *envahissements* fait toujours trembler.

Les marchés étaient conclus, et le P. Hoang accompagné du P. Chen-Léang avaient à peine pris possession de la maison, que la nouvelle de leur arrivée suscita une véritable émotion dans la petite ville. Les meneurs, comme toujours, n'avaient pas laissé échapper l'occasion d'une vengeance qu'ils se promettaient, en compagnie des païens de soldats irrités contre le P. Hoang.

On accourt de toutes parts ; les plus mauvaises paroles circulent, la multitude grossit à vue d'œil comme un flot qui monte, et entoure la maison, se presse à la porte. Il ne s'agissait ni de fuir, ni de perdre la tête.

Les Pères font immédiatement appeler le *ti-pao* (1), on lui demande de prendre des mesures contre cette foule qui n'a rien moins que l'air sympathique. Mais le médiateur était fort mal choisi ; il était lui-même un des principaux instigateurs du tumulte, et sa présence ne fit que l'augmenter.

Les Pères sont insultés, menacés de violences.

A bout d'arguments, il ne restait qu'à s'en aller au plus tôt. Les Pères partis, deux catéchistes voulant parler raison reçoivent des coups pour réponse. Ils prennent la fuite et la maison est envahie, pillée, mise à sac.

Ce fut alors que le mandarin crut devoir accourir. Il pensait que les insultes ou les coups ne regardent que ceux qui les reçoivent ; pour un pillage qui peut nécessiter une indemnité, les considérations changent ; il faut intervenir.

Hélas, il était déjà trop tard. Cependant il se mit à supplier la foule qui lui répondit par des quolibets. On ne se retira que le pillage fini. Meubles, portes, fenêtres, tout, sauf les murs, fut emporté.

Nous allons voir que ce triomphe d'une populace aveugle vint à point servir les intérêts des missionnaires.

En Chine, pour traiter avec les mandarins, une haute intelligence et des talents administratifs exceptionnels ne suffisent pas toujours. Il est trois choses que rien ne supplée, je veux dire l'âge, la renommée et le *tour de main*.

Le P. Le Cornec, ministre de toute la partie de la mission qui nous occupe, arrivé depuis sept ans seulement en Chine, avait de tout point répondu aux espérances des supérieurs, malgré la difficile position que lui créaient les circonstances.

Il était très aimé des Pères qui dépendaient de son autorité, plein de prudence au milieu des embarras qui surgissaient de toutes parts, d'un zèle dévorant pour voler partout, malgré d'incroyables fatigues ; il eut à

(1) Sorte de garde-champêtre, un peu juge de paix à ses heures.

toute autre époque magnifiquement rempli son mandat. Mais il n'avait que sept ans de Chine et n'était point encore connu dans les tribunaux, dont il avait relativement peu fréquenté les couloirs.

Là, comme dans toutes les administrations du monde, il y a des traditions. Les réputations des hommes s'y conservent et grossissent même dans la mémoire d'un personnel parfois *payé* pour se souvenir. Les mandarins changent, les bureaux gardent leurs titulaires, et ceux-ci les traditions. Elles servent le plus souvent d'orientation au nouveau mandarin.

De plus, d'une ville à l'autre, les gens de tribunaux sont en rapports perpétuels ; l'esprit de corps les unit ; dans le cercle régional tout se sait, tout se répète, et, malgré les jalousies qui divisent, il y a des intérêts généraux, de même qu'il peut y avoir des amis et des ennemis communs.

Or, il y avait à Tchen-kiang, chargé de la procure, un Père qui depuis plusieurs années avait su se faire une certaine réputation parmi les mandarins. Il en connaissait beaucoup, grâce aux nombreuses relations nécessitées par les achats, et aux affaires que les circonstances l'avaient mis dans l'obligation de traiter. Son nom était connu dans beaucoup de tribunaux où il avait fait honneur à la cause qu'il était chargé de défendre. C'était le P. Seckinger, que nous avons montré partant de Nan-kin pour venir en reconnaissance avec le P. Heude dans la village de Hiu-tsen.

Venu en mission à l'âge de vingt-quatre ans. Il avait eu depuis vingt ans le temps de se former au génie propre du peuple Chinois. Il en possédait bien la langue et, à un talent hors ligne d'organisation, il joignait la plus grande activité apostolique. Sa santé de fer, son caractère entreprenant, énergique et persévérant, le servaient à souhait, non moins que son extérieur, car il avait le regard pénétrant et une attitude toute martiale. Il imposait dans la discussion et aimait ces revendications du bon droit.

Le R. P. Garnier (1), qui, en 1875, résidait à Nan-kin et était chargé de l'administration générale de toute la partie ouest de la mission, jugea qu'il était temps de prendre très sérieusement en main ces affaires qui pouvaient tourner au deshonneur de la religion et concourir à nous faire perdre des positions déjà conquises. Il jeta naturellement les yeux sur le P. Seckinger et l'adjoignit au P. Le Cornec pour traiter avec les mandarins de Kien-ping.

Les insultes des soldats, les masures de paille brûlées, la nouvelle résidence pillée, l'inertie calculée de l'autorité, l'audace croissante des païens rendaient la situation de P. Hoang très critique.

On ne tarda pas à apprendre dans les régions administratives l'ar-

(1) Aujourd'hui Mgr Garnier, vic. apost. du Kiang-nan.

rivée de ce précieux et vigoureux renfort. Le sous-préfet, informé par la préfecture, fut littéralement *démonté*, écrit le P. Le Cornec, et il y eut une panique dans les bureaux du ya-men. C'est que le P. Kin (nom chinois du P. Seckinger) n'était pas un nom inconnu. Lui-même écrivait : « Le tche-hien (sous-préfet) est une de mes anciennes connaissances ; il est originaire de Fan-wen près de Zo-cé : Il est bonhomme, mais malheureusement trop faible. »

Dans la lettre trop courte où il rend compte de sa mission, le Père ne nous dit rien de la bataille ; mais nous pouvons supposer qu'elle fut, sinon chaudement, du moins adroitement et longuement disputée.

Son arrivée en ville fut un événement. La surprise fut complète au tribunal, quand le nouvel ambassadeur, accompagné du P. Hoang, s'y rendit directement et sans préliminaires.

Les séances commencèrent, mais plusieurs fois interrompues, le P. Seckinger pour se reposer l'esprit parcourait, l'air souriant, les rues de la ville et comme il disait « formait l'opinion ». Tout le monde en effet imaginait qu'il avait la victoire et personne ne se permit jamais une insulte. Il y a des moments où il faut savoir payer d'audace. Le Père y excellait. Il connaissait si bien le caractère chinois.

Enfin, les choses, par la grâce de Dieu, allèrent si bien qu'il écrivait à son supérieur :

« Après quatre jours de débats, nous avons obtenu les résultats suivants :

» 1° On a mis les sceaux sur le titre d'achat de la maison de la ville et, en plus, de trois autres achetées à la campagne.

» 2° Pendant qu'ils faisaient brûler des pétards en notre honneur, les notables suspendaient au-dessus de notre porte d'entrée des tentures rouges et une toile portant l'inscription *Tien-tchou-tang* (1). On exécute en ce moment un tableau verni qui portera en lettres d'or ces trois mêmes caractères.

» 3° On nous a payé 200 piastres dont 100 pour les maisonnettes des chrétiens incendiées et 100 pour nos propres pertes.

» 4° Le mandarin achètera pour nous un terrain situé entre la rue et notre maison. A défaut de ce terrain, il paiera 100 piastres le 15 de la douzième lune.

» 5° Il y a eu visites rendues, excuses faites par les notables et le sous-préfet ; cadeaux, dîner d'apparat aux frais de ce dernier.

» 6° Le ti-pao a été cassé pour toujours, mais les soldats se sont enfui.

(1) Temple du maître du ciel.

» 7º Une lettre officielle sera envoyée à Ngan-king pour réparer la réputation du P. Hoang calomnié. »

Cette dernière clause fut exigée parce que le mandarin avait, en haut lieu, accusé le Père d'avoir frappé le ti-pao, expliquant par là le tumulte qui avait abouti au pillage.

On voit que le P. Seckinger n'avait pas été encore cette fois au-dessous de sa réputation. Encore un tribunal où son nom aura sa manière de célébrité dont retentiront quelque peu les échos, je veux dire les tribunaux d'alentour.

Laissons donc le bon sous-préfet, *cette vieille connaissance*, aux sombres réflexions que durent lui inspirer sa totale déconfiture et surtout la méditation des sept articles du traité de paix où il lui restait, hélas, quelques devoirs à remplir. Nous retrouverons bientôt le P. Seckinger à Holiki, où il viendra en aide au P. André. Mais nous devons auparavant dire un mot de l'apostolat dans les campagnes.

VII

L'Apostolat

VII

L'APOSTOLAT

Depuis 1868, l'œuvre des missionnaires avait marché à grands pas. Cinq Pères européens, deux Pères chinois et un prêtre indigène se divisaient les différents centres de la grande mission de Ning-ko.

On comptait 48 chrétientés et plus de 2,000 chrétiens. Le nombre des catéchumènes fut si considérable, à une époque, qu'il est difficile de hasarder un chiffre quand on a quelque souci de l'exactitude historique. En 1876, le chiffre officiel s'arrêtait à 5,000. Les Pères trouvaient qu'à la fois le nombre était bien suffisant.

Parmi les nombreux païens qui venaient, surtout les années précédentes, demander l'inscription de leur nom sur les registres des administrateurs, plus d'un n'était pas sincère ou ne regardait son engagement que comme purement conditionnel. Dans sa pensée, sa démarche toute politique devait, à un moment donné, lui assurer la protection de cette société puissante. Que les circonstances lui fussent défavorables, il accourrait et se réclamerait de l'européen. Que tout allât pour le mieux, il verrait s'il y avait lieu à persévérer ou à retourner ouvertement à ses anciennes traditions.

Le P. André écrivait de Tong-ngan, village distant de 60 li au sud-est de Ning-ko-hien : « Il ne faut pas se le dissimuler, il reste encore beaucoup à faire pour que, du moins dans la partie où je suis, il y ait de véritables catéchumènes par centaines et par milliers, comme on l'a écrit. Je les ai presque tous visités et interrogés. Des noms, beaucoup ; des gens qui apprennent la doctrine et les prières, qui suivent bien les règles, assez peu. Dans plusieurs endroits, les catéchumènes ont presque tous acheté leurs terres, c'est une grande chose, car, par là, ils deviennent maniables et font disparaître une infinité de chicanes qui entravent singulièrement l'œuvre de Dieu dans les cœurs. »

D'autre part, le P. Le Cornec écrivait :

« Je demandais à l'un des principaux du village de Ta-ko-tsen, jadis entièrement catéchumène, pourquoi lui et ses voisins n'adoraient plus le vrai Dieu : « Autrefois, me répondit-il, nous croyions qu'en nous faisant chrétiens, nous n'aurions pas eu la peine d'acheter nos terres et nos maisons. Depuis que nous avons dû les payer, nous n'avons plus besoin du christianisme. »

Bien des familles d'ailleurs, usant de la même franchise, eussent fait pareil aveu. Les fruits malsains qui encombraient l'arbre tombaient déjà d'eux-mêmes.

Mais, quel que soit le nombre des catéchumènes, il est à propos, pour édifier le lecteur peu au courant des travaux des missionnaires, d'entrer dans le détail de leur vie apostolique.

La mission de Ning-ko comptait un certain nombre de familles déjà chrétiennes lors de leur émigration du Hou-pé. Les uns avaient été récemment convertis par les missionnaires de cette province ; d'autres, en petit nombre, descendaient des premières conquêtes des anciens Jésuites et avaient fidèlement conservé leur foi de génération en génération. Ces derniers surtout, instruits par l'expérience à marcher avec réserve au milieu des païens, n'inspiraient aux Pères aucune crainte de défection et, loin de leur susciter des embarras, leur servaient en quelque sorte de point d'appui.

La moitié du temps se passait en courses à travers les villages. Le missionnaire monté sur sa mule, ayant derrière lui son catéchiste et précédé du porteur de bagages, allait par tous les chemins et par tous les temps, la nuit comme le jour, quand il était appelé pour administrer les derniers sacrements. Il passait encore la moitié de l'année à visiter les chaumières où il fallait réchauffer les étincelles de foi, consoler les malades, prêcher et instruire, susciter de bons désirs dans les cœurs païens ; souvent mettre la paix entre les familles. Il s'efforçait de partager équitablement les différents dimanches du mois entre les plus importantes chrétientés qui s'échelonnent à huit ou dix lieues à la ronde autour de sa résidence centrale.

Dans ces tournées apostoliques qui résumaient sa vie et dont nous passerons les souffrances et les sacrifices sous silence, le Père ne s'arrêtait que très rarement dans les auberges pour y passer la nuit. Il était attendu dans les vieilles familles chrétiennes dont nous avons parlé, et quand il ne s'en trouvait pas, dans les nouvelles. L'hospitalité était cordiale, ce qui ne veut dire aucunement qu'elle fût confortable. Là, il était entouré de respect. Les vieux chrétiens surtout n'avaient pas de respect humain, pas de fausse honte. Dès que le Père était descendu de mule et assis à la place d'honneur, tout le monde, père de famille en tête, se précipitait à genoux et lui faisait le *ko-téou*. La ménagère s'empressait au fourneau, et le thé ne tardait pas à être servi. Ce spectacle était une prédication pour les païens accourus à la hâte, et, pour les nouveaux chrétiens ou catéchumènes, une leçon des traditions qu'ils avaient à apprendre.

Devant la confiance témoignée à cet étranger, les préjugés commençaient à s'ébranler. La bonhommie de sa conversation, la douce familiarité des rapports, l'empressement de ce nouveau venu à chercher tous les moyens d'être utile, étonnaient les curieux habitués à vivre au milieu des glaces de l'égoïsme.

Etonnés d'entendre cet inconnu parler leur langue, ils se disaient à mi-voix : « Comprends-tu ce qu'il dit ? moi je comprends ; il parle comme nous ; il dit qu'il a fait de bonnes œuvres ; il n'a pas l'air méchant ; » puis, ils s'enhardissaient à rompre le silence. Les enfants s'approchaient. Un rien, un de ces riens qui tire tout son prix de son origine étrangère les mettait au comble de la joie et faisait tomber, au moins pour l'heure, les antipathies des parents. Le soir, on devait réciter la prière en commun. Les quelques chrétiens du village se réunissaient. Le catéchiste du père entraînait la psalmodie.

Avant de se retirer, il fallait causer encore. Ces soirées chinoises ne manquent pas de pittoresque. L'hiver, quelques bûches flambent au beau milieu d'une chambre et tout le monde, groupé autour, boit du thé, fume la pipe. On est asphyxié par la fumée des bûches et les yeux pleurent, car il n'y a point de cheminée, mais les issues ne font pas défaut, non plus que les courants d'air. Des païens se sont glissés dans le groupe et le moment n'est pas le moins favorable à une prédication dialoguée pleine de franchise. Chacun apporte son argument et les plus convaincants ne sont pas toujours ceux que les théologiens connaissent. Il faut avoir vécu dans un pareil milieu pour connaître le Chinois tel qu'il est.

En se retirant, le rendez-vous était donné pour la messe de bon matin. Le missionnaire alors était conduit au grenier. Là, il trouvait une belle couchette de paille fraîche. Son catéchiste y avait étendu la couverture ouatée, meuble indispensable au voyageur. Il s'y enroulait, sans s'inquiéter de la fumée ou du grand air que ni porte ni fenêtre n'avaient mission de contrarier, et il s'endormait à la grâce de Dieu.

Le lendemain matin, une sorte de table longue et étroite, en forme d'autel, débarrassée de sa poussière et de mille objets sans nom, était préparée pour le Saint-Sacrifice. Après avoir confessé les chrétiens dans quelque coin de la maison, à l'ombre d'une natte ou même d'un grand crible en guise de confessionnal, le Père montait à l'autel.

Les prières, criées avec ensemble, attiraient les païens et quand, à l'Evangile, le célébrant se retournait pour prêcher, il se voyait parfois en face d'un auditoire considérable. On comprend qu'alors il trouvât en son cœur abondante matière et douce éloquence.

Au moment de la sainte communion, les païens regardent avec plus d'attention et plus d'étonnement. N'ont-ils pas devant les yeux cet objet mystérieux qui, depuis des siècles, a donné naissance à tant de calomnies? Nous verrons, dans un chapitre suivant, que la *médecine secrète*, qui *ensorcelle* ceux qui la mangent, est un grief de la dernière gravité aux yeux des hauts mandarins et du vice-roi de Nan-kin.

Si la religion fait des progrès en Chine, malgré la confession des femmes et la sainte communion, cela seul suffirait pour prouver qu'elle est divine et que la puissance de Dieu renverse tous les obstacles. On n'en peut imaginer deux plus exorbitants. Ces deux sacrements ont inspiré les calomnies les plus infâmes ; le peuple y croit, mais, témoin habituel de tant de crimes, il ne s'en émeut que le jour des soulèvements populaires. Les mandarins y croient aussi pour la plupart ; leur insouciance est providentielle. Pour triompher malgré tant de difficultés, le pauvre prêtre a grand besoin de la grâce, et les tentations d'orgueil ne troublent pas ses heures de succès.

C'est ainsi que passait et passe encore aujourd'hui le missionnaire dans les hameaux du Ning-ko. Quand de nouvelles familles désiraient quitter le paganisme, elles étaient présentées au Père par un administrateur ; homme choisi parmi les meilleurs chrétiens, qui doit bien posséder la doctrine, être capable de juger une difficulté et de donner un conseil, en état aussi d'administrer le baptême en l'absence du missionnaire.

Non seulement il est difficile d'inspirer aux païens un désir de se convertir, appuyé par des motifs quelque peu désintéressés, mais la question de leur éducation surnaturelle est une œuvre de longue haleine.

Dès le début, les Pères comprirent la nécessité du catéchuménat. Quoique fort dispendieux, il est resté en faveur, car il résout une partie de la question. Voici, d'après une lettre du P. Chen-eul, comment il fonctionnait alors :

« Il y a, dit-il, vingt personnes qui étudient les prières et entendent les instructions trois fois par jour. Le matin, à dix heures, j'explique le chen-kiao-yao-li. Ensuite, je questionne et me rends compte de ce qui n'a pas été compris. A six heures du soir, c'est une explication de la lettre du catéchisme, avec interrogations, bien entendu.

» Enfin, une troisième fois, après la prière du soir, je choisis une vie de saint connu ou plus remarquable. Cet exemple me fournit d'excellentes conclusions très pratiques.

» Nos étudiants généralement sont bons, simples et assez intelligents. J'espère trouver parmi eux un certain nombre de bons catéchistes.

» Notre école de vieilles est aussi ouverte. Elles sont dix vieilles chrétiennes qui étudient et se forment un peu à l'apostolat. Nous les enverrons dans les chrétientés enseigner les prières aux femmes catéchumènes. »

Ce catéchuménat était un peu de l'enseignemsnt secondaire, quoique ce ne fût pas une école de catéchistes proprement dite. Les deux éléments se trouvaient réunis. Les plus lettrés et les mieux disposés pouvaient au bout de quelque temps aider le Père dans leur propre village. Une fois dégrossis par leurs soins, sachant faire le signe de la croix, réciter le *Pater* et l'*Ave*, les futurs chrétiens de tout âge viendraient au catéchuménat que le missionnaire lui-même dirigeait à la résidence quand les travaux de la campagne laissent aux paysan quelque peu de liberté. A l'aide d'images qui fixent les regards et l'imagination, il est toujours plus facile de se faire saisir ; la doctrine seule est trop abstraite.

Pour former les catéchistes proprement dits, le même Père nous indique ses industries. En les relatant, nous ne prétendons point leur donner la préférence. Chacun met à profit son expérience et celle des autres. Tous les missionnaires rivalisaient de zèle et tous réussissaient.

« Voici, nous dit le P. Chen-eul, en 1875, la méthode que je crois la plus pratique pour former les catéchistes.

» 1° Etude des prières et de la doctrine avec les réponses de la messe.

» 2° Un exercice sur les travaux manuels qui constituent notre service. Une classe d'arithmétique pour leur faire apprendre les quatre opérations, ce qui leur facilitera beaucoup la tenue d'un registre de dépenses où le missionnaire puisse facilement s'y retrouver.

» 3° On leur enseigne à écrire en chinois une lettre de bienséance, de recommandation, de demande, et ils doivent apprendre quelques modèles pour écrire les contrats d'achats et d'affaires.

» 4° Je les prends avec moi quand je sors, soit pour une fête dans une chrétienté, soit pour l'administration des sacrements.

» 5° Il y a de temps en temps des exercices de catéchisme sous forme de controverse.

» 6° Chacun à son tour doit passer par la salle d'exhortation où l'on reçoit les païens. Ils s'exercent ainsi à les accueillir aimablement, en observant les règles de la politesse, et à parler comme il faut de religion. Là, on juge leurs aptitudes. »

Aux débuts d'une mission, il était nécessaire de former ainsi rapidement un nombreux personnel qui permît de répondre aux besoins urgents de la foule. Mais déjà les écoles d'enfants étaient ouvertes, prospères et pleines d'espérance. En Chine, comme partout, cette question de l'œuvre de la Sainte-Enfance est d'emblée la plus fructueuse. Un vieux païen converti ne vaudra jamais le chrétien formé dès le bas âge.

Les petits Chinois ne sont point des perfections. Ils ont beaucoup d'orgueil, sont très capables d'un coup de tête, et leurs instincts d'indépendance ne trouvent point de contre-poids dans l'éducation déplorable du foyer paternel. Là, en effet, quoi qu'on en ait écrit parfois, l'obéissance et le respect laissent plus qu'à désirer. Il manque ce lien que nous appelons l'affection et qui n'a point son équivalent en chinois. Les rapports entre parents et enfants sont d'une toute autre nature que les nôtres ; il n'est guère facile d'en donner une idée. Part-il au loin, revient-il après un an d'absence, le jeune garçon, la jeune fille ne sont point embrassés, c'est tout au plus la séparation et le retour d'un ami du voisinage. Chacun à la maison cherche à faire à sa tête, et quand le père tient à ce qu'il veut obtenir, il n'a que deux moyens à employer, consulter l'enfant sur son bon plaisir ou les éclats de la colère avec des menaces et souvent des coups. Le premier moyen, plus que maternel, tue tout principe d'autorité ; le second entretient la haine. L'éducation ainsi comprise donne de mauvais résultats. Le christianisme seul pourra tout réformer et, dans leurs écoles, les missionnaires obtiennent plus de succès. L'enfant se sent aimé, dominé ; il subit l'influence d'une direction d'où le caprice est exclus, et la grâce, par dessus tout, perfectionne ces natures médiocrement riches.

Si le milieu où ces enfants ont vécu, en dehors de toute surveillance, si la licence du langage païen leur a, dès l'enfance, appris ce qu'ils devraient ignorer, d'autre part, le terre-à-terre d'une vie tout agreste n'a nullement développé leur imagination, et le mal semble n'avoir pour eux rien de très séducteur. Il est permis d'affirmer qu'en Chine la moralité des écoles chrétiennes ne le cède en rien à celles d'Europe. Certes, on n'y trouvera point de ces vertus généreuses et parfaites, de ces plantes délicates, je dirais célestes, qui ne fleurissent que dans les parterres privilégiés de Dieu ; mais ces natures médiocres se maintiennent dans leur sphère peu élevée et payent bien le missionnaire en petite monnaie.

Les premières années sont consacrées à l'étude des prières ; le caté-

Le missionnaire en voyage.

chisme bien expliqué donne aux élèves une connaissance très suffisante de la religion. L'étude des livres chinois vient à son tour. On soigne davantage l'éducation des enfants mieux doués, et parmi eux se récoltent les bons maîtres d'écoles. Ce sont les vieilles chrétientés qui peuvent seules, en général, fournir des sujets capables d'aller au séminaire.

Il n'est pas à propos de parler ici des œuvres apostoliques qui florissaient dans les autres parties de la grande mission du Kiang-nan, mais nous ne saurions passer les vierges sous silence. Dès le début, elles furent au Ning-ka les auxiliaires les plus dévouées. Venues de Chang-haï, quittant leur famille, leurs habitudes locales, s'exposant au milieu des païens, leur mérite était grand, leur sacrifice fort généreux. Dans la persécution, leur courage a été admirable ; l'une d'entre elles l'a poussé jusqu'à l'héroïsme le plus vrai.

L'esprit apostolique et l'attrait du dévouement sont trop rares parmi les catéchistes. Ceci tient en partie à la nature de l'homme en ces parages et en partie à leur position de pères de famille. Les soucis du foyer domestique étouffent les autres sentiments.

Il est d'ailleurs fort difficile de fonder un corps de catéchistes renonçant au mariage et se donnant tout entier comme une sorte de missionnaire.

Toutes différentes sont les vierges. Elles se sont données à Dieu, à la mission et leurs cœurs débordent de bons désirs. Rien dans le passé qu'elles puissent regretter, car leur position, sous tous les rapports, est préférable ; la femme en Chine n'est pas esclave, mais elle ne s'appartient plus.

L'avenir n'inspire aux vierges aucune crainte, sachant que la mission ne les abandonnera pas. Elles sont considérées de tous, des chrétiens et des païens eux-mêmes ; et comme elles savent avec adresse répondre à ce qu'on attend d'elles, leur influence dans leur entourage est considérable. Les unes font l'école, les autres, les plus âgées, parcourent les environs pour la visite des malades ou des enfants moribonds qu'elles baptisent. Leur bonne réputation leur ouvre facilement toutes les portes ; et souvent elles parviennent à entrer en relations avec des familles aisées, parfois avec les familles mandarinales.

Ce sont elles qui apprennent la doctrine aux femmes catéchumènes et les disposent au baptême. La moitié de la besogne du missionnaire est ainsi ébauchée, sinon faite, par les maîtresses d'école.

Je termine cet exposé et cet éloge par un trait charmant qui rappelle un des côtés pittoresques de la sœur de charité, maîtresse énergique au milieu des soldats.

Nous empruntons ce récit à une lettre du P. Chen-eul encore. Elle est du mois de janvier 1876.

« La première lune est une époque où le peuple aime à jouer. Plus d'un chrétien ne résistait pas à la tentation. Dans le bourg de Siao-hou-tsen, onze familles se sont fait chrétiennes ; une vierge nommée *Fong* est là pour leur enseigner les prières. Il n'est aucune petite affaire qu'on ne vienne la prier de régler. Un jour, une troupe de néophytes se réunit dans une maison pour jouer ; mais la vierge passa par là, les réprimanda en face et tous se dispersèrent. La chose se renouvela jusqu'à deux ou trois fois. Mais ne pouvant résister à la démangeaison de jouer, ils se réunirent en cachette dans un appartement retiré. On avait placé à la porte un enfant armé d'un catéchisme et faisant mine d'étudier, tandis qu'en réalité il surveillait pour pouvoir avertir les joueurs. Nos gens pensaient qu'ils pouvaient ainsi rester en paix. Malheureusement une mauvaise, ou mieux, une bonne langue, eut bientôt averti la vierge, qui, tout en paraissant ne rien savoir, s'élança d'un trait jusqu'au fond de la maison, s'empara des cartes, les mit en poche et partit pour aller faire son rapport au missionnaire. Les joueurs tout effrayés ne savaient trop que devenir. S'étant réunis au nombre de vingt environ, hommes, femmes, vieillards, ils se mirent à sa poursuite et l'ayant atteinte à quelques li de là, ils se mirent en cercle à genoux devant elle, en lui demandant pardon. Les voyant repentants et résolus à se corriger, on fit la paix et tous ensemble rentrèrent au bourg. Aussitôt arrivés, elle les réunit à l'église où fut récitée la prière du soir et le chapelet. Les prières achevées, elle se leva et leur dit : « Que ceux d'entre vous qui n'ont pas pris part au jeu se lèvent et se tiennent debout de chaque côté ; que les joueurs et leurs complices s'avancent et se mettent à genoux devant l'autel, j'ai à parler. » — Tous obéirent. — « Vous, leur dit-elle, vous êtes des hommes, moi je ne suis qu'une pauvre fille de la campagne, ignorante et sans talent. Heureusement, Dieu m'a fait la grâce d'entrer dans la sainte religion, aussi puis-je, en beaucoup de choses, discerner le bien du mal. Or, il me semble que pour ce qui concerne le jeu, nos voisins comme les plus éloignés, les gens civilisés comme les barbares, tous, sans distinction, savent que c'est une mauvaise chose ; comment se fait-il que vous en ayez une telle passion et que vous ne teniez pas plus compte de mes reproches ? Maintenant, quoique vous vouliez vous corriger, il faut une pénitence pour réparer le scandale. Mais je ne suis ni le missionnaire, ni l'administrateur, comment puis-je parler ainsi ? C'est que je comprends l'offense de Dieu, et je sais aussi que, pour obtenir son pardon, il faut le lui demander. Je ne crains donc pas de vous ordonner de réciter dix *Pater* et dix *Ave* en sa présence, pour obtenir qu'il vous remette votre faute. » Tous obéirent comme un seul homme. Les prières achevées, s'étant relevés, ils s'agenouillèrent en cercle autour de la vierge et lui dirent : « Mille fois merci de vos bons sentiments ; nous autres, quoique portant sur notre tête le titre d'homme, nous sommes bien loin d'avoir votre vertu. Pardonnez-nous, nous ne recommencerons plus jamais. »

Tous s'en retournèrent joyeux, et depuis ce jour la pensée du jeu, dit le narrateur, a été rejetée bien loin, et, pour un néophyte de ce bourg, voir jouer est chose aussi épouvantable que de voir le diable en personne.

A cet apostolat direct des Pères, des catéchistes et des vierges, il ne faut pas oublier que s'ajoutait celui des cérémonies extérieures du culte, autant que les circonstances pouvaient le permettre. Les Chinois aiment beaucoup ce qui brille aux yeux, non moins que le tapage. Leurs grandes processions païennes ne manquent pas de grandiose et leur goût n'est pas assez épuré pour s'offusquer du grotesque qui y prend large place. Devant les beaux costumes, les drapeaux multicolores qui flottent à profusion, les belles chaises dorées où trônent d'horribles poussahs, il est tout yeux et le bruit assourdissant des instruments de musique, des tam-tams et de la multitude, l'enthousiasme et le grise.

Une religion sans manifestations extérieures ne trouverait pas faveur auprès des grands enfants pour qui le rite est tout. Les missionnaires n'ont jamais négligé les grandes cérémonies du culte extérieur, si solennel et si éclatant de notre religion, et ils ont toujours senti l'importance d'entourer surtout le cercueil de tout l'appareil qu'autorise la liturgie, afin de lutter au grand jour contre les vieilles calomnies qui nous accusent de méconnaître le culte des morts, parce que nous condamnons les pratiques superstitieuses de celui des ancêtres.

Un vieillard était depuis longtemps catéchumène ; étant tombé malade, le Père alla plusieurs fois le visiter, et comme son état ne laissait plus d'espoir, il fut convenu qu'il recevrait le baptême. Or, quelques heures plus tard, le fils du moribond accourt disant que son père refuse de mourir chrétien.

Ce changement si prompt parut équivoque. Deux chrétiens sont envoyés près du mourant qui, ne pouvant plus parler, répond par signe de tête et ne laisse aucun doute sur la persévérance de ses bons désirs.

Le Père dit alors au jeune homme ;

— Comment oses-tu tromper ainsi ? Ton père n'est-il pas le chef de la famille ? Tu ne respectes pas mieux ses volontés ?

— Le Père a raison, dit l'autre, mais comment ferons-nous quand il sera mort ? Nous ne pourrons lui rendre honneur, brûler de l'encens, du papier monnaie et accomplir les rites de la piété filiale ?

— Crois-tu donc que nous ignorons tout cela ? Tu verras nos cérémonies plus belles que les tiennes.

Il se rendit auprès du mourant. Plusieurs païens sur son passage disaient à mi-voix : « Tiens, voilà l'Européen ! il va lui arracher les yeux ! »

Le baptême fut administré et le lendemain, un enterrement solennel apprenait à la population comment la religion chrétienne entend le culte des morts.

Ce fut d'abord un étonnement général de porter le cercueil à l'église. Porter un cadavre dans une maison, c'est contre toutes les coutumes païennes. Serait-il mort en dehors de sa famille, le cadavre n'entrera jamais dans sa propre demeure, les plus grands malheurs fondraient sur elle !

Comprenant les raisons de la cérémonie, le fils laissa porter la bière à l'église, mais il avait exigé que le menuisier clouât très solidement les planches du cercueil pour qu'on ne pût arracher ni les yeux, ni le cœur de son père.

Les Chinois ont parfois de belles pagodes, surtout quand elles sont neuves ; car, toujours vides, abandonnées, ouvertes à tous les vents, refuge des vagabonds qui passent, elles ne tardent pas à perdre leur fraîcheur. Il est important que notre culte n'ait pas trop d'infériorité. Aussi Sa Grandeur avait-elle décidé qu'une église s'élèverait à Chœï-tong. Le temps fit défaut, comme nous le verrons, et il était réservé au R. P. Chauvin, nommé supérieur au milieu de la persécution, de faire vœu à Notre-Dame Auxiliatrice de lui élever un beau temple, si elle daignait précipiter le terme de l'épreuve.

Cette grande et belle église est debout depuis longtemps, et deux fois par an, aux jours de pèlerinage, elle regorge de chétiens accourus de 20 lieues à la ronde remercier cette bonne Mère de sa protection. Les processions, les chants, les pétards, la musique, rien ne fait défaut. Huit et neuf cents communions chaque fois témoignent de la ferveur réelle, qui s'allie fort bien à la joie et à l'enthousiasme exubérant de ce peuple quand il est en fête.

VIII

La prison de Ning-ko-hien

VIII

LA PRISON DE NING-KO-HIEN

Insensiblement, comme un ciel qui se couvre de nuages, les inimitiés aveugles d'en bas et le mauvais vouloir d'en haut se révélaient davantage. L'inertie calculée des mandarins était une force dont les hommes de désordre sauraient bientôt user. Tout le monde semblait se rendre compte que notre prestige avait plus de brillant que de solide, et vînt une occasion de nuire à la religion, mille vauriens seraient prêts à en profiter. Plus d'un audacieux était capable de la susciter, tant je ne sais quel courant de haine soufflait dans l'air. Toutes les lettres des missionnaires semblaient signaler des orages.

En Chine, plus qu'aucune autre part, les multitudes sont très puissantes, car, vigoureuse, cruelle souvent pour les individus, l'autorité se trouve absolument désarmée devant un soulèvement, même partiel ; nous venons d'en voir un exemple à Kien-ping.

Le P. André était chargé du district d'Holiki, grosse bourgade très commerçante, située en majeure partie sur la rive droite d'un grand torrent qui descend à Chœï-tong. La sous-préfecture, Ning-ko-hien, n'en est éloignée que de cinq li. Quoique ce soit le centre de la vie civile, la vie commerciale a émigré à Holiki. Ning-ko-hien, malgré ses murailles, n'est qu'un misérable village où le vieux tribunal, la prison et quelques pagodes semblent perdus au milieu de ruines et de maisons de paille.

Or, voici ce qu'écrivait le P. André, en date du 24 octobre 1875 :

« Il y a maintenant, dans la prison de Ning-ko-hien, quatre chrétiens à la torture. La raison, me direz-vous? Tout simplement une indigne calomnie que le mandarin ne veut pas relever ; il en profite pour assouvir sa haine contre notre sainte religion et ceux qui la pratiquent.

» Les gens du tribunal n'osent pas encore courir à la recherche des chrétiens, mais la moindre calomnie contre eux suffit ; on les arrête et on leur fait subir la torture jusqu'à ce qu'ils avouent une faute qu'ils n'ont point commise. L'aveu même arraché contre leur conscience, par la force des souffrances et dans un moment de faiblesse, ne les exempte point de nouveaux supplices. Aux gens du tribunal, il faut de l'argent, sans lequel des tourments inouïs sont à supporter. Hélas! depuis huit jours à peine, nos suppliciés, ou plutôt leurs parents, ont donné plus de 80 piastres, et malgré cela, les tortures continuent. Des gens sont venus pour présenter des suppliques au mandarin, mais les subalternes les ont repoussés. J'ai présenté ma carte avec un mot en faveur de mes chères ouailles. Elle n'a pas été acceptée. Je vais en cérémonie voir le mandarin qui me reçoit très froidement et en habits fort négligés. Mon entrevue a bien duré deux heures; en voici à peu près le résumé :

» — Grand homme, j'ai envoyé ma carte le 20 de cette lune pour vous saluer. On ne l'a pas acceptée, je désirerais savoir pourquoi ?

» — Si on l'avait présentée, répondit-il, on ne pouvait la refuser... Il y a eu sans doute erreur...

« Comme mes gens qui étaient venus la porter étaient là, je leur dis :

» — Parlez, vous autres, et dites la vérité !

» — Non seulement, répondent-ils, les gens du prétoire n'ont point voulu recevoir la carte du Père, mais on nous a méconnus et on nous a demandé avec insolence ce que nous venions faire ici.

» Le mandarin n'eut rien à répondre.

» — Il y a ici, repris-je, quatre chrétiens à la torture ; je désirerais savoir quel est leur crime.

» — Voici les noms de trois d'entre eux qui ont incendié une maison.

» — Et le quatrième ?

» Point de réponse.

» — Mais, puisqu'on a dénoncé ces trois chrétiens comme incendiaires, avant de les punir de ce chef, vous devez sans doute avoir les preuves en mains. Le grand homme serait-il assez bon pour me les communiquer ?

» — Le dénonciateur est frère d'un de ces hommes.

» — Alors le dénonciateur est le seul témoin contre l'accusé ! Est-ce bien juste ? Il y a d'autres preuves ?

» — Il y a, dit le mandarin, le propre aveu des accusés.

» — C'est cela, dans la torture, sous l'étreinte du chevalet, à moitié morts. Cet aveu est sans valeur. Tenez, laissez-les libres, appelez-les devant nous et nous verrons ce qu'ils diront.

» Le mandarin se garda bien d'accepter.

» — Le grand homme a donc d'autres preuves plus fortes ?

» — Certainement, répondit-il ; car si ce ne sont pas eux qui ont mis le feu, qui donc l'a mis ?

» — Alors, repris-je, il n'y a qu'eux dans le pays à pouvoir mettre le feu ? Cette réponse est-elle bien sérieuse ? Si je vous disais : « C'est vous qui avez mis le feu à la maison, car si ce n'est pas vous, qui donc l'a mis ? » trouveriez-vous l'argument bien solide ?

» Le mandarin ne savait que répondre. »

Le Père, sentant bien qu'il n'avait rien à perdre avec un homme dont les efforts de la haine ne pouvaient être arrêtés que par la crainte, profitant de sa présence si difficile à obtenir, poursuivit sans lui faire grâce. Il lui demanda si c'était bien ainsi que les lois prescrivaient aux magistrats de conduire une procédure, puis il ajouta :

« — Il y a dans le village une autorité, c'est le juge de paix. Cet homme, témoin des faits, a-t-il été interrogé ? Est-il moins digne de foi qu'un vaurien ? D'ailleurs, ce n'est pas un des nôtres, il est païen et n'a aucun intérêt à protéger les chrétiens. Ce qu'il a dit, ce qu'il a écrit, devrait, ce me semble, être une preuve assez convaincante en faveur de mes chrétiens.

» Il a écrit, je le sais, que c'est la famille elle-même du dénonciateur qui, par haine contre la religion, a mis le feu à la baraque, et, qui mieux est, c'est à ce propos que vous lui avez demandé s'il était employé du mandarin ou du *diable d'Occident*, pour me servir de vos propres paroles. Bien plus, sa constance à dire la vérité lui a valu la bastonnade et la prison. C'est sans doute fort juste.

» Les notables de l'endroit, ce sont des païens, ce sont aussi des autorités civiles, demandez-leur ce qu'ils pensent des chrétiens et du dénonciateur ?

» Pourquoi la porte du tribunal est-elle fermée aux innocents ? Elle s'ouvre avec de l'argent ; si c'était encore pour donner la justice ! Hier, vos gens ont demandé 50 piastres pour accepter une requête. Est-ce d'après les lois de l'Empire ?

» — Non, dit-il, on ne doit rien exiger.

» C'est alors que je fis présenter les requêtes. Tous ceux qui en apportaient les avaient écrites en double et parfaitement semblables ; j'en recevais un exemplaire et le mandarin était bien forcé d'accepter l'autre. Tout cela se fit sans débourser une sapèque et surtout sans bastonnade pour ceux qui les remirent.

» Le tour était admirablement joué.

» Enfin, je demandai à voir les suppliciés. Le mandarin refusa comme de juste.

» Il y avait aussi une rectification importante à faire. Le sous-préfet disait que les hœï-tchang (administrateurs de chrétienté) étaient des voleurs, des brigands, chefs de désordre.

» — Grand homme, lui dis-je, c'est moi qui suis ici le grand chef des chrétiens, s'ils sont brigands, incendiaires, assassins, pourquoi ne me saisissez-vous pas, ne me garrottez-vous pas ? me voici.

» Il ne répondait pas.

— L'empereur, dis-je, sait ce que nous sommes. Il nous permet de venir ici, il permet au peuple d'entrer dans notre religion, comme étant bonne... vous allez donc contre ses ordres et ses intentions.

» Ce fut ainsi que se termina cette longue séance.

Il y avait huit jours que le dénonciateur était allé, après l'incendie, accuser les chrétiens. Le jour même, ceux-ci étaient saisis, torturés et mis en prison. Le lendemain, le mandarin, accompagné de 50 hommes en armes, tant soldats que satellites, part pour visiter les lieux. On dirait, à le voir passer, qu'il va prendre une ville d'assaut.

En arrivant, les soldats tirent des coups de fusil en l'air et ces décharges mettent tout le monde en effroi. Les catéchumènes, terrifiés, prennent la fuite. Il y en eut un de saisi ; bonne aubaine. On veut le conduire au mandarin ; il donne 4 piastres. Les sinistres comédiens n'en demandèrent pas davantage et lâchèrent l'innocent.

Pour le dénonciateur, connu dans le pays comme « vendeur de femmes », il avait su aussi sacrifier quelques piastres.

Le mandarin savait donc fort bien de quel côté était la justice. Agissait-il par haine, par ordres supérieurs, pour complaire à ses subordonnés ? Il serait difficile de se prononcer. Le préfet Ly n'eut cependant pas les honneurs de la victoire.

Intimidé sans doute par l'attitude noble et courageuse du missionnaire et craignant qu'il ne portât plus haut ses réclamations, le soir même de sa visite, le sous-préfet prit conseil, fit ses préparatifs et le lendemain se mit en marche pour Ning-ko-fou. Une visite immédiate au préfet semblait de bonne politique, afin de préparer les voies à la défense de sa conduite, dans le cas d'une accusation.

Mais, chose étrange, voici que, chemin faisant, le persécuteur se sent indisposé. Je ne sais quel mal l'a frappé soudain, mais il souffre, il s'affaiblit et, quand il arrive, il doit se mettre entre les mains des médecins. Pendant quatre jours, il est l'objet des soins les plus empressés. Sentant que

Scène de prison.

la faiblesse ne fait qu'augmenter, que les remèdes n'ont aucun effet, la peur de mourir au loin, hors de chez soi, malheur suprême, hâte son retour. Mais il ne rentre à ce tribunal, où il rendait si mal la justice, que pour en sortir et aller entendre celle d'un tribunal qui trouva sans doute beaucoup à lui reprocher. Il mourait le 1er novembre, et cette mort fit partout une impression profonde. Les païens sont très superstitieux. Ils ne se font pas faute de dire que le Dieu des chrétiens est puissant, que les démons ne peuvent rien contre lui. Chrétiens et païens furent convaincus que cette mort imprévue et précipitée était un châtiment du ciel.

« Le jour de ma visite, écrivit ensuite le P. André, j'avais eu l'honneur de dire au sous-préfet Ly : « Juge bien, car Celui que nous adorons te jugera à ton tour et c'est en lui que nous mettons notre force et toute notre confiance. J'étais loin de m'attendre que Dieu le jugerait si tôt. Ce malheureux avait juré d'écraser le Tien-tchou-kiao (1). Mais le Tien-tchou-kiao vit encore et le mandarin a disparu de la scène du monde. »

Le 1er de la onzième lune, vingt-huit jours après, son cercueil fut déposé sur une petite barque, à quelques pas de la résidence. Quelques gens du ya-men, un ou deux amis formaient tout le cortège. Cette absence de démonstration, de musiques, de pétards, ce deuil de tapage dont l'intensité est la mesure des hommages, indiquait assez que l'homme public n'était pas en faveur et que sa mémoire ne restait pas en vénération. Il était du Honan; ses restes y retournaient.

Pendant la courte vacance du siège, un secrétaire adjoint remplaça le défunt et profita de l'occasion pour élargir une trentaine de détenus. La miséricorde n'entrait pour rien dans ce trafic qui rapportait de bons bénéfices. Pour les chrétiens, la haine primant l'avarice, ils restèrent enchaînés.

Quand, le 19 novembre, le sous-préfet intérimaire prit les sceaux, sa première question fut pour demander combien il y avait de prisonniers et parmi eux combien de *tche-kiao-ti-jen* (de mangeurs de religion); cette manière de parler à l'instar de la plèbe indiquait autant son ignorance que son mépris.

L'affaire de ces chrétiens emprisonnés et torturés, contre toute apparence même de crime, la panique qui gagnait les catéchumènes, le scandale qui en résultait, l'arbitraire des autorités vénales et haineuses, demandaient absolument une poursuite en règle. Le P. Seckinger qui, outre les magnifiques succès récemment obtenus à Kien-ping, avait l'habitude des affaires et une réputation dans les ya-men, était tout désigné pour venir prêter main forte au P. André. Le P. Le Cornec lui demanda son concours. Le 7 décembre, il arrivait à Holiki.

(1) La religion catholique.

Le 9, nos deux missionnaires se rendent au tribunal en grande tenue et à l'improviste, afin d'éviter les faux-fuyants dont l'intérimaire pourrait user. En effet, par deux fois il demande qu'on l'excuse. Mais les visiteurs n'acceptent point d'excuses.

— Nous voulons le voir, répondent-ils, il le faut, c'est notre droit, nous ne partirons pas.

Ces réponses déterminées, vigoureusement articulées par les deux solliciteurs impitoyables, finirent par triompher. Obligé de céder, mais de la plus mauvaise grâce, le mandarin ne vint point au devant d'eux et on les introduisit dans la salle des étrangers, misérable et petite chambre.

Un instant après, le sous-préfet arrive ; il était en petite tenue. Rien n'était plus significatif. L'entrevue dura très longtemps et fut très animée. Plus le mandarin affectait de prendre la chose à la légère, plus le P. Seckinger parlait vigoureusement ; et certes, quand les circonstances s'y prêtaient, il savait regarder en face un persécuteur, surtout un persécuteur de troisième ordre.

Celui-ci, qui, sans doute, n'avait jamais eu affaire à des Européens forts de leurs droits et souvent peu timides de leur nature, finit par comprendre que ses fins de non recevoir n'aboutissaient à rien et que ses ruses faisaient sourire. Il se prit sans doute à craindre que les menaces d'en appeler au préfet ne se réalisassent; il céda. Il promit l'élargissement des prisonniers, mais il y mit une condition. Le P. Seckinger devait se porter garant de leur retour au gré du sous-préfet pour entendre sa sentence.

Cette clause était dure; mais les Pères comprirent qu'elle n'avait aucune fâcheuse conséquence pour les chrétiens et qu'elle sauvait l'honneur du grand homme. L'écrit fut, séance tenante, rédigé et les détenus mis en liberté. Pauvres gens! quand, déchaînés, ils apparurent aux regards, ils avaient l'air d'affreux mendiants décharnés, couverts de plaies, hideux ! En vérité, il avaient souffert un véritable martyre.

Nous avons entendu dire que, parmi eux, il y en avait un dont la réputation n'était rien moins qu'honorable, qu'il s'était faufilé dans nos rangs pour bénéficier de notre crédit.

Quand cela serait vrai et vrai de tout point, et quand même, dix fois encore, les missionnaires auraient été trompés par leurs catéchumènes et leurs catéchistes, ce qui à cette époque était moralement inévitable, puisqu'à la nôtre il serait naïf de croire qu'on ne puisse l'être, il n'en est pas moins vrai que les histoires de Kien-ping, de Ning-ko-fou, de Ning-kohien, de Ton-ngan, et toutes les autres qui trouveront place dans notre récit, sont de l'histoire, l'histoire de dures batailles, où le drapeau païen fait vilaine figure, où le drapeau du Christ trahi est toujours glorieux.

IX

Un pillage en règle

IX

UN PILLAGE EN RÈGLE

Pendant les derniers jours de février 1876, le plus grand nombre des missionnaires avaient quitté leurs postes pour faire, selon la coutume, leur retraite annuelle à Nan-kin. Mais le démon était resté au district et, profitant de l'absence des bergers, il jugea à propos de mettre l'épouvante au milieu des brebis. Trouver des loups qui se prêtassent volontiers à son dessein, était chose facile, il n'avait que l'embarras du choix et les circonstances le servirent à merveille. L'époque était arrivée où les examens publics ramènent périodiquement à la préfecture ces foules tapageuses de candidats aux grades littéraires.

Le P. Le Cornec avait expérimenté l'année précédente à quelle rude épreuve peut être mise la patience du missionnaire en face des insolences de cette jeunesse sans vergogne. Mais enfin, l'audace des *retoqués* (pou-kao), moins nombreux et moins fiers, avait eu des bornes.

Il crut donc sage et prudent, avant de partir pour Nan-kin, de faire écrire au préfet de Ning-ko-fou pour le prier de surveiller un peu ses jeunes gens dont le sans-gêne n'est pas toujours conforme, il s'en faut, aux règles de bienséance si recommandées par Confucius. La lettre fut remise le jour même en mains propres et le Père, à-demi rassuré, se mit en route.

Le préfet, parait-il, avait tenu compte de la noble supplique et prié le sous-préfet de s'en charger. Le sous-préfet n'avait pas mauvaise intention ; tout porte à croire qu'il avait la velléité de bien faire ; mais que fit-il ? Nulle proclamation ne fut publiée, nulle patrouille ne reçut de mot d'ordre. D'ailleurs, se décharger sur un inférieur du soin de prévenir de graves désordres indiquait des dispositions très équivoques à notre égard. Encore savons-nous que, pour une tout autre cause, le préfet était en face de ses candidats dans un vif embarras qui seul suffirait à expliquer son attitude indécise.

Les jeunes lettrés avaient, paraît-il, remarqué en lui une certaine infériorité littéraire, et toutes les fois que l'occasion s'en était présentée, nul ne s'était fait faute d'en tirer parti.

Le grand homme chercha donc à compenser par de la bonhomie ce qui lui manquait du côté du prestige. Il obtint, à force de servilités honteuses, une sorte de grâce qui excuse. Il avait fini par calmer l'arrogance qui, forte de sa faiblesse, pouvait compromettre sa place de préfet. Il était, grâce à ses petits manèges, parvenu à réunir tout son monde à la salle des examens ; s'il eut échoué, l'examen manquant, il eût été dégradé.

Les étudiants se sentaient maîtres de la position; il ne leur fut pas difficile de se donner des airs insolents et il leur fut facile de prendre toutes les libertés.

« Plusieurs fois, dit le P. Le Cornec dans une lettre subséquente, ils vinrent à notre maison, frappant violemment la porte et disputant avec le catéchiste. Le 22 février, la séance fut un peu plus longue et dura trois heures, les étudiants ne se retirèrent qu'à la nuit. »

De la préfecture, rien qui indiquât qu'on s'occupait des missionnaires. Déjà compromis, le préfet n'allait pas, par magnanimité, se mettre entre le marteau et l'enclume.

Il était nuit depuis longtemps, le catéchiste, croyant enfin prendre en paix un repos bien mérité, entendit tout à coup un grand cri. Des centaines de voix y répondent. Il se lève et aperçoit comme trois colonnes qui, par trois rues différentes, s'avancent vers notre maison. Le coup était monté, le rendez-vous exactement observé.

La porte est enfoncée en un clin d'œil et un flot de lettrés se précipite à l'intérieur. Quelques-uns s'avancent vers l'inoffensif gardien, le frappent et lui prodiguent tous les outrages ; mais le cri : « Aux objets, aux objets ! » attire toute la bande vers la chambre du missionnaire. La porte cède en même temps que la cloison et le pillage le plus acharné commence. Habits du Père, des catéchistes, des domestiques, remèdes, livres, images, literie, chapelle, tout y passe. Quelques objets sont entassés dans la rue et solennellement brûlés, d'autres sont emportés, d'autres mis en pièces. Les cloisons sont démolies, le mur qui donne au midi est abattu, les fenêtres sont brisées, le toit mis à jour en maints endroits, le plancher lui-même en partie enlevé. L'œuvre de démolition continue toute la nuit.

En vain, le sous-préfet envoie-t-il des satellites crier de la hauteur voisine : « Messieurs, c'est assez, restez donc tranquilles ! » En vain, se présente-t-il lui-même en personne, il n'obtient que des injures ou des sarcasmes. Le jour seul put disperser les fous furieux. Il n'a tenu d'ailleurs qu'à peu de chose que la maison devînt la proie des flammes. Plusieurs fois on en parla, mais les instances, les supplications des voisins qui, dans l'épouvante de brûler eux-mêmes, se précipitaient aux genoux des jeunes émeutiers, finirent par arrêter ces insensés.

« Hélas, dit le missionnaire, dans quel état nous retrouvions notre maison ! J'ai tenu à la revoir dès mon arrivée à Ning-ko-fou, le 3 mars. Je m'y suis rendu à cheval, et c'est du milieu des ruines que je vous ai

Le P. Le Cornec, ministre de la section de Ning-ko-fou.

écrit pour vous annoncer nos malheurs. Dans la ville, on m'a vu passer avec un certain étonnement, mais personne ne m'a insulté et j'ai pu me rendre le soir même Chœï-tong. Là, tout était en paix, malgré les menaces des lettrés. Son tour était marqué après Ning-ko-fou, le jour fixé. Après Chœï-tong, Ho-li-ki, etc. »

L'audace de ces vauriens était si grande que, quatre jours auparavant, sous les yeux de l'autorité, des placards affichés un peu partout invitaient les jeunes gens à s'armer de courage et à se tenir prêts pour l'attaque, le jour du 22. On voit que parfois il faut tenir compte des menaces, là surtout où les mandarins n'ont ni caractère, ni bonne volonté.

Les Pères acceptèrent vaillamment le sacrifice, heureux d'avoir été dignes de souffrir quelque chose pour Jésus-Christ, sachant aussi que le triomphe aurait son heure. Le P. ministre écrivait : « Les négociations entamées pour obtenir justice nous font concevoir bonne espérance ; et saint Joseph, que nous n'avons pu loger convenablement, pourrait bien être dignement installé par les mandarins. »

L'iniquité d'un pareil affront, infligé de gaîté de cœur par une multitude à des étrangers inoffensifs, s'adressait explicitement à notre sainte religion, avec complicité plus ou moins tacite des mandarins. Il était donc urgent de pousser vite et vigoureusement les revendications de nos droits.

Le P. Seckinger recevait rapidement la nouvelle de ces violences. Devant se rendre à Ou-hou pour affaires, il résolut d'aller immédiatement à Ngan-king afin de porter plainte aux grands tribunaux de la province même.

Mais le R. P. Garnier venait lui aussi d'être instruit, et par Nganking même. Une lettre n'eût pas suffi ; les autorités, sentant la gravité des circonstances, avaient dépêché un *wei-yuen* (délégué). Une entrevue permet toujours mieux les explications, et il ne s'agissait pas de faire de nouvelles fausses manœuvres dans ce nouveau passage où l'honneur avait été si compromis.

Le délégué disait au R. P. Garnier : « Je désire traiter la chose au plus tôt et pour le mieux, mais il n'est pas nécessaire d'avertir le P. Seckinger, le P. Ma (1) suffit, nous nous entendrons. »

Le délégué commençait adroitement, cherchant à écarter le plus redoutable négociateur. Mais le supérieur ne se laissa point illusionner et répondit que le P. Seckinger ne serait point un obstacle à la bonne entente que nous désirions autant que personne ; qu'il était d'office chargé de traiter avec les tribunaux les questions litigieuses, qu'on ne pouvait l'écarter sans raison.

Notre délégué savait à quoi s'en tenir, il connaissait le Père. Celui-ci écrivait à ce propos : « Oui, c'est *Wan-ta-lo-yé*, un des membres du *yang-ou-kin* (tribunal des affaires étrangères), avec lequel j'ai eu de fréquents rapports, et auquel, on le devine facilement, ma droiture inspire, pour cause, une crainte salutaire. En conséquence, quoi qu'il en soit du plaisir ou du déplaisir de ces messieurs les mandarins, lundi, je serai à Ou-hou et mardi, je volerai à Ning-ko-fou pour y prêter main-forte à nos Pères et obtenir, Dieu aidant, les réparations voulues. »

(1) Père Chinois. Devant l'autorité chinoise, un simple Chinois n'est pas suffisamment armé.

Le P. Seckinger se plait à faire peser sur sa droiture son crime d'inspirer des craintes salutaires ; mais ceux qui l'ont connu et apprécié, aiment à se rappeler que cette droiture, commune aux missionnaires, se présentait en lui dans un très particulier encadrement. Démarche puissante, œil perçant, voix stridente, geste nerveux et parfois impératif ; tout cela sortait à son moment du cérémonial chinois qui le contenait, comme un fourreau cache une épée. Etait-ce oubli, était-ce calcul ? l'éclair passait avec son coup de foudre et notre diplomate retrouvait la réserve, le sourire, la froide nonchalance, la bienveillante souplesse dont il faut savoir s'entourer ; mais l'effet était produit, une crainte salutaire précipitait le dénouement et, par ce genre de droiture, la justice avait son triomphe.

Le P. Seckinger partit donc aussitôt. Quand il se trouva en face des ruines de la maisonnette, une question pratique l'embarrassa : Où allait-il loger ? Aller à l'auberge ? c'était peu noble ; n'était-ce pas capable d'entraver les débuts mêmes de la négociation. « Non, se disait-il, je ne viens pas en suppliant, mais en accusateur. Soyons un peu fier, nous en avons le droit ; donnons un peu de relief à notre personnage ». En Chine, la réputation ou la légende pèsent très lourd dans la balance des conseils.

« J'ai dû, écrit-il, attendre toute la journée en barque aux portes de la ville pour donner le temps à Messieurs les mandarins de me trouver un koang-koan (hôtel particulier).

» Ce fut dans une pagode qu'on le logea, en compagnie du P. Le Cornec ; et le P. Ma, qui avait, à son retour, trouvé la résidence en ruine, quitta la cabane où il s'était réfugié pour s'asseoir à la table de communauté servie, et bien servie, par nos pires ennemis dans une maison du diable.

» Il faut réellement venir en Chine pour voir ces anomalies. Le pauvre missionnaire ne s'appuie guère sur sa force, qui est nulle, le moins qu'il peut sur le prestige de la fumée de nos canons, si légère aux jours de la tempête. Le bras de Dieu seul le soutient. Si les Chinois connaissaient leur force, si les Européens recueillaient les fruits naturels de leur attitude, il ne serait que prudent de quitter cette terre, à moins d'y briguer le martyre.

» L'arrivée du P. Seckinger, dont il était facile de deviner les intentions, causa une certaine émotion dans les tribunaux. On eut dit qu'un poids inaccoutumé pesait, car les rouages administratifs tournaient plus rapides.

» En effet, un délégué était arrivé très peu de temps après le Père ; et c'était le wan, le wan qui voulait épargner un déplacement inutile au négociateur de la mission.

» Ces délégués, envoyés extraordinaires, ne viennent pas précisément dans les préfectures pour le plaisir du préfet ou du sous-préfet, qui doivent d'abord se partager les frais obligatoires de la gracieuse hospitalité, sans compter ceux du voyage.

» Suivent les pourparlers, les comptes rendus, les directions, les rapports au centre de la province; en un mot, les ennuis sans fin d'une procédure. Notre préfet de Ning-ko-fou allait, malgré lui se voir obligé d'entamer au plus tôt les négociations.

» Par malice, il avait prolongé les examens, afin d'avoir un prétexte d'occupations lui permettant de rester invisible et de refuser poliment la visite des Pères.

» Ne pouvant lui parler. disait le P. Seckinger, je saurai bien lui écrire, il n'y gagnera pas. »

Il écrivait : « Si vous ne pouvez nous recevoir, parce que ce n'est pas la coutume en temps d'examens, le culte des bonnes coutumes aurait dû vous inspirer de contenir un peu vos élèves qui n'en ont que de mauvaises, il faut l'avouer. Ne prendre aucune mesure préventive, quand vous pouviez supposer des désordres, surtout ceux de l'an passé étant restés impunis, cela non plus n'est pas une coutume très louable. Nous vous avions pourtant averti. »

Le Père ajoutait : « Le grand homme méritait une leçon pour lui apprendre certaines coutumes qu'il semblait oublier. Une note de 4.000 piastres que je viens de lui faire présenter par le délégué lui montre que, s'il croyait plaisanter avec nous, nous, de notre côté, nous ne plaisantions point. »

Laissons un instant les mandarins en grand émoi avec le délégué wan qui leur présente la note ; laissons nos missionnaires qui partagent leur temps entre les exercices de piété, les pourparlers sérieux, les visites des curieux, s'exercer à la patience dans leur affreuse pagode ; voyons ce qui se passait dans la région.

X

A travers les villages

X

A TRAVERS LES VILLAGES

Si maintenant nous jetons un regard sur les campagnes qui dépendent de la préfecture de Ning-ko-fou et de Koang-te-tcheou, pays limitrophe, nous assisterons à un autre genre de lutte. Partout, au commencement de cette année 1876, l'horizon est sombre.

Les catéchumènes sont nombreux, les Pères et les catéchistes ne suffisent plus. Il faut à la fois seconder le zèle des hommes de bonne volonté et faire face à bien des difficultés matérielles; de plus, les ennemis ne font pas défaut, leur audace s'est accrue, et l'inertie des tribunaux décuple leur malice. N'est-ce pas d'ailleurs la loi ordinaire que, partout où se prépare et se manifeste un grand mouvement religieux, en même temps surgissent les obstacles et le plus souvent la persécution.

Le P. Bies écrivait du district de Hoang-té : « La religion est partout ici insultée, les chrétiens aussi bien que les missionnaires? »

Plusieurs voies de fait montraient que les esprits étaient très excités; l'audace de quelques bandes dépassait les bornes de la mutinerie. Un jour, c'est une dizaine d'individus qui forcent la porte d'une famille et déchirent les images pour y substituer des inscriptions païennes. Le maître de la maison proteste, on le menace des plus mauvais traitements s'il refuse d'apostasier.

A la porte d'une résidence, à Tsiao-tsen, un placard est affiché. « Le diable étranger (*yan-kœï-tse*) n'a qu'à se préparer à être battu ». Rien de plus catégorique. Plus loin, un catéchumène est simplement conduit en prison par des coquins.

Le même Père écrivait : « Je ne me dissimule pas que les défections devront bientôt se multiplier au milieu d'un pareil arbitraire, si les mandarins ne s'entremettent pas ; et rien ne fait pressentir semblable secours. »

Leur position est un peu fausse ; leur conduite toute de biais et de recul est facile à expliquer. Ils sont païens à un degré supérieur, oserions-nous dire, puisque leurs fonctions ne leur permettent moralement pas de se faire chrétiens et que rien dans leur genre de vie n'est fait pour leur en inspirer l'attrait.

De plus, s'ils prennent, par une certaine justice naturelle, fait et cause pour le bon droit, ils se rendent impopulaires. Pour cela, faudrait-il encore mettre en mouvement tout un personnel cordialement antipathique à la religion. Pour avoir mené à bonne fin pareille expédition, ardue au dernier point, seront-ils mieux notés en haut lieu ? Question qui entre peu dans nos calculs, mais qui pèse considérablement dans leur balance.

Que leur reviendra t-il pour avoir mécontenté leur personnel et compromis leur avenir ? Combien de piastres ? Qui donc s'imagine qu'on pèse les globules au poids de l'honneur ? Ne désire-t-on pas les plus hautes places à cause de leurs revenus ? Or, les chrétiens ne sont que de pauvres hères ; celui qui les abandonnera à leur malheureux sort ne se verra par personne reprocher son inaction. « Laisser faire, laisser passer » semblait le mot d'ordre de la situation ; les suppôts du diable avaient beau jeu.

Qu'il existât encore beaucoup de catéchumènes, on ne peut le comprendre qu'en réfléchissant à la merveilleuse puissance de la grâce et à l'abondance de son effusion à certaines époques plus privilégiées, ou à des circonstances spéciales que nous avons fait ressortir.

Bien plus grave qu'aucune part s'annonçait la situation dans le sud de la préfecture.

A Tong-ngan, au mois de décembre 1875, une sorte d'émeute populaire, dont les chrétiens étaient complètement innocents, tourna contre la religion par les accusations perfides des meneurs ennemis.

Nous avons parlé des altercations continuelles qui avaient pour cause les exigences souvent déloyales des anciens propriétaires du pays et les prétentions parfois exagérées ou très injustes des houpenois. Les uns et les autres tiraient chacun de son côté et multipliaient les perfidies de larrons en foire. La position du missionnaire, dont les chrétiens, volontairement ou involontairement, se trouvaient partout mêlés à la lutte, était on ne peut plus délicate.

Combien de fois, au lieu de l'éclairer, ses propres catéchistes ont-ils en dessous donné la main à des manœuvres louches et compromettantes ?

Le 24 décembre, le mandarin de Ning-ko-hien était allé à Tong-ngan. Il y était appelé par les *pen-ti* (1) qui réclamaient les secours de la force pour les aider à percevoir des redevances que les houpenois, disaient-ils, leur devaient et s'obstinaient à leur refuser.

Pour le mandarin, une excellente preuve de leur bon droit, la meilleure sans doute, étaient les 300 piastres promises au grand homme pour frais de déplacement. En verser 200, argent comptant, était un argument irrésistible. Entré en charge l'avant-veille, venu d'une province éloignée, ce nouveau titulaire était mieux payé pour mal juger que pour bien connaître la question.

Les esprits étaient fort agités. Aussi bien, pour parer à toute éventualité, un grand nombre de *tchei-gen* (2) avaient été réunis. Une cinquantaine de soldats ouvraient la marche.

Cet appareil imposant, accompagnant la chaise de sous-préfet précédée du parasol rouge, serpenta durant une demi-journée dans les riantes vallées qui conduisent à Tong-ngan. N'était la signification lugubre de plusieurs instruments bien connus des Chinois, les villageois accourus et groupés aux portes eussent pris plaisir à voir passer le cortège.

Le P. André était à sa résidence à l'occasion des fêtes de Noël. Ayant appris sa présence, le 25 au soir, le mandarin lui-même alla lui rendre visite.

Après l'échange officiel des politesses convenues et les paroles banales d'usage, la question des redevances fut soulevée.

— Je vous serais bien reconnaissant, mon père, dit le noble visiteur, qu'il vous plût d'engager les chrétiens à s'y prêter de bonne grâce.

— Grand homme, ces questions sont fort épineuses ; elles ne sont point de mon ressort direct. Je fais mon possible pour inculquer à tous les lois la justice. Chrétiens comme païens doivent observer les lois de l'empire et tous sont vos enfants.

— Oui, je suis là pour soutenir ceux qui ont le bon droit et punir les coupables.

— Je crois, dit le Père, que mon *vieux-frère* ferait bien d'afficher une proclamation.

— Oui, une proclamation, c'est cela.

Le mandarin semblait satisfait. Le soir même un avertissement était affiché en deux endroits ; mais ce n'était pas une proclamation revêtue du sceau officiel.

Le 28, un homme du pays, un *pen-ti*, voisin de la résidence, y vint

(1) Aborigènes.
(2) Les *thei-jen* sont des manières d'huissiers et de policiers, agents de la force publique, exécuteurs des mandats d'arrêt au service du tribunal. Ils ne sont pas payés ; leurs exactions y suppléent abondamment.

demander si le Père n'était pas parti. Un domestique, croyant à propos de mentir et de le tromper, répondit en riant qu'il était parti la veille.

Chose étrange, les Chinois, si disposés à la défiance, acceptent très volontiers sans grand examen une assertion qui cadre avec leurs désirs et leurs projets. La défiance est forte, mais la cupidité l'emporte.

Notre pen-ti avait des raisons pour désirer le départ du Père ; on redoutait son influence auprès du sous-préfet, dont la visite semblait significative. Le Père passait pour soutenir les houpénois, dont plusieurs étaient catéchumènes, quand, d'autre part, les pen-ti formaient le camp ennemi de la religion.

Ainsi trompé par la maladroite supercherie d'un domestique, le païen enchanté s'en va comploter avec une bande d'amis un coup d'audace que la crainte du P. André n'eut sans doute pas permis de mettre à exécution.

Dans la soirée, nos païens font saisir cinq ou six houpénois par les soldats qui les conduisent au mandarin.

Cette façon sommaire de procéder sans mandat n'a rien qui doive étonner dans un temps de troubles. D'ailleurs, pour aller de l'avant, soldats et surtout tchai-jen ne connaissent guère d'autre argument que les liasses de grandes sapèques ; et pour rester dans le devoir, la crainte de la bastonnade est seule persuasive. Le mandarin lui-même ne paraît pas scrupuleux dans ces petits villages perdus au fond des montagnes. Les subalternes savent à quoi s'en tenir sur les limites de leurs pouvoirs.

Arrivés à l'auberge transformée en tribunal, nos malheureux, dont aucun d'ailleurs n'était chrétien, se prosternent en larmes devant le grand homme. « Pourquoi, leur demande celui-ci, vous obstinez-vous à ne pas payer les redevances à vos propriétaires ? » Que répondre ? qu'ils ne doivent rien ? Les 300 piastres que le sous-préfet compte bien mériter ne sont-elles pas là pour attester l'authenticité de leur dette ! S'ils disent : « nous paierons », on répondra : vous avouez votre dette ; mais c'est trop tard. Je ne suis pas venu pour rien ; ce retard mérite la bastonnade.

Et c'est ainsi qu'après quelques questions dont on n'attendait pas la réponse, réponse inutile, ils furent renvoyés longuement et vigoureusement battus.

La chose ne pouvait passer inaperçue. Le bruit court dans tout le pays que plusieurs houpenois ont été saisis et châtiés. Le soir, une trentaine, une quarantaine d'hommes étaient accourus ; les femmes et les enfants sont en grand nombre, effrayés et curieux. En réalité, ce n'est pas une sédition populaire ; les Chinois n'improvisent pas ainsi une lutte contre la force armée ; c'est une sorte de députation de craintifs qui veulent s'expliquer avec celui qu'on appelle « Père et Mère ».

Il peut, s'il le veut, entendre les discussions qui animent les différents groupes assemblés dans la rue.

« Si nous n'avons pas payé, ce n'est pas par malice ; nous avons défriché les terres qui n'étaient à personne ; nous avons payé l'impôt, preuve qu'on nous regardait comme vrais propriétaires. »

« Moi, dit quelqu'un, je n'ai pas eu de recolte, la sécheresse a tout détruit, je ne suis donc tenu à rien. » Les raisons ne manquaient pas et nos paysans savaient les faire valoir.

A la vue de tant de monde et au bruit du tumulte, les soldats ne sont plus rassurés, le mandarin a peur ; il ordonne de préparer les armes.

Les femmes, plus audacieuses, parce qu'en Chine elles savent qu'elles jouissent dans les disputes d'une demi-inviolabilité en face des hommes, ont approché davantage. On veut les écarter, mais plusieurs sont blessées aux mains par les lances. Elles se retirent en poussant des cris de fureur et des malédictions. Le nombre des paysans ne fait qu'augmenter et la nuit se passe dans une agitation indescriptible.

Le P. André n'était pas parti. D'heure en heure, on lui racontait les scènes qui se passaient au tribunal ; il était fort anxieux, car sa présence, qui n'était d'aucun secours pour personne, pouvait être mal interprétée. On pouvait l'accuser d'exciter les houpenois à la résistance. Il prit le parti le plus sage ; il plia bagage avant la nuit et se rendit à trente li de là, dans une autre chrétienté.

Quelques heures après son arrivée, trois hommes de Tong-ngan accourent à lui.

— Père, un grand malheur est arrivé.
— Quel malheur ?
— Trois personnes ont été tuées !
— Des chrétiens, des païens ?
— Deux païens et une femme chrétienne.
— Cette femme s'était donc révoltée ?
— Non ; elle voulait entrer pour réclamer son fils qui avait été arrêté la veille, et, en la poussant, un soldat lui a tiré un coup de fusil en pleine figure ; elle est tombée morte.

Les cadavres restèrent plusieurs jours sans sépulture, et le mandarin, après cette belle expédition dont on pouvait se demander quel fut le résultat utile, revint à Nin-ko-hien, laissant le pays dans un trouble inexprimable. Il avait gagné ses 300 piastres.

Quelques temps après, on apprit que ce sous-préfet, dans son rapport, n'avait pas accusé les chrétiens d'être cause de ce qu'ailleurs il fut convenu d'appeler la *rebellion des chrétiens* de Tong-ngan, car le général Fang, ayant appris la chose, se garda bien de la même réserve, il fut trop heureux de faire sonner haut le mot de *rebelles*, d'y mêler celui de chrétiens, prenant ce prétexte pour déployer et légitimer ses forces militaires, agir enfin sournoisement, en véritable persécuteur du christianisme.

Il faut ici placer l'épisode d'un catéchumène tué, peu de temps après, dans des circonstances qui ne permettent aucunement de nier que la religion à laquelle il s'était rallié ne fût en partie la cause de son meurtre.

Tcheng-min-té était catéchumène depuis quelques mois. C'était un émigré lui aussi, un houpenois dont la réputation, paraît-il, n'avait pas toujours été intacte. On savait, avec plus ou moins de certitude, que le motif de son émigration n'était pas le seul désir d'avoir des terres et un moyen de rétablir sa fortune. Il cherchait peut-être à se mettre à l'abri des poursuites judiciaires, ayant, dans sa première patrie, commis plusieurs fautes difficilement pardonnables.

Tant qu'il resta païen, et cela durant plusieurs années, l'autorité, d'ailleurs très négligente, ferma les yeux sur la retraite, personne ne la payant pour verbaliser.

Min-té pensa-t-il agir politiquement en cherchant une protection dans la religion chrétienne? Etait-il sincère dans ses avances religieuses? Il serait difficile de rien affirmer.

Depuis son arrivée au village de Kao-kia-tou, rien dans sa conduite ne prévint contre lui. C'était un homme de plus de cinquante ans, vivant en paix avec tout le monde, habitant une très modeste chaumière avec sa femme, aussi âgée que lui, son fils, sa belle fille et leur petit enfant.

Le P. André n'avait rien à lui reprocher, au contraire ; car le vieux catéchumène usait de sa petite influence pour augmenter autour de lui le nombre des adhérents. Eût-il connu ses antécédents vrais ou supposés, car il est bien difficile en Chine d'obtenir des témoignages indubitables, le missionnaire aurait-il tenu à l'égard de cet homme une conduite plus réservée ; pouvait-il refuser ses avances ? Que pouvons-nous donc exiger de ces malheureux ? Ils sortent tous du paganisme, tous ont un passé dont Dieu seul connaît les souillures ; il faut tirer le voile en pensant au bon larron.

Par malheur, à cette époque, le vent était à la persécution. Elle n'était pas officielle, car le souvenir de 1860 n'était pas encore effacé ; mais si les ordres de la capitale étaient un appel à la prudence, il ne s'agissait que d'une prudence de serpent, astucieuse et haineuse, vraie politique de bascule, si naturelle à la haine séculaire du paganisme, ne ressemblant en rien à la paix, ni au désarmement.

Dans le village de Tcheng-min-té, se signalaient par leur impudence trois hommes parfaitement unis pour profiter des circonstances aux dépens des chrétiens et à l'avantage de leur propre bourse. Leur position de maires et de lettrés les mettaient à l'abri des réclamations du menu peuple.

Le P. Biès, s. j., missionnaire à Koang-te-tcheou.

Leurs exactions ne se comptaient plus. Défaire et refaire fiançailles ou mariages était pour eux chose aussi facile que lucrative.

Depuis quelque temps, ils avaient, par tous les moyens, essayé de vendre une jeune femme catéchumène. Les acheteurs étaient prêts, mais les parents refusaient énergiquement l'infâme rôle de vendeurs. Ni le mari, ni le beau-père ne voulaient entendre parler d'arrangement. Ce fut l'occasion de tous les malheurs de Min-té ; voici comment :

Trouvant des résistances invincibles, les trois misérables s'imaginèrent que l'entremise d'un catéchumène faciliterait l'exécution de leur projet, puisque cette femme était elle-même catéchumène. Min-té connaissait la famille, son conseil avait chance d'être entendu.

Lieou-te-fou, le principal meneur de la bande, l'alla trouver et s'ouvrit à lui du cynique projet. Il lui montra avec adresse les avantages de sa médiation.

Les pourparlers se résumaient ainsi : « Sois des nôtres, tu n'es pas riche, nous partagerons les piastres promises par les païens qui veulent cette femme. Etant catéchumène et en bons rapports avec l'Européen, il te sera facile de te tenir à l'écart. Notre influence est grande et notre protection te sera désormais acquise. »

C'était bien tentant pour un pauvre Chinois qui ne pouvait ignorer à quoi l'exposerait un refus. Néanmoins, il ne se laissa pas séduire et repoussa énergiquement l'infâme proposition.

S'ouvrir ainsi à un homme d'un dessein odieux et essuyer un refus, n'est-ce pas se donner un témoin qui peut devenir un accusateur ?

Le trio fourvoyé comprit qu'il avait un dessous et il jura la perte du bonhomme.

Ne pouvant à l'amiable, s'il est permis d'user de ce terme, contraindre le père et le mari de la jeune femme à la rupture du mariage, Lieou et ses complices résolurent d'employer les grands moyens. En Chine, ces violences sont très communes. Ils rassemblent donc une bande de vauriens et quand la nuit fut tombée, la maison de l'infortuné petit ménage est cernée, forcée, envahie. La jeune femme est enlevée, son mari parvient à s'enfuir ; son père moins menacé resta pour la défendre. Il est emmené avec le petit enfant dans la maison d'un complice où ils sont liés comme dans une prison. Tous les moyens de persuasion sont encore tentés pour obtenir du vieillard un écrit attestant la rupture du mariage, mais ils échouent devant sa tenacité.

Le P. André, aussitôt informé de ces violences, accourt pour protéger de son crédit la famille catéchumène dont, à ce titre, il peut discuter les intérêts, car la religion n'est pas étrangère aux charges qui pèsent sur les ravisseurs. Les saintes images, en effet, déchirées et foulées aux pieds, gisent dans les débris au milieu de la maison vide. Le Père voit tout cela et arrive sans délai au lieu où les païens ont emprisonné les infortunés.

Son autorité était suffisamment redoutée encore pour qu'on eût à craindre ses accusations au tribunal.

L'entendant parler avec vigueur, les complices ont peur de ses menaces et l'orage est bientôt conjuré.

Mais la haine grandit, dans le cœur de ces païens vaincus, de toute la honte de leur défaite. Ils méditent une vengeance. Il était difficile de s'attaquer ouvertement à l'Européen, Tcheng-min-té fut naturellement désigné pour victime. Ils pensent que c'est lui qui a découvert le complot et averti le Père ; il est catéchumène, c'est à dire chrétien à leurs yeux ; le frapper, c'est frapper le missionnaire et la religion qu'il a tant à cœur, car cet exemple remplira d'effroi tous les autres chrétiens.

Pour des hommes tels que Lieou et ses amis, les chefs d'accusation étaient faciles à trouver pour perdre un vieillard sans crédit, mangeur (1) de la religion abhorrée.

Tout le monde savait la haine du général Fang contre le christianisme et sa puissance dans toute la contrée ; il s'agissait d'inventer un chef d'accusation ressortissant pleinement à sa juridiction. Tcheng-min-té fut accusé de révolte et signalé au *grand pacificateur* du pays comme chef des paysans de Tong-ngan, meneur de tous les désordres occasionnés par les refus continuels de rendre le tribut. Je passe sous silence les autres accusations secondaires, toutes calomnieuses.

Une seule eut pu avoir de la vraisemblance, c'eût été l'évocation des vieux dossiers du Hou-pé. On y pensa plus tard, pour légitimer un acte arbitraire.

Le général accepta avec empressement une si belle occasion de signaler son zèle. Il était là contre les révoltés, l'affaire lui revenait de droit.

A quelques jours de là, au milieu d'une nuit, les trois accusateurs, douze soldats du général et de nombreux vauriens faisaient l'assaut de la masure où dormait Min-té. Tout est mis à sac et le malheureux saisi, battu, garotté comme un brigand, est conduit à Kien-pin. Précieuse arrestation pour le général ; il allait, sous le couvert de la légalité, porter un coup funeste à la religion qu'il déteste et entrer ainsi dans les vues secrètes du vice-roi. Il donnait ainsi à son rôle un vernis de vraisemblance en exhibant un chef de révoltés. La stupide échauffourée du Tong-ngan, dont Min-té était éloigné de plus de dix lieues, où, sur les trois personnes tuées par les soldats imbéciles du sous-préfet, comptait une bonne femme chrétienne, avait pris dans la bouche des ennemis du nom chrétien des dimensions énormes. Le chef de l'*insurrection chrétienne* était pris... ne méritait-il pas la mort ?

(1) Cette dénomination insultante est très employée par les païens. Plus d'un, même, n'y voient pas malice et se feraient volontiers chrétiens à ce titre pour vivre aux frais du missionnaire. A ce prix, nos catéchumènes seraient innombrables.

Aussi, à peine est-il à genoux dans la grande salle du tribunal que Fang lui fait administrer une épouvantable bastonnade, le met à la torture et veut lui faire avouer, mais en vain, qu'il est coupable. Si la douleur lui eût ouvert la bouche pour avouer, toutes les calomnies retombaient sur la religion et le missionnaire. Son silence seul fut héroïque : il plaide bien haut pour ce pauvre Chinois dont nous ne faisons pas un martyr, mais dont il a parfois été parlé comme d'une sorte d'exploiteur ayant joué le P. André.

Au procès de Nan-kin, nous verrons un domestique et un catéchiste calomnier le P. Hoang, et ces aveux, arrachés contre la vérité par la torture, n'en seront pas moins précieusement recueillis et enregistrés comme pièce à conviction ; ils demeurent dans les procès-verbaux ; ils sont publiés dans les documents officiels ; tout le monde y croit.

Le P. André, à la nouvelle de cette arrestation, fait les instances les plus pressantes auprès du sous-préfet ; le P. Seckinger multiplie ses démarches auprès de toutes les autorités. On répond que le général dépend directement du *fou-tai*, gouverneur de Ngan-kin, et que lui seul peut rendre la dernière sentence.

Le fou-tai (yu-lo), qui avait à cette époque le pouvoir en mains, était un homme énergique et dont la justice était reconnue. Mais il avait, lui aussi, réponse facile. « Le général Fang se réclamait du vice-roi. »

Sur ces entrefaites, avec une certaine maladresse qu'il est assez facile de s'expliquer au milieu de troubles qui font perdre la tête à plus d'un catéchiste. la carte d'un Père absent est prise dans sa chambre et confiée à quatre chrétiens plus décidés que sages, plus présomptueux que lettrés, et les voilà députés en ambassadeurs auprès du général.

Un seul était capable de se présenter un peu convenablement devant des mandarins, encore devait-il conserver son calme. L'irritation n'allait-elle point lui faire perdre toute dignité ?

Fang était à Ning-ko-fou. Nos cavaliers arrivent au tribunal. Sans quitter l'étrier, ils franchissent, dit-on, la première porte. La carte qu'ils présentent atténue cette audace et ils sont admis.

Le général leur offre le thé et les places d'honneur, car il sait garder les formes dont il est fort rare qu'on se départisse dans les réceptions officielles.

Nos gens profitent de leur fortune pour parler sans contrainte et leur ton n'est pas timide.

Tous les griefs sont rappelés : l'audace des soldats à Kien-ping ; l'enfoncement des portes de la résidence de Tong-ngan ; le pillage de la maison de Ning-ko-fou, enfin, la captivité de Tcheng-min-té.

Ces paroles, ces façons cavalières, produisaient un effet déplorable.

Levant une séance qui ne pouvait durer, le général se serait, dit-on, écrié : « Eh bien ! j'accepte la lutte, dussé-je y sacrifier ma tête ; vous verrez ce qui arrivera ! »

Quand il apprit ensuite que ces envoyés n'étaient pas du tout les messagers du P. Seckinger : « Ils ont de la chance, dit-il, que j'aie été dans l'illusion ; j'aurais pu leur faire couper la tête. » Sa colère fut extrême. Il avait eu devant lui quatre paysans chinois assez osés pour lui reprocher en face ses criantes injustices. Quiconque connaît l'orgueil et l'omnipotence de ces grands hommes devant les petits peut comprendre l'inouï d'une pareille nouveauté. Le tour était joué, mais un vilain tour.

Plus tard, le général aurait dit, d'après une lettre du P. Debrix, 28 février 1877 : « Ce n'est pas moi qui ai tué Tcheng-min-té ; c'est le catéchiste Kieou (un des cavaliers) qui me l'a fait tuer ».

Ces paroles ne sont qu'une défaite, car, dit le P. Le Cornec, « à ce moment Min-té était déjà dépouillé de ses vêtements, revêtu de la camisole rouge, celle des condamnés à mort. La sotte visite ne fit que surseoir à l'exécution et changer le lieu du supplice ».

Traîné de Kien-ping à Ning-ko-fou ; de Ning-ko-fou à Kien-ping, l'accusé de révolte, sans forme de procès, eut la tête coupée. Plusieurs jours durant, on vit cette tête exposée comme celles des insignes malfaiteurs et, bien qu'habitués à ce vilain spectacle, les Chinois surent en tirer une morale qui ne multiplia ni n'encouragea les catéchumènes.

A cette nouvelle, le P. André fut accablé de douleur. Je cite le passage d'une de ses lettres, pour conserver à sa chère mémoire le témoignage des souffrances d'un apôtre et de sa foi, son seul point d'appui.

« Quelle patience il faut ! quelle abnégation ! quel désintéressement ! Si ce n'était pas pour Dieu que nous prenons tant de peine ; si ce n'était pas pour sa gloire, son amour et le salut des âmes ; si nous n'avions espoir qu'il nous tiendra compte, un jour, de tous nos travaux, de tous nos soucis, de tous nos ennuis, que nous serions à plaindre ! Mais nous le savons, *in cruce salus, in cruce vita*. C'est par ce signe de vie et de salut que nous avancerons et que nous triompherons de la méchanceté, des embûches et des ruses de tous ceux qui nous entourent ».

Il ne savait pas que, jusqu'après sa mort, la chaîne satanique des païens, au paroxysme de la fureur, viendrait s'assouvir sur son cercueil.

Au Ou-hou, au mois de mai 1891, quand la populace ameutée contre les missionnaires brûla leur résidence, sous les yeux des mandarins, les plus forcenés allèrent déterrer le cercueil du P. André, l'ouvrirent et firent subir à ses restes les plus hideuses ignominies. Il était mort saintement, au mois d'août 1890, après vingt ans d'apostolat.

XI

La religion du Saint-Homme

XI

LA RELIGION DU SAINT-HOMME (1)

Le district du P. Audrain comprenait une partie des villages qui se groupent à 30 li à la ronde autour de San-kia-pou, gros bourg situé sur le torrent, à mi route de Ning-ko-fou à Chœï-tong.

Là, comme presque partout, un grand mouvement religieux remplissait d'espérance le cœur du missionnaire qui ne pouvait suffire au travail.

Une maladie assez grave avait affaibli ses forces, et il ne fallait rien moins qu'une énergie héroïque pour ne pas succomber. Mais, là aussi, le courant de haine signalé vint bientôt se mettre à la traverse et troubler la paix si désirable en Chine pour l'apostolat.

Ce fut dans ce quartier, relativement voisin de Kien-ping, que se propagea le plus rapidement la religion du Saint-Homme dont il faut s'occuper un instant, car les succès d'un jour qu'elle obtint ne contribuèrent pas médiocrement à multiplier les ennemis des chrétiens.

Pour parvenir plus sûrement à étouffer les germes du christianisme et surtout satisfaire sa haine, le général Fang imagina une contre-religion et entreprit une propagande (2). Il faut avouer que, si sa religion ne

(1) Confucius.
(2) Il faut chercher plus haut l'idée de cette propagande païenne. Le délégué Fong, celui qui ira à la recherche du P. André, dit, au commencement du mois d'août, à Liéhou-lao-yé : « Savez-vous pourquoi le fan-tai (trésorier général de Nan-kin) a chargé le général Fang de l'explication du chen-jen-kiao? C'est parce qu'il y avait trop de chrétiens et trop d'hommes à embrasser le christianisme. Le fan-tai avait particulièrement recommandé l'explication des instructions où sont défendues les doctrines perverses. Il n'attendait pas un dénouement si tragique. » Nous retrouverons ce fan-tai à Nan-kin et sa haine avec lui, malheureusement.

signifiait pas grand'chose, il manœuvra avec une rare adresse. Avec une habileté diabolique, il choisit comme thème de ses prédications les *Ordres impériaux* de l'empereur Kang-hi, et spécialement, pour ne pas dire exclusivement, celle de ces instructions qui condamne les *doctrines perverses*. Il s'appliqua à démontrer que la religion catholique, cette secte étrangère et contraire à toutes les traditions chinoises, était la plus condamnable, la plus odieuse au regard des lois de l'Empire et la plus en opposition aux très saintes volontés des empereurs. Rien ne lui était plus facile que d'appuyer sa thèse; et les suffrages de tous les lettrés, de tous les mandarins lui étaient acquis d'avance. Voici pourquoi :

Les candidats aux examens sont tenus de connaître, et même de pouvoir écrire de mémoire, un passage des *Instructions impériales*, lesquelles sont l'œuvre de l'empereur Yong-Tcheng, successeur de Kang-hi ; il a expliqué les seize articles dont se composent les Ordres Impériaux. Ce double document est expliqué et commenté sous forme d'exhortation au peuple, le 1ᵉʳ et le 15ᵉ jour de chaque lune, par des lettrés, d'ordinaire des bacheliers, que désignent les mandarins locaux.

Cette pratique, ordonnée par Yong-Tcheng, en 1729, a été de nouveau recommandée par Kien-long, la première année de son règne (1736) et plusieurs fois encore dans la suite. Or, parmi les 16 articles de Kang-hi, il en est un qui a pour titre : *Réfuter les doctrines perverses pour accroître l'estime envers la vraie doctrine*. Le sens de cet article est vague, en réalité, mais il a été précisé haineusement par Yong-Tcheng dans les *Instructions*, où se trouve cette phrase : *La religion européenne qui honore le maître du Ciel* (Dieu) *n'est pas orthodoxe non plus*. (1)

Nous sommes donc en face d'une protestation impériale qui, aux yeux des mandarins, des lettrés et du peuple, est l'expression suprême de la vérité religieuse, une profession de foi nationale.

Que peuvent contre cette prédication officielle, vrai *delenda Carthago*, qui se répète à la fois dans toutes les villes de l'empire, deux fois par mois, au nom de l'empereur ; que valent tous les articles des traités, toutes les proclamations volantes imprimées pour donner satisfaction aux étrangers ? N'est-il pas regrettable que, par oubli ou par faiblesse, on n'ait pas, alors que la force au service du droit s'imposait, exigé, en résumant les articles de nos conventions internationales, la suppression de cette odieuse explication d'un persécuteur.

Etait-ce possible ? La radiation exorbitante d'un texte équivalemment sacré eût-elle rien changé aux immuables entêtements de la tradition ? Quoi qu'il en soit, tout lettré, tout bachelier, tout mandarin est pour long-

(1) *La pratique des Examens littéraires*, p. 45 (Variétés sinologiques).

temps armé contre nous. En affichant une nouvelle proclamation protectrice, la plus favorable, toujours, en tout lieu, n'importe quel lettré ou mandarin pourra dogmatiser sur les 16 articles, et amplifier à sa fantaisie sur l'instruction de Yong-Tcheng ; personne ne pourra lui dire : « Taisez-vous ! »

Le peuple, qui n'est pas toujours dupe, se dira en voyant la plus belle proclamation, comme les Européens en obtiennent quelquefois : « Notre empereur aime la paix », ou bien : « Notre mandarin aime l'argent, car ces papiers-là coûtent cher aux diables d'Occident ». Là se bornera toute sa conviction, absolument renseigné qu'il est sur l'estime dont l'autorité entoure le catholicisme.

Après ces explications, il est facile de comprendre combien le général Fang pouvait se donner franche allure.

Mais il ne suffisait pas d'éloigner des missionnaires, il fallait grouper leurs ennemis.

Après avoir déchiré la pancarte chrétienne au foyer des timides, il fallait y coller une pancarte nouvelle. Le général établit donc le *Chen-jen-Kiao* ou la religion du Saint-Homme, pour l'opposer au Tien-tchou-Kiao, religion du maître du Ciel.

Quel est ce saint homme ? — C'est Confucius.

En cela, rien de bien nouveau, car ce grand homme, dont la grandeur posthume est incontestable en Chine, a sa pagode dans toutes les villes.

On fit écrire des pancartes aux énormes dimensions pour être affichées et substituées à nos images.

On lisait sur ces feuilles l'inscription traditionnelle : *Tien-ti-kiun-che-tsin* (Ciel, terre, empereur, maîtres, parents). Il y ajouta les quatre caractères *Cheng-jen-chen-wei* (siège de l'esprit du Saint-Homme).

La contre-religion était achevée : le Chinois, pour le dogme et la morale, préfère que ce soit court.

Trop grand homme pour se faire prédicant vulgaire, Fang avait enrégimenté un certain nombre de demi-lettrés. Il les envoyait faire l'opinion. Il dressait aussi des colporteurs de pancartes, éduqués jusqu'à en commenter la signification si nationale, mais priés de ne pas oublier son origine, je veux dire le nom quelque peu redouté de son auteur *Fang-tong-lin*. Il faut dire que presque partout les portes s'ouvraient d'elles-mêmes et l'accueil, chez beaucoup de catéchumènes timides, fut, hélas, très favorable. Les catéchumènes d'hier ne sont pas tous les martyrs de demain !

Encore mieux : pour vaincre toutes les hésitations, les noms des adeptes étaient solennellement inscrits sur un registre qui devait revenir aux mains du général, grand pontife nouveau, mais pontife armé dont la protection solennellement assurée faisait tourner les têtes. On ajoutait même tout bas : « Si tu refuses, tu connaîtras sa colère. »

En réalité, les païens s'inscrivaient en masse, les catéchumènes apostasiaient en nombre et les chrétiens tremblaient.

Le notable Ho-tchou (1), qui doit jouer un rôle infâme dans cette histoire, se signalait entre tous les propagateurs les plus ardents du Cheng-jen-Kiao. On le rencontrait partout à la suite du sous-préfet de Kien-ping. Il avait l'infernal talent de faire croire au peuple que toute cette manœuvre était inspirée par le gouvernement.

Le 12 mai 1876, le P. Hoang écrivait au P. Seckinger :

« Ici, nous allions très bien, malgré la faiblesse du mandarin et la multiplicité des rumeurs causées par les affaires de Ning-ko-fou, jusqu'à l'époque de la visite aimable que m'a faite le sous-préfet, en passant à Loutsen pour aller expliquer le Cheng-jen-Kiao à Ta-yang-tsen.

» Le grand notable du Ho-nan (Ho-tchou) et ses adhérents haut placés rédigèrent une conjuration. Le vrai but était de lutter contre nous et les progrès du christianisme ; mais on fit croire au mandarin que ce n'était qu'une association pacifique pour la protection des grands arbres des montagnes ; les Houpenois les abattaient encore partout.

» Après avoir écrit la fameuse inscription, on faisait des dîners, on distribuait des signaux, on imaginait des conventions. Les caporaux, moins prudents, répandaient les rumeurs les plus extravagantes.

» Par exemple : les inscrits auront le droit de posséder des armes, de n'être plus chassés de Kien-ping, d'avoir la protection du mandarin, même s'ils tuent des chrétiens, et ils recevront, en signe d'affiliation, le tableau signé du sceau du sous-préfet.

» Celui-ci, *pauvre* (textuel) comme il est, laissait faire et même, au dîner que j'ai offert en son honneur, j'ai expliqué en toute liberté, en présence des notables, tout le fil et le but du complot ; mais il ne croyait pas à mes paroles, malgré toute son inclination pour notre religion.

» En soi-même, cette pancarte ne signifie rien, comme toutes les bêtises des païens. Mais l'importance qu'on lui donne, sa source, comme prescrite par le mandarin et le général Fang, son mode de distribution par les notables et gardes-champêtres, la fait passer pour une affaire gouvernementale. L'intention de s'en faire une arme contre nous mérite d'être prise en considération ; les conséquences en sont graves.

» L'apostasie de plusieurs familles ; la crainte des cathéchumènes ; l'impossibilité de convertir ceux qui ont accepté la pancarte diabolique ; la mauvaise opinion qu'on a de notre religion proscrite par l'Etat, comme une

(1) Ho-kiu vulgairement.

Mandarin civil.

société secrète ; l'autorisation de la calomnie et des vexations contre les chrétiens ; la *vilité* (textuel) des missionnaires, gens réprouvés ; l'impossibilité d'obtenir justice du sous-préfet circonvenu, tout cela nous menace, non plus dans l'avenir, mais dans le présent. »

Dans cette lettre, qu'on ne croirait point écrite par un Chinois, le Père décrit encore quelques actes de violence dont les persécuteurs se sont rendus coupables et soumet ses idées pour tenter une défense efficace. Nous verrons ce qui arrivera dans un mois.

En résumé, toutes ces menées, si astucieusement conduites, sous une forme à peu près correcte, jetaient les missionnaires dans le plus grave embarras. Chaque jour multipliait les défections et faisait monter le flot des colères païennes.

Un jour, le P. Audrain apprend que telle famille catéchumène refuse de répondre aux sollicitations des colporteurs de pancartes et que la violence a été employée pour suppléer la persuasion. Devra-t-il se taire ? Mais à qui parler ? Quel mandarin lui rendra justice ?

Un autre jour, il est informé que plusieurs cantons se liguaient contre nous. Quarante chefs de famille s'étaient réunis pour *boire le vin* et se jurer alliance dans une guerre sans merci à nos catéchumènes.

En Chine, *boire le vin* est une manière officielle de se donner mutuellement parole et de s'engager à ciel ouvert. Pour qui connaît les Chinois, ces dehors terribles ne sont pas toujours si gros de conséquences. Faciles à exciter, prompts à s'oublier dans une heure de délire, dans la houle d'une émeute, leur *folie en commun* fait bientôt place à l'indifférence. Ils y sont invités par la nécessité de penser à eux-mêmes ; le souci de leur propre bien l'emporte sur le désir du mal d'autrui.

Les missionnaires et les chrétiens traversaient donc une crise.

Les affidés se portaient dans tous les villages, réclamaient de l'argent pour les comédies, pour les pagodes, sachant que les mandarins, d'après un article des traités, ne pouvaient exiger le concours des catéchumènes pour ces dépenses superstitieuses.

Ces tracasseries se renouvelaient sans cesse ; et les refus étaient d'autant plus impopulaires que toutes ces coutumes se rattachent plus intimement au cœur de la vie chinoise, dont les actes religieux et sociaux sont comme inséparables.

De Koang-te, le P. Biès écrivait : « Nous ne sommes plus aujourd'hui dans les conditions d'autrefois ; alors, seuls les pen-ti étaient contre nous : aujourd'hui, la plupart des ké-min (immigrants) sont nos ennemis. »

Ces Houpenois et autres nouveaux venus, ayant beaucoup augmenté, pouvaient se grouper et se soutenir en dehors des missionnaires et de leurs chrétiens ; ensuite, la loi évangélique, un peu plus connue, leur parut d'une observation difficile ; le prestige des missionnaires, violemment attaqués, pâlissait ; enfin, le vieux levain des préjugés originels, le démon aidant, finissait par faire aigrir la masse païenne.

Résumons l'attitude des pères : ils luttaient.

Informés, réinformés, visités, suppliés de vive voix et par écrit, menacés parfois d'en référer en haut lieu, les mandarins, toujours à moitié corrects, répondaient à tout, le sourire sur les lèvres, par l'équivalent chinois de ces paroles calmantes ou du moins calmes : « Mes bons pères, soyez donc sans inquiétude ; ne prêtez pas l'oreille à ces bruits alarmants ; ils ne reposent sur aucun fondement sérieux. Et puis, d'ailleurs, nous sommes là. »

« Chaque missionnaire, écrivait le P. Audrain, tenait bravement son poste, courant çà et là pour rétablir l'ordre à la première nouvelle d'une coalition, soutenant, par sa présence et son énergique attitude, chrétiens et catéchumènes, tentés de se démoraliser. »

Le P. Hoang était près de Kien-ping, au centre du foyer d'insurrection. Il ne pouvait pas fuir, il ne pouvait pas céder ; on ne peut non plus louvoyer toujours. Il fallait batailler.

L'incendie et le pillage finirent par un triomphe ; mais on ne lui pardonna point ses victoires.

Sa nature loyale, ardente, peu timide, ne le portait pas aux capitulations. Vigilant pasteur, il demeurait trop près des loups. Ho-tchou, Fang-ton-lin et les autres ne cessaient de fourrager dans son bercail. Nous verrons bientôt comment il paya en bloc ses gains apostoliques.

XII

Un contre trois

XII

UN CONTRE TROIS

Nous avons laissé les Pères de Ning-ko-fou dans les combinaisons de la procédure, il sera intéressant de suivre maintenant le P. Seckinger dans le fort de la bataille.

Sans s'abandonner encore à la plénitude de la confiance, il écrivait au R. P. Supérieur : « Le boulet rouge que j'ai tiré a fait sortir le préfet de sa retraite simulée ; il est venu hier nous faire ses *excuses* et *demander grâce*. Il promet de tout arranger. »

Le boulet rouge n'était autre chose que la note de 4,000 piastres sur laquelle nous laissions méditer le destinataire à la fin du chapitre huitième.

Il est probable que cette simple addition toucha plus vivement le mandarin que les cartes de visite. Mais les excuses et les humbles promesses n'étaient pas encore une quittance. « Quand on veut sauter bien haut, dit un moraliste chinois, il faut auparavant se baisser et se replier. » Ce conseil est instinctivement mis en pratique par beaucoup de diplomates dans l'Empire du Milieu. Il était question de procurer un terrain vaste et agréablement situé, mais les mandarins n'étaient pas eux-mêmes d'accord. Un terrain, outre les prétentions des propriétaires, ne suffisait pas ; passerait-on sous silence le détail des objets perdus ? Et la réparation morale ? Et les nombreuses affaires pendantes des districts. Les Pères songeaient bien à profiter de l'occasion pour tout régler en bloc.

Honteux en réalité de la conduite de cette jeunesse aristocratique dont les procédés inqualifiables étaient un déshonneur pour la littérature, les mandarins comprenaient qu'une réparation ne pouvait se refuser. Le P. Seckinger attendait le moment favorable pour lancer son ultimatum.

Toutes ces graves questions ne se présentaient pas sous le même jour, dans les couloirs administratifs et sous les hangars de la pagode.

Les trois missionnaires avaient minutieusement discuté et pesé la rédaction d'un inventaire. Depuis l'immeuble jusqu'aux écrits du P. Ma, selon la plus judicieuse évaluation, les dommages montaient à 4,225 piastres. C'était le boulet fameux auquel le préfet avait été sensible.

Deux mille piastres pour les seuls travaux sinologiques du Père missionnaire ne semblent pas exagérés. Ses ouvrages étaient non seulement une perte, mais une perte irréparable. Il y avait consacré toute sa vie, et pour les mener à bonne fin, il avait, durant plusieurs années, employé des secrétaires dont l'entretien se calcule.

Pendant que ses compagnons vaquaient aux devoirs du saint ministère, le P. Seckinger gardait la faction, dictant des lettres, donnant des directions, répondant aux officieux du tribunal, prenant patience avec les visiteurs importuns qui fourmillent, allant parfois se montrer dans les rues, comme à Kien-ping, écrivant enfin un peu partout pour donner des nouvelles et réclamer des prières.

« La huitaine qui s'ouvre, mandait-il, va être rude, je le prévois, les discussions seront chaudes et animées. »

Ces grandes luttes l'électrisaient. Il sentait que le drapeau de Dieu était entre ses mains, et le bon soldat du Christ avait autant de confiance en sa cause que d'amour pour elle.

Dans ces circonstances, qui l'a connu se le rappelle. Il priait, il épanchait son âme, il faisait des vœux, il s'humiliait, il s'encourageait et encourageait tout le monde; c'était la force et l'adresse dans un cœur d'apôtre.

Mais il serait trop long de le suivre jour par jour. Après plusieurs semaines de pourparlers indéfinis, il écrivait:

« Résumons le cours de nos négociations.

» Dès le début, j'ai insisté pour la publication d'une proclamation dans les six sous-préfectures, émanant du préfet lui-même, pour la punition des coupables et pour l'indemnité. J'ai appuyé sur l'achat d'un terrain dont on percevait le prix sur l'indemnité.

» Le bon délégué n'a d'abord presque pas osé parler et s'est montré mécontent de ce qu'il appellait « ma précipitation. »

» Les proclamations, sauf ici, n'ont été publiées nulle part encore, et les meilleurs terrains nous ont échappé grâce à l'incomparable inertie de cet homme et à celle du mandarin.

» Au bout de trois semaines, on n'était pas plus avancé qu'au début.

» Pour preuve de bonne volonté, j'ai consenti à revenir sur un terrain

Mandarin militaire.

que j'avais refusé précédemment, à cause de son isolement. Je l'estime 1,000 piastres au maximum, supposé que les mandarins en fissent l'achat, car pour nous, à n'importe quel prix, nous ne pourrions compter en acquérir un semblable.

» Aux différentes entrevues, chaque fois que j'ai voulu reprendre la question des proclamations dans les six sous-préfectures et parler de l'indemnité, chaque fois on a blâmé mon trop de précipitation. Il fallait d'abord, disait-on, vider la question du terrain.

» Pour l'indemnité, cependant, le délégué, à trois entrevues, m'a tellement prié et supplié de diminuer mon chiffre que, peu à peu, j'ai descendu jusqu'à 3,000 piastres, mais répétant toujours et catégoriquement que les piastres que je cédais devaient passer dans l'achat du terrain ; ma concession n'était donc pas absolue, mais conditionnelle.

» Il y a quatre jours, le délégué, ramené malgré lui sur la question de l'indemnité, quoique blâmant toujours ma précipitation importune, me dit : « Vous m'avez déjà fait grâce de tout ; mais 3,000 piastres c'est une somme énorme ; c'est impossible. On vous donnera le terrain net et ce sera tout. »

» Comme je le remerciais, et lui disais à mon tour que j'avais déjà beaucoup trop cédé pour le terrain, que j'exigeais en outre les 3,000 piastres, il se récria, disant que précédemment j'avais fait une promesse absolue et nullement conditionnelle.

» Malgré l'évidence de sa fourberie, il voulut la soutenir. Je me récriai de toutes mes forces.

» Alors le délégué se fâchant dit :

« Eh bien, ou le père aura le terrain avec 500 piastres en plus, ou il aura 3,000 piastres sans le terrain. »

» Je fis alors l'étonné, disant qu'il me semblait fort drôle que le délégué eut une manière de traiter si différente de ses confrères de Ngan-king, puisque ceux-ci offraient de nous indemniser en versant 2,000 piastres et de donner en plus un terrain pour les ouvrages volés au missionnaire. J'ajoutai que, puisqu'il s'agissait d'ultimatum, eh bien, que moi aussi je donnais le mien : « Ou bien, dis-je, vous me donnerez le terrain et 2,500 piastres en plus, ou bien 3,500 piastres sans terrain. Si je cède ainsi, c'est le dernier gage de ma bonne volonté vis-à-vis des mandarins. » Peu après la séance fut levée.

» Les jours suivants, j'appris qu'on se remuait beaucoup au tribunal pour conclure l'acquisition du terrain et régler son mesurage.

9 avril.

» Ce matin, je suis invité à aller *vite* faire l'acceptation du terrain.

Bonne nouvelle, donc ! mais tout doux ! A mon tour, Messieurs, de n'être pas si pressé. Et les proclamations ! Et les affaires pendantes ! Et l'indemnité ! Il faut que tout aille de front avec ensemble.

» Je demande au délégué une entrevue, bien que parapluie rouge, chaises, et toutes sortes de gens se tiennent là, tout empressés d'aller me livrer solennellement le terrain.

» Sont-ils donc gracieux, me disais-je, aujourd'hui ! Ah ! je le vois, on avait réuni toute cette pompe pour me conduire à fixer définitivement les limites du terrain et finalement me mettre dans le sac ; car, après tout cet apparat, comment aurais-je pu rétrograder ?

» Mais entrons chez le délégué.

» — Ah ! ah ! si le Père savait combien je me fatigue !... Enfin, j'ai réussi, nous allons donc lui livrer le terrain.

» — Bien, très bien, grand homme ; mais l'indemnité, s'il vous plaît, et les autres questions accessoires ?

» — Mais, comme il a été convenu il y a quatre jours !

» — Combien donc ?

» — Ne sommes-nous pas convenus à 500 piastres ?

» — Merci, grand homme, gardez vos piastres et votre terrain ; rendez-moi nos objets perdus ; je ne vous demande pas une sapèque de plus.

» Pressé de dire mon dernier mot et d'accorder une nouvelle diminution, je l'ai fait, assurant bien que, cette fois-ci, ce serait certainement mon dernier mot, car j'avais hâte d'en finir d'une façon ou de l'autre.

» — Vous donnerez, lui dis-je, le terrain pour les ouvrages perdus et 2,000 piastres d'indemnité pour le reste.

» Je savais qu'à Ngan-king on proposait cet arrangement. Le pauvre délégué fut aux abois.

« Les affaires ne s'arrangeront point, dit-il ; je vais perdre la face ; les mandarins n'acceptent pas ; ils sont prêts à se défendre devant le tche-tai (vice-roi) et l'empereur même. »

» Pour moi, n'ayant plus rien à faire, je bois le thé à sa santé, salue tout le cortège venu pour me livrer pompeusement le terrain et rentre à ma pagode, bénissant saint Joseph de m'avoir fait éviter le piège.

» Sur le soir, le délégué revient. *Sed quantum mutatus ab illo.* Au lieu d'être menaçant, le voilà devenu doux, obséquieux... Il voulait une nouvelle diminution !

» Je le laissai parler à son aise, puis, quand il en eut assez dit, je lui expliquai très tranquillement, très brièvement, que je maintenais mon chiffre, le dernier des derniers mots. Mais je l'avertis qu'il ne tardât pas trop à y réfléchir, car je tenais à avoir sa réponse *ce soir* même ; sinon, je partirais le lendemain.

» J'envoyai dire la même chose au préfet. Celui-ci effrayé fait appeler le sous-préfet. Le sous-préfet, au milieu de la nuit, m'envoie supplier de ne pas partir avant qu'il ait pu venir m'entretenir.

» Le lendemain, en effet, il accourut le matin de bonne heure. Il commença par me rappeler son ancienne amitié, puis reprit aussitôt l'antienne du jour.

» Sur mes excuses, il partit rendre visite au préfet, me promettant sa réponse dans l'après-midi. A midi, ce sont des subalternes qui arrivent, et c'est pour répéter les mêmes supplications. Alors, pour toute réponse, je fis porter une partie de mes bagages sur la barque retenue la veille. A cinq heures, le délégué est député pour nous sonder encore et, comme je l'ai su d'ailleurs, pour conclure dans le cas où nous céderions 200 piastres.

» Ses prières furent encore plus touchantes que la veille. Elles ne trouvèrent malheureusement aucun écho dans mon cœur.

» Pourtant, dis-je au P. Le Cornec, faudrait-il manquer notre coup et assumer les responsabilités d'un échec pour quelques piastres ? Essayons et faisons une dernière gracieuseté. »

» Sur l'assentiment du Père, je dis au délégué : « Je maintiens fixe la somme de 2,000 piastres, mais, comme marque de notre bonne volonté, nous prenons 200 piastres sur cette somme et nous vous les offrons en cadeau à vous et au sous-préfet. » Aussitôt, sans dire un mot de l'autorisation qu'il avait reçue, le délégué accepte avec empressement, se réjouit d'avoir abouti et nous félicite.

» Nous terminons les formalités au sujet du terrain. Notre homme paraît enchanté, et promet le billet de banque pour le lendemain matin ; on devait en même temps nous inviter pour nous livrer le terrain. Aussitôt son départ, le P. Le Cornec et moi, dans le sentiment bien légitime de notre joie, nous récitâmes un bon *Te Deum*.

» Le lendemain, onze heures sonnent et le billet n'est pas encore venu ! personne n'apparaît. J'envoie à la découverte. Bientôt, j'ai la double nouvelle que le préfet a retiré sa parole ; en outre, il refuse au sous-préfet de répondre pour le paiement, exigeant que celui-ci payât à lui seul. Le sous-préfet refusa. Je lançai alors mes gens dans tous les tribunaux, voulant une réponse définitive. Tous étaient en conciliabule chez le préfet qui promit la réponse dans un quart d'heure.

» A cinq heures, elle se faisait encore attendre.

» Alors je refis porter nos bagages sur la barque. A la deuxième veille de la nuit, le délégué fit venir mes gens, leur parla longuement, puis, pre-

Résidence de mandarin.

nant trois billets de 500 piastres, il veut les leur faire accepter. Mais ils s'en gardèrent bien, comme ils en avaient l'ordre de ma part; et le lendemain matin je me mis en route pour Tchen-kiang. »

Maintenant, une lettre du P. Le Cornec va nous apprendre l'issue de cette longue et chaude bataille :

« Le mercredi de la semaine sainte, nous quittons la pagode de Ning-ko-fou, l'un pour prendre la route de Tchen-kiang, l'autre pour retourner à Chœï-tong.

» Les négociations étaient rompues, il fallait se résoudre à réclamer plus haut une justice qu'on nous refusait. Ici, le P. Ma restait seul pour garder la position.

» Le jeudi soir, à une heure après minuit, le P. Chen-eul vient frapper à ma porte ; c'est une lettre pressée venant de Ning-ko-fou ; elle est du P. Ma et annonce que le jeudi après midi, le sous-préfet est venu à la pagode. Il a dit au Père que le délégué et lui se chargeaient d'ajouter 300 piastres aux 1500 accordées par le préfet et de compléter ainsi la somme demandée. Le tout était payable en quatre termes. J'ai répondu sur le champ que, pour ces 300 dernières piastres, je n'acceptais ni cette manière de dire, ni cette manière de faire, que c'était au préfet à nous les donner et non au délégué, mais qu'à part cela, si toutes nos autres conditions étaient acceptées, je ne voyais pas de difficulté. Devant passer la fête de Pâques à Ta-li-tsen, je ne pus que le soir reprendre la route de Ningko-fou. En chemin, je rencontrai le domestique du P. Ma. Encore une lettre ! Elle annonce que le terrain a été mesuré le jour même et qu'il contient 29 mous (1) ; que le dîner de réconciliation est fixé pour le lendemain à trois heures du soir et que l'on m'attend pour cette joyeuse fête. Je continue donc ma route, le cœur partagé entre la jouissance d'une paix longtemps désirée et l'appréhension d'un grand dîner mandarinal. J'arrive à notre pagode, attache ma bête selon l'usage dans les galeries de la comédie et vais saluer le P. Ma au salon des étrangers. J'apprends alors que, pour les 300 piastres ajoutées, il avait fallu simplement dire qu'elles venaient du délégué pour sauver la *face* du préfet, le vieux ayant juré de n'en donner que 1,500, et qu'on avait passé par dessus le mensonge.

» Le lendemain, après le déjeuner, le secrétaire du délégué se présente. Il apporte la pièce d'achat du terrain avec toutes les signatures et les sceaux ordinaires, mais le prix marqué se trouve être 2,000 piastres. Or, une des conditions posées par le P. Seckinger était que ce prix ne devait pas dépasser 1,500 piastres. Je rends donc la pièce en disant : « Si le délé-

(1) Deux hectares.

gué accepte les conditions posées par le P. Seckinger, je puis répondre; sinon je ne puis pas traiter, n'ayant aucune mission pour cela. »

» La figure de notre secrétaire s'allonge, mais il n'a rien à dire et il remporte la pièce. Vers midi, il était de retour, m'apportant une pièce identique avec les signatures et les sceaux, mais le prix marqué était devenu 1,500 piastres. J'accepte cette fois en remerciant le délégué et son homme de la peine qu'ils se sont donnée.

» A deux heures, visite du sous-préfet. A quatre heures, sa chaise vient me prendre et me conduit à une pagode au sud de la ville. J'y rencontre le délégué et le sous-préfet; cinq minutes après, le préfet arrive. J'avais apporté quelques petites bouteilles de liqueur. Le vin bleu et le vin rose ont eu du succès.

» Le mardi, vers midi, j'allai faire la visite d'adieu. Le préfet n'était pas encore levé. Quelques minutes auparavant, il avait refusé de voir le délégué venu également pour le saluer. Il s'est montré plus aimable à notre égard; nous a fait entrer un moment dans la salle de réception, puis est venu en personne recevoir nos félicitations. Il connaît assez bien les sciences et les médecines européennes (1). Il nous a demandé si nous avions des pilules contre l'opium, nous a fait l'éloge du vin rouge que nous lui avions envoyé, nous a promis des satellites pour les prochains examens, et nous a dit avoir envoyé à ses six sous-préfets les proclamations à publier en notre faveur.

» Ainsi se terminait à notre avantage une rude bataille, dont l'honneur revient au vaillant et infatigable P. Seckinger. Il avait su avec adresse allier l'énergie et la condescendance pour vaincre des ennemis redoutables.

» Dieu voulait nous procurer un bel établissement dans cette ville importante, appelée à devenir en quelques années le centre d'une florissante partie du Ngan-hœï. »

D'ailleurs, le P. Seckinger avait la théorie des terrains et ne laissait jamais échapper une occasion un peu favorable pour la mettre en pratique; et la pratique c'était, après un choix heureux, une acquisition en due forme.

Dans les sept articles qui doivent cimenter la paix, après la victoire Kieng-ping, nous en trouvons deux où il est question d'immeubles : le second article, qui stipule la légalisation de l'achat de quatre terrains ou maisons, et le quatrième article où le mandarin s'engage à acquérir pour nous le terrain qui sépare de la rue la maison qui avait été pillée. C'est à lui qu'on doit la position exceptionnelle qu'occupe la résidence à Ou-hou.

(1) De nom, et c'est déjà quelque chose.

Mais quand il pouvait, comme à Ning-ko-fou, faire des mandarins, qu'on me pardonne l'expression, ses *fournisseurs* de terrain, sa joie était au comble. La plupart du temps ce sont eux qui, en dessous, nous font le plus opposition, quand nous voulons nous implanter dans une ville ; leur entremise forcée est donc d'excellente guerre ; les contrats sont par le fait inattaquables ; les répugnances des vendeurs tombent devant leur impérieux désir et le petit peuple pense que nous sommes tout puissants.

XIII

Les histoires merveilleuses de queues coupées
et de petits hommes de papier

XIII

LES HISTOIRES MERVEILLEUSES DE QUEUES COUPÉES
ET DE PETITS HOMMES DE PAPIER

Il serait probablement difficile de trouver dans les œuvres des Chinois un livre exposant avec ordre, logique et clarté un corps de doctrine résumé de leur théogonie. Les travaux de ce genre ne répondent pas à leur génie littéraire. Les missionnaires ont mis avec plus de succès leur esprit philosophique au service de la science, pour coordonner didactiquement les légendes éparses dans les ouvrages classiques. Les savants d'Europe se sont parfois enthousiasmés pour ces fables d'origine indienne ou pour les sentences stériles du *grand* Confucius. En somme, la religion des lettrés, qui, officiellement, ne sont ni boudhistes ni toïstes, se résume au culte très sec et très restreint de ce dernier. S'ils croient aux superstitions populaires dont ils doivent s'acquitter dans les pagodes, c'est par un reste d'éducation païenne. La plupart sont les parvenus de la littérature ; ils gardent les préjugés de leur enfance et de leur naissance très humble.

La religion du peuple, telle que le peuple la comprend et la pratique, est un chaos informe de superstitions ridicules dont personne n'aura jamais la clef. Chaque région a les siennes ; on pourrait dire chaque famille. Les nommer traditions serait leur faire trop d'honneur. Quelques rites grossiers et grotesques semblent à peu près généraux ; ils ont pour mobile une routine fort inintelligente. Le Chinois ne paraît croire à rien, si ce n'est aux influences néfastes des mauvais esprits. Tout se résume à apaiser leur colère. Il n'est pas question dans le peuple de bons génies protecteurs *capables d'inspirer l'amour.*

Il faudrait donc des volumes infinis pour décrire toutes les superstitions que pratique et qu'invente la crédulité. Cette compilation indigeste inspirerait une profonde pitié et les enfants croiraient souvent lire les contes les plus drôlatiques. La sécheresse si fatale à la culture du riz fournit à elle seule plus d'exemples que tout le reste.

En 1892, la sécheresse désolait la contrée. Les habitants demandent au mandarin de Nin-ko-hien une procession. Celui-ci ne pouvait s'y refuser. Ils se rendent au bord d'un étang infect. Le bonze qui officiait y enfonce une bouteille, qui, l'ouverture au dehors, devait néanmoins se remplir toute seule. On brûle de l'encens, des papiers ; le tam tam fait un charivari infernal. La bouteille est retirée pleine ! miracle facile à expliquer par l'escamotage de la bouteille vide et sa substitution. On entoure cette précieuse bouteille d'étoffe rouge. Le bonze la présente au mandarin qui la reçoit avec le cérémonial solennel de l'adoration à deux genoux. La procession s'achemine vers la pagode principale pour y déposer l'eau merveilleuse qui doit enfanter la pluie. En revenant, il pleuvait si bien que le grand homme n'ayant pas de parapluie se réfugia à la résidence du missionnaire. Cette coïncidence n'ôte rien de son grotesque à la cérémonie ; mais pour le bon peuple, elle ne put qu'être un puissant « confirmateur ». Un village voisin que la pluie d'orage n'avait pas favorisé apprit le fait. Aussitôt les habitants accoururent. Ils apprirent que le mandarin avait présidé la cérémonie en habits de gala, quand la coutume exige qu'il soit nu-tête, sans parasol rouge, et chaussé de vulgaires semelles de pailles ; ils apprirent que l'eau miraculeuse avait été versée dans le torrent ; on aurait dû attendre. La troupe irritée courut au tribunal, insulta, menaça le sous-préfet qui fut obligé de sortir et de prendre des mesures énergiques pour apaiser la sédition.

Ailleurs, ce sont des grenouilles qu'on porte en procession, devant lesquelles on se prosterne à deux genoux, qu'on honore comme des divinités avec force bâtons d'encens, pétards et musique. Elles sont déposées à la porte du sud qu'on ferme ensuite.

En ce pays, le plus superstitieux de la terre, et non pas le plus religieux, les cérémonies païennes président à tous les actes de la vie. Le merveilleux explique tout ce que l'ignorance couvre de ses ténèbres. Les bonzes savent très bien exploiter cette mine ; ils ne sont pas les seuls. Pour mieux arriver à leurs fins, les agents de certaines sociétés secrètes soulèvent le peuple en répandant des rumeurs étranges qui frappent les esprits. Les ennemis du christianisme accusent les chrétiens de maléfices et tout le monde se tourne contre eux. Ils sont déjà très impopulaires, puisque leur loi, loin de renverser l'ordre de l'Empire, en bouleverse toute l'économie basée en partie sur la superstition.

Il n'est donc pas sans intérêt de rappeler les faits extraordinaires qui se passaient à Nan-kin, quelques mois avant les troubles du Ning-ko ; car le moment viendra où les mêmes accusations fatales s'y répèteront partout comme un écho ; et les missionnaires avec leurs chrétiens passeront pour les sorciers maudits qui sont le fléau du peuple.

Nous empruntons ces détails à une lettre du P. Ravary, en résidence à Nan-kin, témoin autorisé et fort impartial. Il écrivait le 1er avril 1876 :

« En ce moment, la ville de Nan-kin est en proie à une agitation assez violente.

» Depuis près d'une année, on reconstruit hors de la porte du sud un pont jadis détruit par les rebelles. Un pont en ces pays, et surtout en cette ville si superstitieuse, doit avoir des pilotis d'un genre bien curieux. Pour soutenir la masse en pierre, il faut un certain nombre d'âmes, ni plus ni moins. Pour avoir ces âmes, il faut faire mourir des vivants. Le génie tutélaire ne peut répondre de la solidité de la construction, s'il n'a pas à sa disposition cent ou cent cinquante âmes de petits garçons de la ville. De là, panique dans les familles. La peur est exploitée et peut-être causée par les bonzes et tous les charlatans du pays. (Peut-être aussi, les entrepreneurs, ayant trop fait d'économies pour gagner le double, voulaient-ils expliquer par des fables le vice de leur construction).

» Grand fut mon étonnement, quand, au mois de novembre dernier, je vis à notre école externe plus de la moitié de nos élèves païens portant sur leur calotte ou sur le dos un petit morceau de toile rouge attaché par des fils noirs. L'explication m'en fut aussitôt donnée. Bonzes et compères avaient inventé un chiffon protecteur. Ils le vendaient seulement de 15 à 20 sapèques. Sa vertu était infaillible ; quiconque le portait serait épargné et ne servirait point aux assises du pont neuf. Tout le monde se les arrachait, bien entendu, et les bonzes faisaient fortune. Traversant les quartier de la ville, je vis que tous les enfants, à peu d'exceptions près, portaient le talisman. Des caractères étaient écrits sur la toile rouge. La traduction n'est pas chose facile et les plus habiles lettrés ne sont pas d'accord. Le sens le plus vraisemblable est celui-ci : *Que le diable de pierre appelle le bonze de pierre, s'appelant lui-même qu'il supporte le poids. Vous, enfants, retournez-vite dans vos demeures. Que le diable supporte lui-même le pont !* »

Les jours passèrent, personne ne fut victime ; les centaines d'ouvriers occupés à ce grand travail avançaient assez rapidement et le fameux pont devait être livré à la circulation dans les premiers mois de cette année. La panique se calmait ; le morceau d'étoffe disparaissait peu à peu ; les enfants s'en faisaient un jeu. La paix régnait dans la ville ; on ne parlait même plus du pont. Or, il y a huit jours, la nouvelle se répandit que le pont n'était pas solide et qu'on allait le démolir en grande partie pour le reconstruire en de meilleures conditions ! A ce bruit, les rumeurs renaissent plus troublantes que la première fois. Bien sûr, le nombre d'âmes destinées à le soutenir n'a pas été suffisant. Au lieu de cent âmes, il en faut maintenant trois cents !

» On imagine si les bonzes se mirent à l'ouvrage. Le petit commerce de chiffons ne marchait plus. Moins naïfs que leurs clients, ils fabriquent un nouveau talisman. Le dernier était rouge, il sera jaune ; le premier avait vingt lettres, le second n'en aura que cinq ; mais mystérieux, si mystérieux que les académiciens n'y voient que du feu. De plus, pourquoi les hommes, les femmes et les filles n'en auraient-elles pas besoin ? Et tout le monde se croit obligé d'acheter la décoration. Mais tout cela n'est pas encore suffisant et l'on a ajouté : « Prenez garde à votre queue ! De mauvais lutins volent dans les airs. Leur main est armée de ciseaux. Malheur aux filles s'ils coupent le bas de leur robe ou les attaches de leurs souliers ! Ce sont là les âmes destinées aux piliers du pont neuf. »

» Et depuis deux jours, que voyons-nous dans les rues ? Tous, à peu d'exceptions près, vont et viennent la queue enroulée autour de la tête. Lettrés et marchands qui n'osent l'enrouler ainsi, parce que ce n'est pas du tout distingué, ne circulent qu'en la tenant fortement à la main. Les calottes des enfants sont ornées de la bande jaune aux caractères cabalistiques. Les jeunes gens et les hommes, par respect humain, l'ont collée à l'intérieur. Nombre d'écoliers ne quittent plus leur famille. Femmes et filles ont cousu des bandes jaunes de chaque côté de la robe ; double dépense, mais s'il n'y avait de talisman qu'à droite le lutin couperait à gauche. Je n'en finirais pas si je voulais raconter tout ce que nous voyons et entendons.

» Hier, dès le matin, on a aperçu le long de la grande rue des traînées de sang ! Quel est ce sang répandu pendant la nuit ? Est-ce du sang humain ? Pourquoi de cette manière, dans cette rue ? On imagine les commentaires. Le fait est certain ; je l'ai vu de mes yeux. Ce sang ne se rencontre pas d'une manière uniforme sur tout le parcours qui peut mesurer 2 li. Ce sont des espèces de traînées de quinze à vingt gouttes plus ou moins épaisses, jetées sur les larges dalles. Il n'y en a qu'au milieu. La ligne formée par ces gouttes coupe la rue dans le sens de la largeur, de trois pas en trois pas environ.

» On attribue ce fait à certains agents des sociétés qui ont profité de la circonstance pour ajouter un nouvel élément à l'excitation populaire. On accuse les *pé-lien-kiao* (secte du nénuphar blanc). Les mandarins ont fait afficher un édit pour faire cesser les bruits qui circulent à ce sujut. Le sang, me semble-t-il, aurait été répandu avant hier pendant la nuit. Par une coïncidence inexplicable, la veille au soir et le jour suivant, un autre phénomène se produisait dans un quartier peu éloigné de notre résidence. Le voici ; l'expliquera qui pourra. Une jeune fille de quinze ans travaillait le soir, un peu à l'écart, dans un atelier de soieries. Tout à coup, un homme

Bonzes.

à l'aspect terrible entre dans l'appartement. C'est un géant, grosse tête, noir comme le diable. Une de ses grandes mains est armée d'un couteau de cuisine, l'autre d'une paire de ciseaux. Le doute n'est plus possible pour la jeune fille ; c'est bien là le fameux lutin qui coupe les queues et les pans de robes. Elle jette un grand cri ; sa mère effrayée accourt. Il était trop tard ; l'opération était faite ; le bas de la robe avait été coupé et c nporté par le lutin. Que faire pour éviter la mort ? Avant d'aller conjurer les magots à la pagode, la mère fait quitter tous les vêtements de sa fille, les cache sous le lit et la revêt d'autres habits. Le lendemain, vers dix heures, le diable revient ; la fille est encore seule. Pour la consoler ou pour se moquer, il lui remet le morceau d'étoffe coupé la veille. La pauvre fille se met à crier. La mère et plusieurs ouvriers accourent. Cette fois le diable est entré par la fenêtre et la fille seule le voit encore comme suspendu au plafond de la chambre. Sur ce, les gens de l'atelier et quelques voisins se mettent à pousser des cris, à frapper violemment la terre du pied, à s'armer de tout ce qui leur tombe sous la main afin d'effrayer et de chasser l'affreux lutin. La fille le voit toujours s'agitant dans l'espace ; tantôt prenant des proportions énormes, tantôt se transformant sous une figure toute petite.

» A un moment donné, elle ne vit plus rien ; mais, ô surprise ! du plafond tombe un tout petit homme de papier. Il mesure 6 à 7 pouces de hauteur, comme un pantin. Une de ses mains tient un petit couteau de papier. Les deux yeux et le nez sont remplacés par des trous faits dans le papier.

» A cette vue, les gens entrent en fureur ; piétinent avec rage le papier dans lequel le diable s'est métamorphosé ; on le frappe, on le serre sous un couvercle de seau de bois, on le tient là captif et on ne le lâchera pas. La légende dit qu'il peut ressusciter autant de fois qu'on le tue et qu'il est d'une rancune effrayante. Ses vainqueurs ne sont donc qu'à moitié fiers de la victoire et très embarrassés du prisonnier. Tout le quartier est persuadé de la diablerie.

» Enfin, après longues délibérations, il fut déclaré prudent de clouer le bonhomme contre la muraille extérieure de la maison, sur la rue. Mais les curieux se multiplièrent à l'infini, et nos gens furent bientôt harassés de répondre à tout ce monde. Ils prirent une résolution énergique et désespérée ; ils décrochèrent le bonhomme, le froissèrent entre les mains et le jetèrent enfin là où le diable, esprit immonde, devrait toujours être.

» Vers deux heures de l'après midi, le F. Sen et un catéchiste arrivaient à cette maison, voyaient et interrogeaient. Il y a unanimité dans l'exposé du fait ; la bonne foi des gens est indubitable. Les habitants, les voisins, tous sont d'accord. La fille seule a vu le fantôme plein de vie, les autres n'ont vu que le pantin. »

Autre lettre du P. Ravary :

12 avril.

« Pour les queues coupées, je connais quatre cas où je ne vois pas d'explication possible. Ici, on y voit une intervention diabolique. Avant-hier soir, j'ai voulu aller moi-même aux informations.

» Depuis quatre jours, un enfant de treize ans avait eu la queue coupée ; à midi, on lui faisait raser la tête. L'enfant m'est connu ainsi que sa famille ; il m'a raconté l'histoire. Il a peur ; les voisins lui disent qu'il va mourir.

» C'était un beau matin ; il était seul. Soudain, un coup de vent lui fait fermer les yeux. C'est le signal convenu disent les braves gens. L'enfant porte la main à la tête ; trop tard, la queue était coupée.

» Hier matin, un bachelier de notre école externe me dit que son neveu, enfant de douze ans, a subi le même sort dans les mêmes circonstances. Le jour même, on le rasait.

» Ce matin, un visiteur, bachelier de la ville, me racontait qu'un de ses élèves, s'en retournant avec deux camarades, reçut en route le coup de vent, et sa queue avait disparu. On le rasa immédiatement.

» Le barbier de la maison nous dit qu'il vient de raser un autre enfant, qui, marchant avec sa mère dans la rue, reçut le coup de vent et se trouva sans queue.

» Le plus étrange, c'est ce qui vient de se passer dans une famille mahométane à nous bien connue. Ecoutez et jugez !

» Mercredi soir, à six heures moins le quart, mon catéchiste Sen arrive presque hors de lui, me disant que, pour le coup, il n'y a plus à douter. Il a vu et interrogé.

» La deuxième des filles, âgée de treize ans, sortait vers cinq heures par une porte de derrière, portant un vase d'eau à une voisine. Elle heurte contre une pierre, chancelle un peu sans tomber, reçoit le coup de vent et sa tresse est coupée.

» Elle pleure, elle crie, la famille est en alarmes. Mon catéchiste survient pour la consoler. Alors voici ce qu'on fait : — cette superstition, nous l'ignorions — on arrache à l'enfant quelques pincées de cheveux et on les place sous un vase qu'on ne nomme pas ! Hier matin, qui le croirait ! la tresse disparue la veille était attachée à la partie supérieure du lit de la jeune fille.

» Je suis allé un instant à l'école des filles où sont les deux sœurs de cette enfant. D'elles-mêmes, elles m'ont raconté l'heureuse fortune de ce matin. Leur sœur ne devait plus mourir, puisque la tresse avait été restituée. Toutes les familles croient fermement que c'est le diable qui les tracasse. »

Voici maintenant ce qu'écrivait le P. Palatre :

« On lit dans le *The Schang-hai, Courier and China Gazette*, n° du 6 avril :

» L'agitation causée à Nan-kin par la coupe des queues de cheveux continue toujours. Les cinq caractères que l'on donnait comme un talisman sont sans effet. Toutes sortes d'histoires circulent parmi le peuple.

» Hors de la porte du sud, quatre cordonniers étaient à leur travail, lorsque, tout à coup, un vent violent passa par là et fit disparaître leurs queues. Ils allèrent vite chez un barbier pour se faire raser complètement, de sorte que maintenant ils ressemblent à des bonzes.

» Un homme fait de papier rouge a été mystérieusement posé sur une place publique, il y a quelques jours, et des milliers de curieux sont allés voir ce prodige. Il avait un pied de long. Dans la main droite il tenait des ciseaux de papier et dans la main gauche une épée.

» Les mandarins cherchent à découvrir le fond de ces mystères et ne peuvent y parvenir. On croit qu'ils ont un caractère politique. Les queues signifient la soumission aux Mandchoux ; l'enlèvement constant et extraordinaire de cet appendice signifierait que le ciel veut renverser la dynastie actuelle. »

Le même journal publie, le 15 avril, l'article suivant :

« Les affaires étranges qui se passent à Nan-kin ne semblent pas devoir cesser promptement, grâce au dernier mouvement causé par les agitateurs. Nous apprenons que, parmi les nombreuses affiches qui ont été placées récemment en beaucoup d'endroits, il y en a une qui a causé les plus grandes alarmes parmi les mandarins et mis le peuple en émoi. Elle a été placardée sur toutes les places et jusque devant le tribunal du vice-roi.

» En voici le sens : « Les premiers ministres civils et militaires du roi
» dans les trois provinces doivent connaître l'endroit où il est enterré (der-
» rière le palais du vice-roi). Qu'ils aillent et qu'ils lui offrent un sacrifice.
» S'ils n'ont pas d'emploi, ils doivent se rendre à la montagne du Dragon
» pour se joindre au *jeune législateur*. » *Hong-sin-tsuen*, le chef du mouvement des *tai-ping* (rebelles) avait établi son palais dans le tribunal actuel du vice-roi, et il mourut quelques semaines avant la reprise de Nan-kin en 1864. Son tombeau supposé fut ouvert par les impériaux et son corps fut brûlé. Mais on dit que son véritable tombeau existe encore et n'est connu que de quelques hommes du parti, ce qui n'est pas improbable.

» Le sens de l'affiche qu'on vient de lire peut être qu'il faut se rallier autour du fils du premier chef rebelle. Mais les mécontentements qui répondraient à cette invitation seraient bientôt saisis par les mandarins.

» L'affiche a été enlevée et personne n'a osé la copier. Quand aux mandarins, ils mettent tout en œuvre pour étouffer le plus promptement possible ce dangereux mouvement. »

Peu à peu, Nan-kin retrouva la paix ; mais la haine contre les chrétiens sut exploiter, en les incriminant, cette nouvelle calamité publique. Dans toute la vallée du fleuve Bleu, le bruit s'en répandit avec la rapidité d'une tempête. Aux calomnies séculaires, vint s'ajouter le crime de couper les queues et de lancer les bonshommes de papier. Personne n'a jamais vu un chrétien en flagrant délit ; personne ne cherche à pénétrer le mystère. Tout le monde néanmoins est convaincu.

Le peuple a sur les Européens les idées les plus étranges ; il s'imagine que ces hommes d'Occident sont d'une nature supérieure, que leurs mauvais génies ne peuvent rien contre eux, et qu'ils ont une puissance occulte presque sans limites.

Au Ning-ko, les nouvelles de Nan-kin arrivaient pour ajouter un surcroît d'indisposition dans ces cœurs païens, déjà si excités par les prédications de Ho-tchou et des agents de Fang-tong-lin. Pour eux, la culpabilité des chrétiens était évidente. Il ne fut jamais question de politique, de diablerie ou de Nénuphar blanc.

Nous verrons au tribunal du vice-roi ces imputations prises au sérieux et elles coûteront la vie à un malheureux catéchiste.

Dans son mémoire au trône, sur le procès et les troubles de Ning-ko, le grand homme disait :

« *Sans aucun doute*, le peuple de Kien-ping savait très bien que les coupeurs de tresses appartenaient à la société du Nénuphar blanc et non à la religion ; mais remarquant qu'aucun chrétien n'avait eu la tresse coupée et que les coupeurs fraternisaient avec eux ; que *Pe-hœi-tsing* (1) avait appris du *Yang* à couper ces queues ; voulant s'opposer à ce que des coupables du même crime fussent saisis par *Yi-kin-kai*, etc., etc... »

Il laisse suffisamment entendre que, si la doctrine des missionnaires n'enseignait pas ces sortilèges, peut-être qu'en réalité ses adeptes s'en rendaient coupables, et que, certainement, le peuple les en accusait ; n'était-ce pas assez pour leur condamnation ? Et si les accusations du peuple ont encouragé la haine, le peuple n'est-il pas excusable, la haine méritée ?

---

(1) *Pe-hœi-tsing*, catéchiste du P. Hoang, condamné à Nan-kin. *Yang* autre catéchiste tué avec le Père.

XIV

Consolations au milieu des épreuves

XIV

CONSOLATIONS AU MILIEU DES ÉPREUVES

Si triste qu'on puisse imaginer l'état de la Mission après les sombres peintures de nos chapitres précédents, il serait inexact de croire à l'absence de toute consolation et de tout progrès apostoliqne. Les œuvres de Dieu ne prospèrent qu'au milieu des contradictions. Peut-être pourrait-on même se demander si cette terre, vaste comme une partie du monde, a été assez arrosée du sang des martyrs !

Loin de s'abandonner au découragement, les missionnaires ne cédaient pas un pouce de terrain ; beaucoup de catéchumènes tenaient encore, les chrétiens ne tournaient pas le dos et des païens osaient encore donner leur nom. Le souffle de la grâce avait été puissant, le souffle de la tempête avait à fortifier les racines et à briser les plants mauvais.

Aux grandes fêtes religieuses, dont les solennités sont pour les Chinois, amis des manifestatations, un jour de joie et d'enthousiasme, chaque missionnaire, malgré la tourmente, comptait encore cinquante, cent, deux cents baptêmes d'adultes.

Les quatre écoles de Chœï-tong étaient prospères. Chaque centre de district avait également les siennes. Toute une jeune génération, espoir de l'avenir, s'y formait à la vie chrétienne, que ne comprendra jamais, dans ses délicatesses, le vieux païen converti d'hier.

Nous avons parlé du P. Audrain ; malgré sa santé délabrée, l'ardeur de son zèle, loin de lui inspirer des ménagements, le poussait à exagérer ses mortifications ; et sans parler des luttes quotidiennes, nous le trouvons à la tête d'un millier de catéchumènes disséminés sur un immense territoire. Il demandait du secours, et les circonstances, la pénurie des missionnaires ne permettaient point de répondre à ses désirs. Inquiets sur sa santé, les Supérieurs lui disaient : « Reposez-vous ». Il répondait : « Mais je n'ai pas le temps ». Que faire?

Mourir sur la brèche ! Un peu plus tard, en effet, le brave soldat du Christ mourait d'épuisement. Les fatigues de l'apostolat avaient tellement atteint sa robuste constitution que le repos ne put lui rendre ses forces. Il pouvait à l'heure suprême dire, en fermant les yeux : « Mon Dieu, je me suis tué pour vous. »

Il écrivait au mois d'avril :

« Quand, au grand jour de Pâques, je voyais près de deux cents personnes agenouillées devant l'autel du village de Ta-sen-tsen, et que j'entendais ces deux cents voix si fortes réciter avec mesure et ensemble la prière du matin, reproduisant en partie ce murmure solennel de la prière, si touchant à entendre dans nos églises de France, les larmes d'attendrissement et de reconnaissance roulaient dans mes yeux. Il y a quelques mois à peine, il n'y avait ici que peu de voix bégayant timidement le *Pater* et l'*Ave*. Tous ces braves gens venaient de 20 à 30 li à la ronde, apportant leurs provisions pour un ou deux jours.

» Beaucoup avaient quelque cadeau pour le Père, ou des objets pour rehausser la fête. Il y eut musique chinoise, canonnade à temps fixé, et force détonations de pétards. Pour comble de bonheur, le bon Dieu me rendit, pour la solennité, les forces qui m'avaient abandonné les jours précédents. Je pus confesser, prêcher et, le soir, baptiser plus de vingt adultes choisis. »

Citons un trait qui se passa vers cette époque et lui faisait espérer que la foi de ses gens serait solide.

Dans le district du P. Audrain, à 12 li de Hong-lin-kiao, se trouve un village appelé Tchen-men-tsen qui compte des catéchumènes en bon nombre.

A propos du pillage de Nin-ko-fou et des agitations persécutrices dont nous parlerons, un individu nommé Wei, soi-disant catéchumène, vient au bourg de Hong-lin-kiao et se met à narguer les chrétiens. « Ah çà ! vous autres, vous n'êtes point fins. Comment, vous avez encore des images dans ce pays-ci ? Nous avons tout déchiré depuis longtemps. » La panique, déjà grande, grandit encore. Plus d'un catéchumène rêva sans doute des têtes coupées.

Le bruit de l'aventure arriva vite à Tchen-men-tsen d'où était le Wei. On ne délibère pas longtemps. Quelques hommes déterminés saisissent mon Wei, le traînent jusqu'à Hong-lin-kiao, où il a si bien parlé, et là lui disent : « Tu as crié partout que nous avions apostasié, nous allons voir maintenant si tu répareras notre honneur. Apportez un tam-tam ». On le lui met entre les mains, on le condamne à le frapper et à crier partout de temps en temps : « J'ai calomnié les chrétiens de Tchen-men-tsen, ils n'ont point apostasié. Le *Tien-tchou-kiao* est la vraie religion. Si je recommence, je demande qu'on me punisse. » Et il bat le tam-tam et il crie de nouveau sa formule. Encore doit-il, pour plus de solennité, brûler un millier de pétards, faire le *koa-hong* (tentures d'étoffe rouge encadrant une porte) et finir la cérémonie par des *ko-téou* (protestations) pour obtenir son pardon.

Rasage de la tête.

Le P. Biès, à son tour, au plus fort de la lutte, écrivait : « Le nombre des catéchumènes augmente de jour en jour. » On peut en croire sa parole, car dans les lettres que la situation menaçante lui dictait, les couleurs de ses tableaux n'étaient pas riantes.

Sur les limites de la province, une chrétienté nouvelle venait d'être fondée ; mais comme sur toutes les limites de province, la population des villages était très mélangée. C'est là que se réfugient les garnements des deux préfectures. L'extradition n'existe que dans des circonstances tout à fait extraordinaires et les gens de sac et de corde font la navette en toute sécurité.

Rien de bien étonnant si, dans un pays pareil, la maison du missionnaire est troublée à chaque nouvelle insurrection contre le christianisme.

L'histoire de Tsiao-tsen, qui n'a pas plus de vingt ans, doit enregistrer deux pillages complets avec ruine de l'église de fond en comble. Mais ces excès qui viendront, à l'heure de la Providence, mettre à l'épreuve chrétiens et pasteur, n'empêchent pas aujourd'hui le P. Biès de surabonder de consolations, quand, à la belle fête de Pâques, cinquante communions lui prouvent la fécondité de son apostolat.

Tsiao-tsen, d'ailleurs, est le plus joli pays du Ning-ko-fou. Là, c'est plus que jamais la montagne. Si vous descendez vers le nord, vous traversez une gorge profonde, sur les bords d'un torrent dont les eaux pures comme le cristal murmurent dans les galets arrondis.

Taillées à pic, d'immenses roches de granit se dressent à droite et à gauche, et il faut, en s'effaçant contre ces sombres murailles, régler prudemment le pas de sa mule pour ne pas rouler dans le ravin. Là règne l'austère solitude des grottes d'Armorique, moins les mugissements de la mer ; c'est le même aspect grandiose, moins les souvenirs. Au fond du torrent, une masure où de pauvres Chinois fabriquent de la pâte à papier ; le bruit monotone des marteaux de bois et de la roue à palettes qui les met en mouvement sous l'action du flot qui bouillonne, voilà toute la vie humaine dans ce coin sauvage.

Si vous montez vers le sud, vous trouverez un immense village plein de ruines accumulées par les rebelles. Elles revivent peu à peu, mais le missionnaire n'y rencontre encore que des regards glacés. Quittant le ruisseau au bord duquel vous avez serpenté longtemps, vous gravissez les flancs d'une immense montagne, le long d'une profonde vallée, au milieu d'épais fourrés, car la végétation est exubérante, et dès les premiers jours du printemps, les flancs des côteaux sont couverts d'azalées en fleurs. Vous arrivez enfin à quelques maisonnettes groupées sur un vaste plateau. La vue s'étend à dix lieues à la ronde. C'est le village de Kien-pin-tang, où peu d'années après le missionnaire comptera quelques familles chrétiennes réfugiées dans ce nid d'aigle.

On redescend par les bords d'un torrent rapide entre les montagnes couvertes de pins et de lianes, remplies d'oiseaux superbes qui crient en fuyant. On passe, on repasse des ponts agrestes qui branlent sous les pieds de la mule. Vous chevauchez deux heures à petits pas au milieu des cascades et, sous vos regards qui plongent à l'horizon, à travers les vallées qui s'ouvrent, la plaine à perte de vue se déroule comme un océan.

Ce n'est plus l'Armorique, c'est peut-être la Suisse, moins ses montagnards, ses neiges et ses touristes.

Le cœur du missionnaire cherche en vain des clochers. Il souffre et se console en pensant qu'il est venu pour en semer ces vastes régions païennes dont la beauté, alors, ne laissera plus rien à désirer ; car tout est froid, tout est inanimé, tout est mort, lorsqu'il manque des clochers dans les hameaux.

Ce délicieux pays offrait de grandes espérances à l'évangile quand la persécution gronda. Loin des villes et de leurs lettrés, la voix sympathique du prêtre trouvait quelque écho dans les cœurs plus simples des paysans. Ceux-ci ne voyaient point l'étranger à travers les préjugés de l'imagination trompée, mais par l'œil du bon sens, dans la réalité des avantages qu'il apporte.

Le P. Hoang, qui administrait le pays de Kien-ping, écrivait en parlant de son apostolat, sur la fin de l'année 1875 : « Malgré tous les efforts diaboliques pour nous écraser, la religion s'avance à pas gigantesques. Après les dernières inquiétudes, le nom de Jésus-Christ est aussi connu au nord-est de Kien-ping, et là, j'ai formé une chrétienté de trente-six familles. J'ai six annexes ; sept exhortateurs à poste fixe, trois autres voyagent, vingt-six garçons, vingt-trois filles dans les écoles. Je baptiserai vingt-six adultes à la saint François-Xavier, trente-six à l'Immaculée-Conception. La croix de fer, haute de sept pieds, domine notre maison et est le renfort de nos nombreux néophytes et plus nombreux catéchumènes. »

Ce bon et ardent prêtre séculier chinois ne laissait de repos à personne et donnait à tous l'exemple d'une activité sans pareille. Les païens auraient préféré un homme timide et ami de la retraite, le démon aussi.

Dans le district de Chœï-tong, le P. Ly, jésuite chinois, avait baptisé, en 1875, deux cent quatre-vingt-quinze adultes. Le jour de Pâques, les fêtes y étaient remarquables d'entrain et de ferveur. Dès deux heures du matin, il fallait ouvrir les portes, car les Chinois des campagnes n'ont point d'horloges, et s'il fait clair de lune, préoccupés de la solennité, craignant d'être en retard, ne sachant si le soleil ne va pas se lever, ils se mettent en route. Les pauvres vierges accueillent les femmes et toutes accourent à l'église pour se ménager des places.

Les consolations matérielles eussent été rares pour un homme peu disposé à l'immolation quotidienne. Tout manquait. Le nombre des chrétiens augmentant, l'église ne pouvait contenir la moitié des fidèles. On décida qu'il fallait absolument en bâtir une nouvelle. Le jour de Noël 1875, le P. Chen-eul lance parmi ses chrétiens, pauvres paysans, les souscriptions pour la future église de Chœi-tong.

Presque tous, malgré leur misère, veulent y contribuer dans la mesure de leurs petites ressources. Les femmes elles-mêmes tiennent à fournir leur petite obole qu'elles prendront sur leurs économies, œufs de leurs poules, fil de leur coton, légumes de leur jardinet. Une pauvre vieille de In-tsen se présente : « Père, dit-elle, j'avais à moi, l'année dernière, 20 sapèques (2 sous), que j'avais cachées dans mon lit. Ce matin, en entendant le sermon, je me suis dit : ce sera pour la future église. Mais quand je suis allée pour les chercher, je n'ai pu en trouver que neuf et les voilà. »

N'ayant pas d'argent, une autre femme a donné un habit ouaté ayant coûté 1,600 sapèques. Une troisième, ne pouvant offrir que 100 sapèques, a enlevé ses pendants d'oreilles et les a joints à son trésor.

Des petites filles de dix ans apportent, l'une vingt, l'autre trente, l'autre cinquante sapèques, toute leur fortune !

Après l'argent, viendra le tour des matériaux, bois, vieilles briques, etc., et nos chrétiens auront ainsi une bonne part dans cette construction si désirée ; car le besoin s'est fait de plus en plus sentir.

Voilà le petit peuple, quand il a reçu le baptême. Il sait faire la charité. D'ailleurs, le Chinois qui ne pense qu'à l'argent, ne travaille que pour l'argent, ne parle que d'argent, n'est pas avare ; il est, au contraire, singulièrement prodigue, aime le bien-être et l'ostentation. Le christianisme le rend parfaitement généreux.

Les missionnaires constataient que leurs sueurs et leurs peines n'avaient pas été stériles ; une abondante moisson les récompensait. Tout leur faisait prévoir que la récolte se ferait dans les larmes ; toutefois, qui pouvait penser à l'épouvantable tempête qui devait, dans peu de jours, en détruire la plus grande partie !

XV

Le crime de Lou-tsen

XV

LE CRIME DE LOU-TSEN (1)

Lou-tsen est un petit bourg de la sous-préfecture de Kien-ping. Depuis plusieurs années, la mission y possédait une résidence. Le terrain formait un assez vaste quadrilatère où se trouvaient réunis l'église, la chambre du missionnaire, les dépendances, trois jardins, une vaste cour et enfin l'école des petites filles séparée par deux murs de jardin. Cette école était florissante ; une vingtaine d'enfants, sous la direction d'une veuve très zélée, y apprenaient les prières, et les femmes catéchumènes ne faisaient pas défaut. D'ailleurs, dans toute la région, le mouvement religieux était fort accentué. Le Père, aussi habile administrateur que courageux missionnaire, ne se donnait aucun repos ; il ne reculait devant aucun sacrifice ; son influence était prépondérante dans le pays, car il connaissait les mœurs de ses compatriotes et savait prendre en main leur cause, quand la calomnie ou la cupidité tentait d'en faire des victimes. Il y avait beaucoup de Honanais dans le pays ; ils avaient, comme les Houpénois, immigré aussi eux à l'appel des mandarins ; et plutôt que de se disperser au milieu des gens d'une autre province, ils s'étaient cantonnés dans un même quartier afin de mieux se soutenir. Les Chinois aiment les groupes, les clans, les associations. Pour eux, la province est le plus clair de la patrie, tellement qu'un habitant d'une autre province est quasi étranger. Les Honanais diffèrent des Houpénois ; ils sont plus ardents, plus violents et moins portés à recourir à la ruse. Leur conversion est généralement, au

(1) Dans le pays on prononce ainsi, et c'est pourquoi nous avons conservé dans ces pages cette dénomination usitée ; mais de fait, le nom du village s'écrit *Ngou-tsen-wan*.

Ning-ko-fou, regardée comme plus difficile ; ce serait peut-être une preuve que leur caractère est moins mobile. Le Père Hoang missionnait dans la contrée depuis deux ans. Il était natif de Hai-men et appartenait à une famille honorable de lettrés.

Après avoir suivi les écoles primaires de la mission, s'y être distingué entre tous ses condisciples par sa piété et ses succès, on jugea à propos de l'envoyer, encore très jeune, en Europe. Il fit donc toutes ses études à Naples et y reçut le sacerdoce.

De retour en Chine, il alla au Hou-pé, à Tsao-yang, missionna dans plusieurs autres endroits et, la treizième année de Tong-tche, il demanda à retourner dans son pays natal. C'était un vaillant prêtre séculier, modèle de dévouement et brûlant d'amour pour les âmes.

Mgr Languillat accueillit avec joie ce nouvel auxiliaire et comme son séjour au Hou-pé l'avait rompu au langage qu'on parle dans le Ngan-hœï, et notamment au Ning-ko-fou, on le désigna pour cette section assez récemment ouverte.

Mgr Languillat était l'évêque vigilant par excellence ; il avait à cœur autant que personne la dignité du ministre des autels et s'il eût dû jamais avoir à se départir de sa grande bonté pour accomplir son devoir, il n'eût pas reculé devant la nécessité de faire un reproche. Jamais, nous aimons à le certifier, un mot sévère n'eut à contrister ni le cœur du bon pasteur, ni celui de son pieux prêtre. Bien plus, lors de sa visite, le R. P. supérieur confia avec joie au P. ministre qui l'accompagnait que, de tous les districts visités, celui du P. Hoang l'avait le plus frappé par la tenue de ses écoles.

Rien dans ce compliment qui puissse évidemment jeter de l'ombre sur l'apostolat de ses frères. On aime à récompenser ainsi l'étranger sur lequel on comptait moins, on se tait sur les vertus du fils dont on est sûr. Voici d'ailleurs le témoignage du P. Seckinger, qui connaissait bien le Père.

« L'an dernier, quand je suis allé à Lou-tsen pour l'arrangement du pillage de l'église nouvellement ouverte à Kien-pin, la première chose qui m'a frappé, c'est la magnifique école du P. Hoang. Tant petites que grandes, les élèves étaient au nombre de vingt-huit à trente (1). Elles venaient à l'église deux à deux, un mouchoir européen en trois coins leur cachait la tête ; leur modestie, leur recueillement et la manière dont elles récitaient les prières m'eût donné la plus haute idée de leur maîtresse, et

(1) Il n'y a pas lieu de s'étonner si les chiffres ne sont pas les mêmes : en Chine les écoles n'ont qu'une population flottante ; il en faut passer par les besoins ou les caprices des parents.

par conséquent du P. Hoang, si je ne l'eusse connu. Sans faire tort à aucune autre école de la mission, je puis assurer que nulle ne m'a laissé une si bonne impression. La deuxième chose qui m'a réjoui, c'est le zèle et l'activité sans pareils du Père.

» La nuit comme le jour, je l'ai presque toujours vu sur pied, entouré de ses deux catéchistes et de ses huit exhortateurs, de ses catéchumènes, de ses néophytes ; encourageant l'un, réprimandant l'autre, donnant à celui-ci tel secours spirituel et à celui-là tel coup de main. Je sais de source certaine que, tel je l'ai vu les dix jours passés avec lui, tel il a toujours été. C'est vraiment admirable ! Si je pouvais ajouter mon avis sur sa conduite et sa vie de dévouement, j'affirmerais, avec tous ceux qui l'ont connu, qu'il péchait plutôt par excès que par défaut de zèle. Un cœur si généreux, si bon, si droit, méritait une récompense non ordinaire, il l'a reçue avec les palmes du glorieux martyre qui a couronné une si belle existence. »

Le P. Seckinger se connaissait en hommes. Il avait trop vécu dans les affaires pour être simplement naïf ; il avait l'œil remarquablement perspicace, et, s'il savait s'enthousiasmer, grâce précieuse pour un missionnaire en Chine, il ne gaspillait point ses compliments.

Ce jugement si flatteur eut-il été signé par le P. Le Cornec, ministre du P. Hoang ? Je ne sais. Dans tous les cas, parmi les innombrables lettres que nous avons dépouillées une à une, nous n'avons trouvé qu'un mot qui parût blâmer sa conduite en un point particulier.

Dans la mission, il a été réglé par les supérieurs que les rapports officiels pour affaires avec les mandarins sont réservés aux ministres des sections. Un simple missionnaire ne pourrait régulièrement écrire ou aller au tribunal pour demander justice sans en référer d'abord au P. ministre, qui est son supérieur immédiat. Voilà la règle générale.

Le P. Hoang avait été visiter le P. Le Cornec. Il lui montra un projet de lettre au sous-préfet de Kien-ping. Rendant compte de toutes les difficultés pendantes, le P. Le Cornec écrivait au R. P. supérieur : « Toute la longue correspondance qui s'est faite avec le sous-préfet avant la lettre d'aujourd'hui, m'a été communiquée *après coup*. J'ignore encore les raisons qu'il y a eu à cela. »

Sans vouloir excuser le P. Hoang, nous comprenons cependant les difficultés particulières qu'il eut, en des temps si troublés, pour observer strictement la règle. Parfois, il faut quatre jours pour recevoir une réponse, quand l'urgence d'une explication est extrême et qu'il faut prévenir des ennemis implacables au tribunal du mandarin. Nous devions cette ombre au portrait que nous traçons, car nous ne prétendons pas écrire un aveugle et complaisant panégyrique.

Nous connaissons suffisamment notre héros pour aborder le récit lamentable du crime de Lou-Tsen. Un massacre est toujours affreux ; mais, cependant, qu'ils sont beaux les apôtres de Jésus-Christ le jour de leur sanglant triomphe !

Nous avons vu par les chapitres précédents comment, depuis de longs mois, montaient de tous les points de l'horizon à la fois les nuages précurseurs de la tempête. Les païens devenaient plus haineux, plus audacieux, les chrétiens plus timides, plus tremblants. Les missionnaires se heurtaient partout à des obstacles ; les mandarins fermaient leur porte et laissaient faire.

Citons la dernière lettre du P. Hoang. Elle est datée du 12 juin, veille de sa mort, et est adressée au P. Seckinger. Nous l'abrégeons un peu.

« Le fameux Ho-tchou fait tirer des copies de l'inscription « *Tien, ti...* etc. », il oblige tous les notables à la distribuer. Celui de Hiu-tsen a été fortement battu pour n'avoir pas voulu se prêter à cette distribution ; il est d'ailleurs catéchumène.

» On a déchiré son image de la Sainte Vierge pour afficher la pancarte. J'ai fait, comme de droit, recourir au mandarin ; mais celui-ci n'a rien répondu, non plus que pour nos affaires antécédentes. A vrai dire, l'effet de ces efforts de nos ennemis n'a pas été grand à cause de la mauvaise réputation des gens de Ho-tchou et du mauvais format de l'inscription.

» Mais les Honanais et les indigènes sont pleins de confiance, les chrétiens sont très effrayés des rumeurs. Le cas suivant vous fera mieux comprendre la malice de tous ces gens contre nous.

» Le 8 de ce mois, j'avais acheté, avec l'approbation du P. ministre, une belle maison à 3 li de Si-ma-kai, pour 150 piastres. Les gens de Ho-tchou ont pressenti l'affaire. C'était une veuve qui vendait pour retourner dans son pays après la mort de son mari.

» Ils voulurent effrayer la propriétaire et ses parents.

» N'ayant pas réussi, une dizaine d'individus se réunirent pour déchirer le contrat. Ce fut en vain ; les titres étaient déjà écrits et l'argent versé. Voyant cela, ils changèrent de tactique. Alors que la veuve emportait les piastres chez elle, on entendit des cris, on accourut et on trouva la pauvre propriétaire gisant par terre demi-morte... l'argent avait été volé. Malgré tout, la veuve voulait tenir à sa promesse de nous livrer la maison, mais Ho-tchou lui-même voulut l'intimider et lui conseilla enfin de nous accuser comme ayant volé l'argent.

» J'ai écrit au mandarin, mais on peut prévoir ce qu'il fera. J'ai remis l'affaire au P. ministre, car je partais pour les vacances. Je puis vous le répéter encore, si votre Révérence ne nous aide pas ici, les néophytes seront inexorablement écrasés et... adieu les catéchumènes !

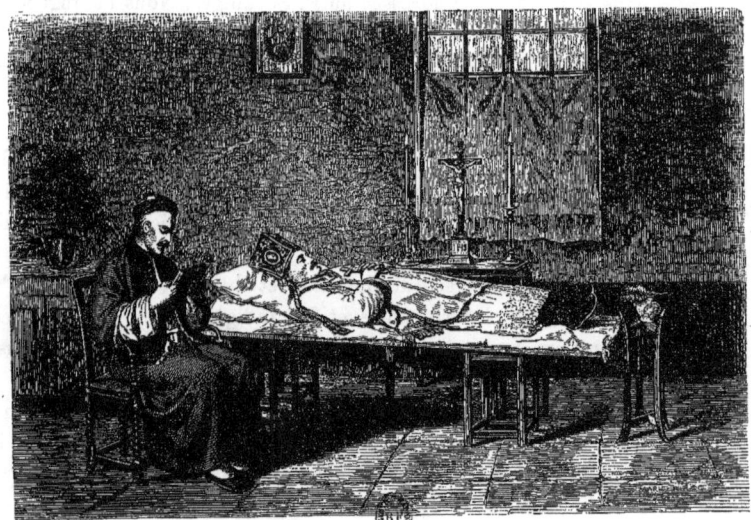

La mort du missionnaire

» Cette année, le bon Dieu, malgré tous les efforts du démon, nous a donné deux cent trente-six baptêmes d'adultes. Multipliez-les, ô Père, pour l'an prochain ! »

Lorsque les missionnaires étaient allés prendre leurs vacances, avec leur départ coïncidait une proclamation du général Fang. Signe avant-coureur des événements qui allaient s'accomplir, cet édit étonnant rangeait d'abord Tchen-min-té parmi les chefs des rebelles ; il annonçait ensuite que, pour apprendre au peuple à observer les lois, *la cour de Pékin* chargeait Fang de parcourir tout le Ning-ko-fou en expliquant la religion du Saint-Homme. Cette mission n'avait rien d'invraisemblable et cet aveu public montrait une fois de plus les dispositions du pouvoir envers le christianisme. En fallait-il davantage, après ce qui précède, pour mettre enfin le feu aux poudres ? Mais le P. Hoang était absent, on devait naturellement attendre son retour, les chrétiens n'offrant nulle résistance.

Le 10 juillet, revenu des vacances, le Père reprenait son poste au milieu de ses pauvres chrétiens épouvantés par toutes les menaces qu'on proférait autour d'eux. Ils le supplièrent de se cacher, car on en voulait ni plus ni moins à sa tête. « Soyez tranquilles, répondait-il bien haut, pour rassurer son monde, ils n'oseront point. » Il écrivait le 12 : « Ho-thou a juré de faire de moi un martyr. »

Trois jours auparavant, son catéchiste *Pé-hœi-tsin* se rendant à Si-ma-kai, avait été saisi par une bande de Honanais et conduit au général. Celui-ci le renvoya au sous-préfet. La mule avait disparu dans la bagarre. Le Père dut immédiatement écrire au sous-préfet pour demander justice et réparation.

Le 13 juillet au matin, le missionnaire récitait son bréviaire et allait commencer la Sainte Messe. Il était six heures. L'administrateur accourt : « Père, cela va mal, les voilà qui viennent, sauvez-vous ! »

La première pensée du Père fut pour son école de petites filles. Que vont-elles devenir ? Cette pensée est affreuse. Il traverse à la hâte les deux cours et le jardin qui l'en séparent et va donner ordre de fuir et de se cacher. Mais hélas ! il était déjà trop tard ; l'enclos était envahi.

Le village était lui-même cerné par sept à huit cents hommes, vauriens armés de vieux fusils, de lances, de bâtons. Le Père veut sortir, mais il se trouve dans la ruelle en face de furieux qui se jettent vers lui. Toutes les issues sont gardées. Il rentre dans la cour de l'école, et c'est là que les conjurés se précipitent sur leur proie et le Père est massacré. Ce ne fut pas Ho-tchou lui-même qui porta le premier coup, mais un de ses fils.

Il serait fort difficile de dire au juste comment s'est opéré ce massacre, les voisins ne s'accordent pas ; on place même un petit dialogue sur les lèvres de la victime et des bourreaux. Les procédés chinois sont tumultueux en pareille circonstance ; il faut imaginer des fous furieux qui hurlent et frappent, pas autre chose. Chacun ensuite raconte l'histoire à sa façon. Il est certain toutefois que le pauvre martyr vivait encore quand on le dépouilla de ses vêtements. On le mutila, on lui ouvrit le ventre, on en arracha les entrailles qui furent brûlées plus tard chez Ho-tchou. Ce fut son fils qui opérait cette infâme besogne. On coupa ensuite la tête et les quatre membres, puis, rassemblant autour de ces restes horribles du bois de chauffage, on alluma le bûcher et tout fut réduit en cendres.

Pendant cette scène sauvage, le catéchiste Yang-che-ho veut prendre la fuite. Il saute pour escalader la muraille, mais les forcenés qui le poursuivent le percent alors de leurs lances, il retombe dans son sang et est massacré. Ses restes sont traînés au bûcher.

Debout sur la colline toute voisine, assistaient bien des femmes à ce spectacle. Parmi elles se trouvait la grand'mère de ce jeune homme, chrétienne comme lui. Ce catéchiste était tout désigné à la rage des bourreaux païens. Son zèle pour propager la religion lui mérita cet insigne honneur.

Un autre catéchiste s'était caché dans l'enclos ; il fut bientôt découvert ; il allait subir le même sort, mais il se réclama de Ho-tchou lui-même qu'il avait connu beaucoup jadis et qui commandait l'expédition. Celui-ci, qui commençait à sentir lourde la responsabilité de pareilles affaires, si graves en soi, plus graves en Chine, peut-être, surtout en temps ordinaire, dit aux gens de sa bande : « En voilà assez ; le premier qui touche à celui-ci, je le tue comme un chien. » Il lui indiqua même telle maison où il devait se réfugier. Ce catéchiste raconta lui-même ces détails longtemps après, n'en ayant pas voulu parler lors du procès par reconnaissance pour le chef des assassins qui lui avait sauvé la vie.

Il y eut une troisième victime. Ce fut un pauvre petit enfant âgé de deux ans, recueilli à l'école parce que sa mère, devenue veuve, ne voulait plus le nourrir. On le tailla en quatre morceaux et ses restes furent placés dans la chaux. On s'en servit ensuite comme de preuve contre la moralité du P. Hoang. Ho-tchou déjà prévoyait l'avenir, il préparait habilement des moyens de calomnie et de défense.

Les filles de l'école et leur maîtresse furent partagées entre les chefs de cette barbare expédition. Nous les retrouvons quelques jours après, les unes chez Ho-tchou lui-même, les autres au camp de Fang, les autres au tribunal. Partout on leur apprend ce qu'il faut dire pour salir la réputation du missionnaire, et les traitements les plus durs servent à vaincre leurs répugnances. D'ailleurs, on imagine ce que put être à tous les points de vue leur séjour au milieu de ces ignobles scélérats.

Mais tous ces bandits de Lou-tsen et d'ailleurs, surtout, n'étaient pas gens à s'en aller les mains vides. La plupart accouraient pour le pillage. L'église fut en partie abattue, l'école en partie brûlée. On ne laissa que des ruines. Ho-tchou trouva dans une caisse quelques anges en papier découpé, que les chrétiens ont coutume d'attacher sur des branches de sapin ou de palmier, le jour de la fête des Rameaux. Ces anges étaient de bonne prise. Il emporta la caisse, y déposa les queues de cheveux arrachées aux victimes et répandit le bruit qu'il avait trouvé au Tien-tchou-tang ces terribles hommes de papier qui causaient tant de désastres. Les queues coupées étaient des preuves contre le P. Hoang. « Singulier pays, dit le P. Le Cornec, où sont punis de mort les coupeurs de queue et pardonnés les coupeurs de tête. »

XVI

Le lendemain du crime

XVI

LE LENDEMAIN DU CRIME

A la nouvelle de l'audacieux forfait que nous venons de raconter, une panique épouvantable s'empara de tous les chrétiens et catéchumènes. Ceux qui n'étaient déjà plus retenus dans le devoir que par un fil le brisèrent aussitôt et les saintes images disparurent. Les apostats, nom le plus odieux de la terre, retrouveront-ils un jour le chemin de l'église ruinée ? Beaucoup, sans doute, âmes timides comme des enfants, répondront à la voix du pasteur courant après le troupeau dispersé ; un plus grand nombre, hélas, ne reviendra plus vers l'arche, semblable au corbeau content de sa liberté et des répugnants débris qu'il doit au déluge. Dieu, d'ailleurs, n'aime pas les traitres ; il déplace le flambeau et trouve, parmi les innombrables païens, de nouveaux cœurs à éclairer.

Pour donner un aperçu des faits qui suivirent le crime, nous n'avons qu'à transcrire la narration du P. Le Cornec, ministre de la section, qui de Ou-hou suivit dans tous ses détails la marche des événements.

Quand les bourreaux quittèrent Lou-tsen, il était midi. Ils se rendirent triomphalement aux villages de Hiu-tsen et de Hou-tsen, essayèrent encore de démolir une autre église, mais, sur les instances des indigènes païens, ils se contentèrent de briser ou d'enlever les meubles. Ils traitèrent les chrétiens avec moins d'indulgence : tous ceux qui n'avaient pas pris la fuite n'évitèrent la mort qu'en affichant dans leurs maisons la feuille superstitieuse du *Chen-jen-hœï*. Combien eurent cette faiblesse? nous l'ignorons encore, mais cela ne doit pas nous surprendre chez des chrétiens dont les plus anciens n'étaient baptisés que depuis un an. La plupart, du reste, continuent en cachette à réciter leurs prières et soupirent après notre retour.

Enfin, la journée fut terminée par le pillage, ou mieux la démolition d'une autre résidence au bourg de Pi-ka-kiao. Là, plusieurs familles chrétiennes faisaient le commerce : les notables firent battre le tam-tam dans toutes les rues pour leur défendre, de par Fang-tong-lin, d'emporter quoi que ce soit. La plupart des chrétiens de Pi-ka-kiao furent donc pillés, leurs maisons occupées par des païens et, à l'heure qu'il est, l'administrateur Han-tai-chuen et quelques autres errent de tous côtés, pour essayer de sauver du moins leur propre vie.

Une aussi belle journée devait avoir son lendemain. La bande dévastatrice, plus que jamais avide de sang et de pillage, franchissait, au point du jour, les limites du Kien-ping-hien et pénétrait dans le Suen-tchen-hien. A une lieue du bourg de Hong-lin-kiao se trouvait le Kong-sou (1) de Ta-sen-tsen, résidence habituelle du P. Audrain. Là encore, on devait entasser des ruines et verser du sang. Dieu avait semblé se préparer de longue main une douce victime dans la personne d'un vieillard nommé Ou-tsien-tsang. Originaire du Ho-nan, il avait, dans sa jeunesse, fabriqué des idoles. Il s'était converti en voyant tomber la tête d'un missionnaire sous la hache du bourreau, et, devenu prédicateur à son tour, dans les prisons où il passa huit ans, comme sur les routes qu'il parcourait à pied, prêchant toujours Jésus-Christ, il avait formé presque à lui seul la florissante mission de Koang-tche-fou.

— A quoi pensez-vous, lui demandait un jour le missionnaire qui le voyait souvent absorbé ?

— A Jésus crucifié, répondit le vieillard ; c'était son occupation habituelle.

Voulant mettre au service de la mission de Ning-ko-fou un zèle que soixante-quatorze ans n'avaient pas refroidi, il parcourut à pied plus d'un millier de li et arriva à Chœï-tong au mois de mars. Je lui assignai le district du P. Audrain, où ses compatriotes étaient nombreux, et il y travailla avec succès jusqu'au jour où Dieu l'appela à verser son sang. Frappé d'abord à coups de sabre, puis brûlé dans l'église, il termina glorieusement une vie pleine de sacrifices.

Trois jours après sa mort (est-ce de la légende ?), on le vit faire une dernière fois le tour du village, comme pour lui dire un dernier adieu. Il était vêtu comme dans ses excursions apostoliques. « Les gens de ce pays

(1) On nomme *Kong-sou* le pied-à-terre d'un missionnaire dans un village. Il se compose essentiellement d'une chambre servant d'église et de logements plus ou moins grands.

sont ingrats », disait l'ombre en passant lentement devant les différentes familles qui prenaient l'air frais du soir.

Le 17 juillet, on attaquait le village de Nan-yang-tsen, à 25 li de Kien-ping. L'église fut ruinée et six familles pillées. On poursuivit avec acharnement les notables Weï et Kono, que leur dévouement à la cause chrétienne avait fait particulièrement détester ; aussi ne durent-ils leur salut qu'à la fuite.

Le lendemain, ce fut le tour de Kai-fang-tsen, à 15 li de la ville. Le chrétien Tchang-kouang-tche et sa femme furent blessés, plusieurs familles pillées. La bande s'approchait de Kien-ping où nous avions encore une maison à détruire. Mais les mandarins, qui dirigeaient à leur gré la fureur de la multitude, la calmèrent un instant, pour montrer un semblant de bonne volonté. Notre maison ne fut pas détruite ; on enleva seulement les meubles et les matériaux amassés pour des réparations.

Le lendemain de son crime de Lou-tsen, Ho-tchou se présenta devant le sous-préfet de Kien-ping, nommé Fang. Celui-ci lui dit :

— Tu viens de me mettre un lourd fardeau sur les épaules.

Ce fut là tout le châtiment du bourreau dont les mains étaient encore teintes de sang. Son audace ne connut plus de bornes.

— Je brûlerai Chœï-tong et je tuerai tous les Européens, répétait-il souvent ; ensuite je mourrai tranquille.

Lui rappelait-on qu'il avait mérité la mort ?

— Eh bien ! disait-il, je donnerai volontiers ma tête. Je demande seulement qu'on épargne un de mes fils ; puis, si l'on éteint ma famille, il en restera encore cinq cents autres pour nous venger.

Un homme de cette trempe pouvait aller loin, surtout avec l'assurance de l'impunité.

La nouvelle affaire de Kien-ping avait répandu un redoublement de terreur dans toutes les chrétientés de Ning-ko-fou et de Koang-te-tcheou.

Les quatre écoles de Chœï-tong avaient été immédiatement fermées et les élèves rendus à leurs familles. Les Pères quittèrent cette résidence où leur vie ne paraissait plus en sûreté. Dans les chapitres suivants, nous verrons ce qu'ils devinrent.

Quand nos chrétiens virent à qui ils avaient affaire, plusieurs opinaient pour qu'on se défendît. Parmi eux, se trouvaient quelques chasseurs exercés au tir. Ils vinrent après le départ des Pères s'établir dans l'enceinte, tirèrent quelques coups de fusil, et protégèrent momentanément la maison ; car les braves qui portaient partout la désolation n'eussent pas été difficiles à mettre en déroute. Ces inoffensifs coups de fusil firent plus de mal que de bien, cependant. On fit circuler le bruit que le chrétiens se *révoltaient*. Il n'en eût pas fallu davantage pour mettre la joie au cœur du général Fang, il eût immédiatement levé le masque et fut accouru à la tête de sa troupe.

Le P. Chen-eul qui n'était pas loin, fit immédiatement intimer l'ordre de cesser ce simulacre de défense : « Mieux vaut, leur écrivit-il, la réputation que la vie ». Et nos volontaires laissèrent la résidence sous la garde de quelques domestiques.

Il y avait alors à Chœï-tong un certain petit juge de paix, officier de basse police nommé Lieou-wan-chen, une de ces figures flasques qui portent la trahison dans leurs traits. Fumeur d'opium chez lui, catéchumène chez nous, cerbère officieux au tribunal, qui mesurait dans l'œil du maître jusqu'où il pouvait mordre, Lieou connaissait nos retraites, nos habitudes et en particulier la grande résidence de Chœï-tong. Il expédia plusieurs courriers à Ho-tchou et sa bande, promettant quelques centaines d'auxiliaires pris dans les fumeries d'opium et parmi les vagabonds ; le jour du pillage fut fixé.

Le 20 juillet, ce digne magistrat disait à un de nos chrétiens : « Je t'avertis que tu ferais bien de fuir, les gens de Ho-tchou arrivent, dans quelques jours l'église va être détruite ».

Le 24, au matin, la vieille mère de cet individu disait à son tour aux femmes qui étaient près d'elle au lavoir : « C'est aujourd'hui qu'on va piller le Tien-tchou-tang ». Le 24 devait être en effet le dernier jour de Chœï-tong, Hiu-tsen, In-po-tsen, Kang-keou, etc., etc., et le signal du pillage dans toute cette partie. On commença par Hiu-tsen.

Le soleil se levait à peine qu'on vit accourir les malfaiteurs. Certains qu'il n'y avait point d'ennemis à combattre, ils marchaient triomphalement à la victoire. Les portes de l'église tombent en un clin d'œil sous les coups. Des flots pressés s'élancent dans les trois nefs. Les autels sont brisés et les débris entassés auprès des colonnes avec du bois de chauffage. Une voix cria tout à coup : « Voilà les chrétiens, sauvons-nous ! » et toute la multitude en hurlant de prendre la fuite. Mais au bout de quelques minutes, elle remarque qu'il n'y a personne, elle se rassure et revient à la charge. On met le feu à l'édifice qui bientôt s'écroule dans les flammes : avec lui tombe aussi la résidence et une partie des dépendances.

L'église du Hiu-tsen avait été bâtie en 1872 par le P. Ravary. Elancée et spacieuse, elle pouvait facilement contenir huit cents chrétiens.

Nos vandales ne se donnèrent pas la peine de brûler notre école, il n'y avait rien à voler, et ils avaient hâte d'attaquer Chœï-tong. C'était comme la capitale, car sa position avantageuse l'avait depuis deux ans fait choisir comme résidence centrale.

Intérieur de Kong-sou.

Le flot descendit donc des hauteurs de Hiu-tsen, franchissant avec rapidité les 10 li de distance, et se précipita sur la résidence de Chœï-tong. Les hommes de Lieou vinrent grossir les rangs des pillards, ainsi que bon nombre de païens avides de voler quelque chose.

La résidence, composée de deux lignes de bâtiments et terminée depuis un an à peine, fut envahie la première. On essaya de brûler, mais on ne réussissait pas bien ; on préféra démolir et voler les matériaux, ce qui était tout bénéfice. On passa ensuite à l'église qui tomba à son tour. Après elle, on gagna les quatre maisons d'école, l'orphelinat et autres dépendances.

Là, disparurent les vêtements et les chapelles de neuf missionnaires, tous les ornements et vases sacrés, la bibliothèque centrale, des provisions de toutes sortes, une partie des titres d'achats; les montures, tous les meubles, des matériaux pour une grande église qu'on devait bâtir. Tout disparut rapidement. On emporta jusqu'aux dalles des chemins, jusqu'aux fondements des maisons. Le rêve eut été de saisir là quelque missionnaire et de le hacher en morceaux, comme à Lou-tsen ; on le répétait avec des cris de joie et de rage. Mais on était arrivé trop tard.

On avait caché l'argent avant de se disperser ; mais comment cacher quelque chose aux Chinois ; ils savent si bien cacher eux-mêmes ! on le trouva, et ceux qui l'ont trouvé ne l'ont point rendu.

Faute de pouvoir tomber sur un missionnaire vivant, la rage de la bande sauvage va s'assouvir sur les restes d'un mort. On savait que dans le jardin se trouvait un tombeau. Là reposait, depuis la fin de septembre de l'année précédente, le corps du saint et vénéré P. Fémiani. On courut vers le cercueil qu'on brisa brutalement, et le cadavre apparut parfaitement conservé. Pauvre vieillard, en mourant il ne s'attendait pas à recevoir un jour la palme d'un affreux martyre. On lui trancha la tête ; un des pieds fut coupé et jeté au loin avec la tête; les vêtements furent enlevés. Le cadavre meurtri, outragé, resta plusieurs jours exposé aux ignobles insultes d'une vile populace, ainsi qu'à la voracité des chiens. Enfin, le portier pût envelopper de nattes ces restes et les couvrir de terre (1).

Dieu ne laissa point impunis tant de forfaits. Deux des assaillants

---

(1) Aujourd'hui, devant la grande et belle église de Chœï-tong, se trouvent à droite et à gauche deux tombeaux. Chaque jour, le chrétien qui vient à l'église peut penser à ceux qui y reposent en attendant la résurrection : ce sont les deux modestes mausolées du P. Fémiani et du P. Jacquet, mort d'épuisement en donnant une extrême-onction. Il fallut le soutenir et guider sa main pour administrer le saint viatique; alors il tomba et mourut!

trouvèrent la mort sous un hangar qu'ils voulaient démolir, trois autres furent encore grièvement blessés. Malheureusement, leurs compagnons aveuglés par la haine et l'amour du pillage tinrent peu de compte d'une semblable leçon. Ils poursuivirent nos catéchistes, nos chrétiens et jusqu'aux orphelins que nous nourrissions.

Le catéchiste Tcheng-iao-sien, atteint dans sa fuite, ne dût la vie qu'aux prières d'un marchand païen qui versa pour lui 18 piastres. L'administrateur Song-tse-fou, poursuivi pendant 2 li, entendit une balle siffler au-dessus de sa tête. Deux orphelins reconnus à Wang-tsen allaient être tués, lorsqu'un païen indigène assura qu'ils n'étaient point des nôtres et les prit sous sa protection. Sept ou huit familles furent pillées et cinq ou six têtes furent mises à prix.

Après le dîner, on courut à In-tsen. Résidence et école furent la proie des flammes; on pilla les chrétiens. A Siao-hou-tsen, on pilla les chrétiens et on ravit la fille d'un d'entre eux. Plus tard, on put ravoir cette pauvre victime en payant rançon. Les églises de Chang-ho-tsen et de Kang-keou furent démolies.

Tsong-wan-tsen est une chrétienté éloignée de 30 li. Cachée au fond d'un entonnoir formé par d'abruptes et très pittoresques montagnes, elle semblait inaccessible aux dévastateurs. On avait donc dirigé vers cette solitude quelques vierges de l'école des filles de Chœï-tong. Le P. Chen-eul y avait transporté aussi quelques objets qu'il voulait mettre en sûreté, entre autres les calices. Il regardait ce village, presque entièrement chrétien, comme un lieu de retraite sûre. Mais il s'était trompé; le même jour qui voyait tomber Chœï-tong devait voir tomber Tsong-wang-tsen.

Il était huit heures du soir; il commençait à faire sombre, l'attaque commença. La résidence était disposée de façon à pouvoir servir d'église, comme dans les chrétientés naissantes, et la forme des maisons chinoises s'y prête aisément. L'autel fut brisé, les cloisons enlevées, les meubles et les vêtements du missionnaire volés. On courut à l'école des filles; espérait-on y trouver les vierges de Chœï-tong, c'est supposable. Mais, prévenues à temps, elles purent s'enfuir dans la montagne. L'école et quelques familles furent pillées.

Le catéchiste Kieou-hen-tchang eut surtout à souffrir. C'était un homme de valeur. Nouveau chrétien, il s'était mis au service des Pères et ne marchandait pas son zèle. Chargé d'une affaire, il savait la mener à bonne réussite. Peu craintif, il reculait rarement. Les païens peu scrupuleux n'aimaient pas le rencontrer sur leur route, et les chrétiens marchaient volontiers derrière lui. Ce fut donc un jour de vengeance. On fit le vide dans sa demeure ; on commença à la démolir, quand la prière d'un ami païen arrêta les furieux.

Du haut de la montagne où il était caché, Kieou put entendre les cris de joie de ses ennemis et les malédictions dont on l'accablait. Quelques heures auparavant, il avait vu la mort de fort près. Des païens indigènes l'avaient, le matin même, invité à dîner, puis l'avaient, par trahison, enfermé dans une chambre haute. Quand le catéchiste entendit barrer la porte de son cachot improvisé, il devina son sort. Il dit à un païen qui lui annonça la ruine de Chœï-tong : « Je sais que vous voulez me tuer, mais je vous demande une grâce : ne coupez pas mon corps en morceaux ».

Quelques instants après, les conjurés se réunirent dans une maison voisine pour délibérer sur le sort du prisonnier. Ce fut alors que celui-ci, s'élançant par la fenêtre, s'accrocha à un arbre voisin du mur et glissa sur le sol. Relevé vite et sans blessure, il gagna la montagne et disparut dans les broussailles.

Un instant après, les païens rentrèrent : ouvrant la porte, ils voient que leur victime s'est échappée ; ils poussent des cris de fureur et courent à sa recherche, mais inutilement.

Le lendemain, sa tête était mise a prix. Sur une affiche collée au mur de sa maison on pouvait lire :

« 180 piastres sont promises à quiconque apportera la tête de Kieohen-tchang ; 200 piastres pour celle de son fils aîné ; 300 pour celle du P. Chen-eul ».

Ce fils aîné était en fuite et conduisait précisément le P. Chen-eul, dont on lira plus loin le périlleux voyage.

Pour le catéchiste, il erra quinze jours dans les sentiers des collines, se cachant le jour, marchant la nuit, mendiant du riz où il pouvait, et arriva sain et sauf à Ou-hou.

Au retour de la paix, il rentrera dans ses foyers et deviendra même notable principal de son village, la chrétienté alors renaîtra sous son intelligente impulsion.

L'administrateur Tang s'était enfui avec sa famille, emportant ce qu'il avait de plus précieux. Trahi par un enfant mis à la torture, il fut découvert et dût livrer jusqu'à sa dernière sapèque.

Ce qu'on rechercha le plus, ce furent les vierges et trois élèves. Quatre jours durant, des groupes de vauriens fouillèrent les montagnes. Pendant ces quatre jours, les pauvres filles restèrent couchées sur la terre nue, dans une broussaille, sous la pluie, sans nourriture. Enfin, une des enfants, affaiblie par la faim et la maladie, ne put s'empêcher de tousser et elles furent découvertes.

Deux des vierges et les trois élèves furent emmenées au village. La troisième vierge, frappée au pied par la pique d'un fouilleur, resta immobile et ne fut point aperçue; mais ne pouvant rester plus longtemps, elle profita de ténèbres pour se rendre chez une famille chrétienne et y prendre de la nourriture. Conduite ensuite par quelques chrétiens à travers des sentiers détournés, elle gagna Chœï-tong où elle monta sur une barque et fut ainsi sauvée. Ses compagnes furent moins heureuses. Retenues prisonnières dans une famille païenne, elles se virent plusieurs fois à la veille d'être vendues et emmenées au loin. Après plus d'un mois de captivité, on parvint à favoriser leur fuite.

Et les mandarins ? Nous ne les verrons point agir. Au fond du cœur, plusieurs n'approuvent pas ces dévastations; tous, d'autre part, sont effrayés et n'ont sous la main que des huissiers qui applaudissent à la persécution; enfin, le mot d'ordre qui vient d'en haut n'ordonne rien qui ressemble à la voix de la justice. Les pillards ont donc carte blanche; ils vont, pendant plusieurs mois, organiser leurs vexations sur tout le territoire, et les pauvres chrétiens sauront ce qu'est le régime de la terreur.

XVII

Le récit du P. Chen-eul

XVII

LE RÉCIT DU P. CHEN-EUL

Trois missionnaires se trouvaient à Chœï-tong, quand arrivèrent coup sur coup les messagers annonçant les détails du meurtre de Lou-tseng et les proportions toujours croissantes du soulèvement païen.

Enivrés de rage par les calomnies répandues et leur propre crime, les païens avaient mis à prix les têtes de tous les missionnaires ; il fallait donc se cacher au plus tôt ou gagner Chang-haï, à travers des périls de toutes sortes.

Jésuite chinois, l'un des trois, le P. Chen-eul consigna plus tard le récit de sa fuite. Cette odyssée mérite de trouver sa place ici, et nous estimons qu'on nous saura gré de lui laisser la parole. La simplicité primitive et la couleur locale du style nous semblent bien loin d'en diminuer l'intérêt.

*
* *

Le 13 juillet, à deux heures après midi, il nous est arrivé un courrier de Kien-ping-hien qui nous a annoncé la mort du R. P. Hoang avec son catéchiste causée par des brigands. Un peu après, trois courriers de suite nous sont arrivés qui nous ont raconté plus en détail le massacre, le pillage et le vol des filles de l'école. Le dernier nous a dit avec beaucoup d'assurance : « Mes pères, sauvez-vous vite, car ces brigands sont partis de Lou-tsen pour venir chez vous. »

Après cette nouvelle, le P. André est parti avec deux catéchistes à Ning-ko-fou pour demander protection du mandarin ; moi, avec le P. Biès, gardons le poste. Le jour même, j'ai fait dissoudre toutes nos écoles, les étudiants sont tous renvoyés dans leurs familles ; les vierges ont passé le torrent pour aller à une autre chrétienté. J'ai fait avertir le ti-pao et les tong-che (1) du pays de veiller pendant la nuit et d'empêcher les gens du bourg de venir chez nous ; car ce jour-là, il y avait une inondation de visiteurs, il n'y avait plus moyen de les mettre dehors.

La nuit est arrivée ; j'ai profité de l'occasion des ténèbres ; j'ai fait enterrer 1,500 piastres (2) dans la cave et fait transporter quatre calices, deux chapelles et nos archives.

Déjà minuit, il est temps de me reposer un peu. Donc, je me suis mis au lit, mais une heure après, j'entends du bruit. Il y avait un enfant venu m'éveiller : « Père, Père, levez-vous ; les brigands sont déjà arrivés, tout le monde se sauve. » Donc je me levai et me presse d'avertir le P. Biès pour partir ensemble ; mais je ne trouvai plus le Père qui était déjà hors de muraille.

Je grimpai sur les bois pour monter et, du haut de la muraille, j'ai sauté et je suis tombé juste dans une cage de poules. Une fois dehors, je demandai à nos gens :

— Pourquoi vous précipitez-vous les uns sur les autres ?

— C'est pour nous sauver.

— Mais avez-vous vu quelque chose ?

— Rien, nous avons entendu dire que les brigands sont arrivés.

— Où sont-ils ?

— Nous n'en savons rien.

Donc, je suis entré dans la maison pour dire la messe. Après la messe, je suis parti de l'autre côté du torrent, où je me cachai chez un chrétien, dans sa cabane de paille.

Deux jours après, on est venu me dire que les brigands désirent ardemment de m'attraper, qu'on sait déjà ma demeure ; il faut se sauver vite, il n'y a rien à dire...

Avant de quitter cette chrétienté, j'ai fait réunir les hommes et les femmes des deux villages In-tsen et Té-tsen, tous dans une même maison. Je leur ai donné l'absolution *in genere*. Tous se sont mis à pleurer comme des enfants. Après cela, chacun préparait ses paquets. Une grande partie des chrétiens me suivit pour aller à une autre chrétienté nommée I-po-tsen.

Une fois arrivés là, les chrétiens du village font préparer quelque

---

(1) Le *tong-che* est un notable chargé de régler les différends. Le *ti-pao* a quelque analogie avec le garde-champêtre.

(2) La cachette n'était pas sûre, car le trésor ne manqua pas d'être découvert et bel et bien volé.

chose pour me donner à manger. Ils ont rempli mes deux sacs de provisions et se sont mis à genoux pour recevoir l'absolution. Je levai donc la main pour les absoudre *in genere*. Ils ont pleuré et sangloté devant moi comme les bons enfants qui ont perdu leur chère maman.

Deux chrétiens prennent la parole et disent :

— Mon Révérend Père, nous allons abandonner nos parents, nos femmes, nos enfants et nos objets à la Providence, et nous vous accompagnerons partout. Nous mourrons ensemble, s'il le faut, car nous sommes bien inquiets de votre Révérence pendant tout le chemin.

Je leur dis :

— Mes enfants, je vous remercie de votre bonne volonté et noble et généreux cœur. Restez ici, soyez les enfants d'obéissance, vos nombreuses familles ont besoin de vous.

Ils continuaient leurs paroles. Mais enfin ils dirent :

— Mon Révérend Père, nous vous obéissons, mais sauvez-vous vite. Soyez tranquille, ne pensez pas à nous ; nous sommes décidés de rester fidèles tous, et nous répandrons nos sangs pour la foi de notre sainte religion, si cette persécution est clairement ordonnée par l'ordre de l'empereur. Sinon, nous nous cacherons dans les montagnes. Pour vous, vous êtes notre tête, nous sommes vos membres. Il n'y a qu'une tête, les membres sont nombreux. Donc, nous désirons conserver notre tête, car si elle est entamée, les membres seront aussi détruits. Alors, mon Révérend Père, nous vous prions de ne penser qu'à vous et pas à nous. Nous prions le bon Dieu pour vous, priez pour nous.

Deux hommes nous conduisent pour passer le torrent. Nous avons voyagé toute la nuit et le matin nous sommes arrivés à Tsong-wang-tsen. Un peu après, le P. Biès est aussi arrivé ; il m'a dit qu'hier, pendant le jour, il était caché avec tous les chrétiens du village de Hiu-tsen dans les montagnes, sous le soleil brûlant. De là, le P. Biès est parti pour Koang-té.

Avant ma sortie de Chœï-tong, j'avais chargé une vingtaine de chrétiens de garder la maison pendant mon absence, mais ayant peur que ces gardiens ne prennent des armes et que les païens nous calomnient de nous révolter contre le gouvernement, j'ai écrit trois affiches pour mettre sur l'enclos de Chœï-tong. Le sens de l'affiche est ainsi conçu :

« Selon la loi de notre sainte Eglise, nous devons aimer nos ennemis ; donc s'ils viennent pour nous attaquer sérieusement, nous ne nous défendrons pas avec des armes, au contraire, nous allons ouvrir la porte, laissons-les entrer. »

Pourquoi m'est-il venu l'idée d'écrire cette affiche ? C'est qu'il y avait deux notables qui m'ont conseillé et conseillé mes chrétiens de prendre les armes. De là, j'ai soupçonné quelque mauvaise intention.

Le soir du même jour, j'ai reçu une lettre du P. André qui me prie de me rendre à In-tsen. A l'instant même je me mis en marche. Arrivé à la porte, il y avait une dizaine de personnes pour veiller pendant la nuit, mais, au lieu de veiller, ils se sont tous mis en sommeil. Aussi, à peine se sont-ils aperçu de notre présence que tous criaient au voleur d'un cri terrible, comme un homme qui a du cauchemar. Un d'entre eux a saisi mon conducteur très fortement, les autres prennent les armes et nous restons dans cet état *sommenolant* pendant deux ou trois minutes, à la fin on se reconnaît.

Entré dans la maison, le P. André me dit qu'il avait presque envie de se sauver par la fenêtre en entendant ce cri terrible. Puis il me dit qu'il avait vu les mandarins de Ning-ko-fou qui ont promis d'envoyer des soldats, s'il le faut, et ont chargé le Père d'écrire tous les jours tout ce qui se passe à Chœï-tong, bon ou mauvais. Bonnes paroles, et nous verrons leur pratique.

La nuit est bien courte, au jour j'ai commencé ma messe. Le Père a confessé, puis prêché avec beaucoup de zèle et confiance. Puis il est parti pour Ho-li-ki. Pour moi, je restai, car on n'avait pas affiché mes trois affiches. Quelques catéchistes, après les avoir lues, trouvaient cette manière d'agir trop faible et je savais que nos gardiens avaient pris les armes. Le jour même, j'ai fait déposer toutes les armes et mettre dehors ; j'ai diminué le nombre des gardiens et surtout posé mes petites affiches. Encore après cela, le bruit court que le Tien-tchou-kiao se révolte ; aussi, j'ai écrit quatre lettres aux mandarins, où j'ai énuméré toutes les calomnies qu'on jette sur notre dos, par exemple : « Arracher les yeux, les cœurs des enfants, couper les queues et les plumes des poules (1), se révolter contre le gouvernement. Mais les lettres restent sans réponse.

Pendant ce temps-là, il y avait toujours des satellites envoyés à Chœï-tong pour nous surveiller, et on dit que certain mandarin même, en habits simples, serait venu constater la révolte.

(1) Le P. Nempon écrivait du Tonkin, le 6 novembre 1888 :
« Il court des bruits très extraordinaires à Nam-dinh. Les hommes, paraît-il, se réveillent, le matin, la tête rasée. Il en est de même des porcs, des buffles et des bœufs. Pour ma part, j'ai vu, de mes yeux vu, les poules se couper les ailes. Les païens sont dans la terreur : pétards, tambours, tam-tams font un charivari formidable pour chasser le *ma* (démon) ; et le *ma* ne s'en va pas, et les poules continuent à se couper les ailes. Quelle curieuse affaire ! Les païens n'osant pas manger la poule aux ailes coupées, la vendent pour rien ; les chrétiens, qui n'ont guère peur du *ma*, en font leur profit sans mieux s'expliquer la chose. »
(*L'âme du missionnaire*, Paris, V. Retaux, p. 382.)

Chambre d'auberge chinoise.

(On faisait courir le bruit qu'il y avait à la résidence une garnison de mille chrétiens bien armés.) J'avoue que je perds ma boussole, et ne sais plus en quel côté il faut diriger ma barque demi-chavirée ; je ne sais non plus quelle comédie ces gens nous jouaient. Il faut que je voyage encore sous les belles étoiles, encore ne pas dormir, car un courrier arrive du bourg et me dit :

— Père, il y a une vingtaine d'inconnus logés à l'auberge d'un *Kiang-pé-jen (1)*. Ils disent savoir que beaucoup d'objets de Chœï-tong ont été transportés à In-tsen, près de vous, c'est pour cela qu'ils vont venir demain ici, puis ensuite ils iront attaquer Chœï-tong. Si vous ne me croyez pas, allez vous-même voir.

Après une assurance de ce genre, je crois qu'il est prudent de se résigner et de continuer mon nocturne voyage. J'ai fait préparer mon petit paquet, j'ai entendu quelques confessions et suis parti pour Siao-in-tsen, à 15 li de Chœï-tong. Les vierges m'ont prié d'aller dans les montagnes ; je les ai envoyées sur les montures, accompagnées par deux néophytes, vers Tsong-wan-tren, où il y a de très grandes montagnes. Je suis allé là aussi la nuit suivante. On m'a dit que les indigènes, depuis plusieurs jours, ôtent les rouilles de leurs vieilles armes et les aiguisent avec un grand soin ; on dit que c'est pour tuer les chrétiens.

Jusqu'ici, ceux de ce village se tenaient vraiment bien. Le vieux Kiou, mon ancien catéchiste, qui, le premier, a introduit la religion dans le village et fait baptiser toute sa famille, sonne le tam-tam pour réunir tous les chrétiens dans une petite chapelle nouvellement bâtie par le R. P. Ly, sur une petite colline dédiée à la très sainte Vierge : 1° pour réciter les prières du matin ; 2° prier la sainte Vierge de leur donner la paix ; 3° demander la pluie à la bonne Mère. Tout le monde est allé, personne n'a ôté son image. La nuit est arrivée, terrible moment. Les chiens commencent à aboyer, le cœur battait, je n'ai plus envie de souper.

La maman de mon jeune catéchiste m'a offert un très bon souper, elle m'a forcé de prendre quelque chose : *Rexibus accinctis et calceamenta habentes in pedibus, tenentes baculos in manibus et comedimus festinanter,* car nous voulions partir tout de suite à un autre endroit. Mais les chrétiens me retenaient disant que, du village à l'endroit où je voulais aller, il n'y a que trois li.

— Donc, vous pouvez dormir ici jusqu'à une heure après minuit ; à deux heures, vous direz la messe, et après, vous vous rendrez là.

Je suis satisfait de leur bon conseil ; à force de veiller, le sommeil m'a pris soudainement jusqu'à deux heures après minuit. Je me suis éveillé,

(1) Natif d'une préfecture sise au nord du fleuve Bleu.

j'ai fait lever mes gens pour préparer et dire la messe. Chose étonnante : la porte ouverte, on trouve derrière deux personnes restées debout aux deux côtés. On demande :

— Qui êtes-vous ?

— Nous, deux chrétiens de Tcheng-tsen.

— Que faites-vous, venir ici pendant la nuit ?

— Nous sommes venus pour dire au Père une chose bien grave.

— Entrez vite ; dites ce qu'il y a de nouveau ?

Ils racontent que la veille, après dîner, il y avait eu un pen-ti du village de Tsong-wan-tsen qui était venu de Tchen-tsen pour acheter des légumes et avait dit au scieur de long que le P. Chen-eul était à son village et, avec le Père, toutes les bêtes et tout l'argent de Chœï-tong.

— Donc, allons bientôt le prendre et prendre ses biens.

Entendant ces paroles, nous avons craint beaucoup pour votre Révérence et nous sommes accourus ici pour vous avertir et vous prier de changer tout de suite de village.

Nous nous mettons vite en marche pour gagner les frontières du Koang-te-tcheou.

En passant un village de pen-ti, nommé Ta-ou-tsen, beaucoup de monde était sorti pour nous regarder avec un air de mépris, et on disait en secret que nous allons nous fuir dans les montagnes de Ning-ko-hien. J'ai frappé ma bête d'aller plus vite, car j'ai peur de ces gens qui peuvent bien me jouer un tour.

A midi juste, nous sommes arrivés à un village nommé Tsong-pao-tsen, où j'ai passé deux jours sur grenier. La nouvelle de Chœï-tong était assez bonne. Donc, je me décidai à retourner à Chœï-tong. Mais, après avoir fait 20 li, nous avons rencontré trois voyageurs qui nous approchent avec des pas très pressés. Nous leur disons :

— Qui êtes-vous ? car il fait des ténèbres.

— Nous sommes les chrétiens de Tcheng-tsen ; nous sauvons nous-mêmes, car les soldats sont à Kou-tse-miao, à 15 li de Chœï-tong. Demain ou après-demain ils vont démolir la résidence. Père, où allez-vous maintenant ?

— Je m'en vais à Chœï-tong.

— Non, non. N'allez pas vous exposer, retournez avec nous. Attendez-nous par ici et, si la nouvelle devient de pire en pire, Père, nous vous accompagnerons à Hio-fong-hien.

Après leur conseil, j'ai repassé la montagne et je suis allé plus loin, chez un chrétien nommé Wei-li-fa. Là, j'ai logé dans le grenier un jour et une demi-nuit. Au-dessous du grenier, c'est la cuisine. Pendant qu'ils faisaient le feu, la fumée et la chaleur nous faisaient suer et pleurer d'une manière très abondante.

Il est venu un bon néophyte qui nous a conseillé d'aller dans un endroit renfermé par des montagnes ; il s'est offert pour nous conduire. Après souper, nous marchions sur ses traces, toujours en tâtonnant avec un petit bambou dans la main ; mais quel affreux chemin ! Pour mieux dire, il n'y en a pas ; c'est nous qui faisons le chemin, car nous ne marchons que dans les herbes, les buissons et les pierres bien escarpées.

Dieu merci, qui nous a encore donné de la pluie et du vent. Point de lumière !

Pour compléter notre bonheur, le conducteur a perdu son chemin. Avec tous ces accidents, comprenez-vous bien quelles délices de rester au milieu d'un désert inconnu ? Mais malgré tous ces malheurs, il me venait une pensée bien consolante, c'est que personne de nos ennemis ne peut me tuer tant que je reste dans ce désert ; et si les panthères me pardonnent la vie, je suis vraiment en lieu sûr. Grâce aux chiens qui aboyaient au fond d'une montagne, nous dirigeons nos pas vers eux ; un quart d'heure après, nous sommes rendus au paradis qui est vraiment bien fermé, car deux jours de suite je n'ai pas vu un visiteur.

J'ai envoyé un orphelin à Chœï-tong et lui ai dit :

— S'il n'y a pas d'importantes nouvelles, ne revenez pas ; attendez jusqu'au moment où l'on commencera à piller la maison et que vous verrez ces brigands y entrer par vos propres yeux. Alors, revenez ici vite me le dire.

Deux jours se passent, personne ne revient. Le troisième jour, à trois heures, j'étais sur une petite colline et j'aperçus mon petit orphelin qui revenait avec une vitesse extraordinaire.

Je crus qu'il y avait quelque chose de grave ; je suis allé le rencontrer. Je lui ai demandé :

— Mon enfant, avez-vous la bonne nouvelle?

— Très mauvaise, répond l'orphelin. L'église de Hiu-tsen est brûlée, c'était ce matin à dix heures. A midi, ces brigands sont arrivés au nombre de 300 environ, tous bien armés, et ils ont déjà commencé à piller notre maison, voler les objets, briser les meubles, casser les fenêtres, démolir la maison, en un mot ravager et bouleverser tout. Et après ça, on dit qu'ils vont piller tous les kong-sou autour de Chœï-tong. Dans tous les villages, sur le chemin, tous les mauvais indigènes et étrangers se préparent à piller et démolir les autres kong-sou qui sont dans leurs villages.

Une fois bien assuré de ces tristes nouvelles, je me préparai à me sauver pendant la nuit, car une fois la nouvelle arrivée ici, tout le pays sera en trouble, je n'aurai plus le moyen de m'enfuir.

Donc, j'ordonne à un barbier de couper toute ma barbe. Mon catéchiste y fait difficulté, disant que ce n'est pas nécessaire.

Le barbier commence à couper la partie qui est sur le menton, alors je demandai à mon orphelin :

— Mon enfant, me reconnaissez-vous ?

— Oui, mon Père, je vous reconnais encore.

Donc, j'ai dit au barbier, d'un ton solennel :

— Coupez tout.

Le barbier m'obéit ; il a rayé tout *usque radicem*, et je redemandai à mon orphelin :

— Mon enfant, me reconnaissez-vous encore ?

— Non, non, mon Père, chose curieuse, je ne vous reconnais plus.

Après ça, j'ai pris une vieille culotte, une chemise d'une toile grossière et je me suis mis en pieds nus, un petit sac et un parapluie sur le dos, la queue enroulée sur la tête. Aussitôt que nos toilettes sont faites, nous nous mîmes en marche bien gaiement. *Sensim sine censu*, nous avons fait 15 li. Il faut passer un petit village nommé Koan-in-ngan. Nous ne voulions pas que les habitants nous parlent les premiers. Nous demandons :

— Mes amis, avez-vous une lanterne à nous prêter, demain, en revenant, nous vous la rendrons ; car voyager pendant la nuit, il est vrai qu'il fait bien frais, mais c'est bien embêtant de marcher sans rien voir.

— Pardon, messieurs, répondent nos bons habitants, nous n'avons pas cette machine à vous prêter.

— Enfin, puisque vous n'en avez pas, il faut nous résigner à en être privés. Allons, continuons nos chemins, peut-être que nous la trouverons ailleurs. Merci, mes amis.

5 li après, nous sommes déjà au bourg de Kien-tcheng-pou. C'est un passage inévitable et bien difficile. Mais, Dieu aidant, nous l'avons traversé bien tranquillement. Les gens n'ont rien dit. Mais, ayant fait 3 li, nous apercevons derrière nous des lanternes qui nous poursuivent malgré la pluie. Nous nous concertons sur ce qu'il faut faire. Notre conducteur dit qu'il faut nous arrêter dans une auberge qui est tout près. Nous nous hâtons d'y entrer et nous fermons la porte et nous nous lavons les pieds.

Au bout de cinq minutes, ces gens entrent avec des lanternes et des armes. Ils demandent à l'aubergiste :

— Avez-vous vu quatre personnes passer, portant leur paquet sur le dos ?

— Peut-être c'est nous que vous cherchez ? Nous voici quatre, chacun

portant un petit paquet, regardez bien si c'est nous que vous cherchez avec tant de peine.

Après quelques paroles de la sorte, ils sont tranquillisés. D'eux-mêmes, ils disent que si c'est nous, ce n'est rien, mais que seulement il ne faut pas voyager la nuit.

— Merci, nous ne voyagerons plus ; soyez tranquilles, parce que nous ne voulons pas vous causer tant d'inquiétudes.

Après ces mots, ils nous quittent en riant.

Mais quelque temps après, arrive une autre bande plus féroce et mieux armée. Ils entrent brusquement, les lanternes dans les mains, et nous demandent :

— Qui êtes-vous ?
— Nous sommes voyageurs.
— Que faites-vous ?
— Nous faisons du papier. (1)
— D'où venez-vous ?
— Nous venons de Po-me-tsen.
— Comment s'appelle le patron ?
— Il s'appelle Tchang.
— Où allez-vous ?
— Nous allons au Hio-fong, à Tong-tsen, fabrique de papier.
— Comment s'appelle le maître de cette fabrique ?
— Il s'appelle Yang.
— Quel intérêt, quelle nécessité vous presse de voyager pendant la nuit ?
— La fraîcheur.
— Savez-vous qu'il n'est pas permis de voyager pendant la nuit ?
— Nous n'en savons rien.
— Désormais, il ne faut plus voyager la nuit. Allez, reposez-vous.

A la fin, ils nous ont quittés assez aimablement.

Nous sommes montés au grenier pour nous coucher. Le grenier était porté par quatre bambous. Sur ces bambous, on avait attaché de petits bambous, sur ces petits bambous, il y a de la paille, sur cette paille, une vieille toile. De cette manière, le lit commun était formé. Une fois dessus, un petit mouvement fait danser tout le grenier ; on a toujours peur de tomber.

Nous nous étendons sur ce lit mobile, combattant assidûment contre

(1) En effet, l'un des voyageurs était fabricant de papier dans le Ning-ko-fou. Cette industrie est très répandue, favorisée qu'elle est par les bambous qui poussent sur les montagnes et les torrents qui font mouvoir les moulins.

les moustiques et renouvelant sans cesse mes actes de contrition parfaite. La nuit me paraît bien longue. Mais minuit est passé, il n'y a plus longtemps avant le jour.

Tout d'un coup, nous entendons un coup de fusil et, bientôt après, des gens parlant entre eux qui nous approchent. Je tremble, je ne suis plus maître de moi-même. Je demande à mon catéchiste ·

— Que faut-il faire ?

— Mon Père, dans ce cas, il n'y a rien à faire que d'avoir confiance en Dieu ; restons tranquilles.

Après ces mots, vraiment je me sentis calmé ; je me remis dans le sens horizontal.

Mais ces gens arrivent devant la porte ; ils tirent un coup de fusil, et, d'un coup de pied, font ouvrir la porte. Tous entrent, au nombre de quinze, bien armés. Ils demandent à l'aubergiste, brusquement :

— Où sont-ils ces quatre voyageurs ? Avez-vous fait inscrire leur nom, leur office et endroit ?

— Pas encore, répond l'aubergiste.

— Pourquoi être si négligent dans votre office ?

— Parce que je ne sais pas écrire. Je vais les faire inscrire demain matin.

Un d'entre eux, montant sur une échelle, fait passer sa lanterne sur nos figures.

Nous faisons semblant de dormir.

L'un dit à l'aubergiste :

— Où sont-ils ces quatre voyageurs ?

— Ils sont au grenier.

— Faites-les descendre, nous voulons les voir.

— Descendez, messieurs, crie l'aubergiste. Les tong-che, lao-ye et ti-pao désirent vous voir.

Sur son appel, nous descendons pour nous faire voir. Ils nous regardent tous avec soupçon. Ils nous demandent d'un ton fâché :

— Qui êtes-vous ? Que faites-vous ? Pourquoi voyagez-vous pendant la nuit ? D'où venez-vous ? Où allez-vous ? Pourquoi si pressés ? Certainement il y a quelque cause ; dites-le nous clairement.

— Nous sommes voyageurs, répond mon catéchiste, nous faisons le commerce du papier, nous sommes venus de Po-me-tsen, au Ning-ko-hien, et nous allons à Tong-tsen, dans Hio-fong-hien, à une fabrique de papier dont le maître se nomme Yang. Nous profitons de la fraîcheur de la nuit et voyageons sous les belles étoiles. Si vous demandez une autre cause, nous n'en savons rien.

Un d'entre eux entendant nommer Yang fut satisfait et dit :
— Oui, oui, je connais cet homme.
— Maintenant, montrez-nous vos paquets.

Je montai en haut et j'ai fait cacher notre argent dans la paille. J'ai jeté nos paquets du haut du grenier. Ils ont visité trois sacs ne trouvant rien d'extraordinaire. Seulement, ils ont fait une remarque : « Trop d'habits ». Mais cette remarque est bientôt dissipée par un d'entre eux qui dit : « Les habits ne sont pas défendus ».

— Maintenant, êtes-vous tranquille ? Avez-vous quelque chose à visiter ?

— Il n'y a plus rien. Vous pouvez vous coucher ; nous verrons demain.

Ce mot demain attire notre attention. Quand ils sont partis, nous sommes remontés au grenier. Je redoublai avec ferveur mes actes de contrition, car le jour sera pire. Le coq ayant chanté une première fois, nous éveillons notre aubergiste pour préparer le déjeûner.

Nous mangeons beaucoup ; puis j'ai fait semblant de ne pas vouloir partir, car il tombait de la pluie. Mais mon catéchiste dit que si la pluie tombait beaucoup, le torrent serait gonflé, nous ne pourrions plus passer. Après beaucoup d'hésitations feintes, nous nous décidons. Nous remercions l'aubergiste qui s'est excusé du danger que nous avons trouvé chez lui pendant la nuit, mais que le mandarin a ordonné aux tong-che et ti-pao de surveiller partout afin que les Européens et chrétiens ne passent pas.

Nous avons d'abord marché d'un pas ordinaire ; mais, 4 li plus loin, nous avons couru à quatre jambes. Nous avons passé deux montagnes bien élevées et bien difficiles, nous avons monté et descendu, remonté et redescendu ; je ne sais combien nous avons fait de chemin par zig-zag.

A quatre heures du soir, nous sommes arrivés aux frontières de Koang-te-tcheou. Nous logions dans une maison chrétienne d'un nommé Kiang, personne ne m'a reconnu pour prêtre. Après avoir pris quelque chose, j'ai appelé le maître de la maison ; je lui ai communiqué la nouvelle, je lui ai dit que j'étais tel prêtre. Le mot de prêtre, comme un éclat de foudre, le fait tomber sur ses deux genoux, ses yeux sont baignés de larmes, il est plein de compassion en me voyant si défiguré.

Nous avons passé la nuit chez ce chrétien. Le lendemain, nous partions à âne pour la province du Tché-kiang. Le soir, nous sommes arrivés à un grand bourg nommé Se-ngan. Nous sommes entrés dans une barque commune.

Pendant toute la nuit, les voyageurs ne parlaient que du Tien-tchou-kiao et des massacres du P. Hoang et des chrétiens, et de toutes les calomnies, par exemple couper les queues, arracher les cœurs humains, les yeux des enfants. Les gens sont contents d'entendre tout cela et ils ont une persuasion et une croyance de fer sur ces calomnies incroyables. Pendant toute la nuit, j'ai feint de dormir très bien, mais j'entendais tout.

Une fois arrivés à Hou-tsen, nous avons appelé une barque à nous seuls. De là, mon cœur a cessé de palpiter. Pendant tout le temps, j'ai dormi jour et nuit, et, au bout de trois jours, nous sommes arrivés à Zi-ka-wei le jour de saint Ignace, pendant la bénédiction du Saint-Sacrement,

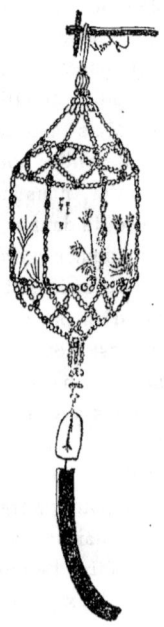

XVIII

Journal du P. André

XVIII

JOURNAL DU P. ANDRÉ

Le P. André était à Chœï-tong quand la nouvelle des meurtres de Lou-tsen arriva. Coup sur coup, plusieurs courriers se succédèrent : plus de doute possible, la situation des missionnaires était fort grave et l'avenir très sombre.

« Je monte vite à cheval, écrit-il, avec deux catéchistes pour aller demander secours et protection aux mandarins de Ning-ko-fou. Au gros bourg de Sun-kia-pou, depuis longtemps couraient des menaces de mort contre le chrétiens et le missionnaire. Nous y arrivâmes heureusement de nuit. Il était neuf heures du soir. Bien plus, en ces jours, il y avait grande comédie. Les auberges et les rues étaient encombrées, ce qui ne faisait que tout juste mon affaire. Je craignais d'être reconnu au milieu de cette foule sans foi ni loi. Enfin, grâce à nos bons anges, nous pûmes longer tout le bourg, tirant nos montures par la bride et passer sains et saufs de l'autre côté du torrent. Ceux qui nous montraient disaient : « En voilà qui viennent de voir la comédie », et n'en pensaient pas davantage.

» A minuit, nous étions à la porte nord de Ning-ko-fou. Mon premier soin fut d'envoyer mon catéchiste Ko voir si le P. Chen-Leang, parti dans la matinée de Chœï-tong, ignorant l'affreuse nouvelle, n'était pas sur sa barque dans le port. Il fallait qu'il en fût informé pour l'annoncer à Chang-haï. Dieu permit qu'il y fût et surtout que mon catéchiste le trouvât. »

Ce fut en vain que le Père demanda qu'on lui ouvrît les portes de la ville. Les auberges du faubourg refusant toutes de recevoir le voyageur, il demanda asile au P. Cheng-Léang et se réfugia sur sa barque : « Point de souper pour nous ce soir-là. Je m'étendis sur la planche à l'arrière.

» Au point du jour, les portes de la ville étant ouvertes, nous arrivâmes à notre maison. Vers huit heures, j'envoyai ma carte au sous-préfet et au préfet. Plus tard, je me rendis chez le premier qui refusa de me recevoir, prétextant qu'il n'était pas levé. Il était dix heures. Sans perdre de temps en pourparlers avec les employés, je dirigeai mes pas vers le tribunal du préfet. Ici nous trouvâmes plus de politesse. Les employés furent convenables et le préfet me reçut bien. Je lui fis part en quelques mots du massacre du P. Hoang et de tous les crimes dont Lou-tsen venait d'être souillé la veille, et du danger imminent d'être pillés et tués à Chœï-tong si le mandarin ne nous portait prompt secours et ne lançait, dès le lendemain dans toute la préfecture, une proclamation qui pourrait prévenir d'innombrables malheurs.

» Le secours fut promis.

» Aujourd'hui même, dit le grand homme, quatre satellites vont partir pour Chœï-tong avec ordre sévère d'arrêter et d'amener ici quiconque répandra des bruits sinistres parmi le peuple et excitera soit au pillage, soit au meurtre.

» C'étaient de belles et bonnes promesses. Mais les malheurs que nous avons aujourd'hui à déplorer font voir que toutes ces promesses, comme tant d'autres, n'étaient que de pures paroles de politesse fourbe et un moyen de me renvoyer content. »

Le Père repartit le 15 de bonne heure, suivant un chemin moins fréquenté. Les plus mauvais bruits circulaient de tous côtés. Le surlendemain, il arrivait à Ho-li-ki. La veille, pendant la nuit, une tentative de pillage contre la résidence avait été faite par une soixantaine de vauriens et fumeurs d'opium. Quelques chrétiens appelés au secours, et le passage du *pon-ting* (homme chargé des voleurs), qui visitait alors les auberges, suffirent pour disperser cette bande. Quelques carreaux cassés, une porte défoncée furent les seules traces de leur passage. Le coup manqué fut remis à plus tard. Mais laissons la parole au P. André.

« Les bruits de pillage et de mort étaient très accentués. Les chrétiens, ne me voyant pas arriver le lendemain du meurtre du P. Hoang, faisaient des conjectures de toutes sortes et croyaient facilement aux paroles des païens. Ceux-ci racontaient que Chœï-tong était détruit et que je m'étais enfui à Ning-ko-fou, mais qu'en passant à Sin-kia-pou j'avais été tué et jeté dans le torrent. D'autres disaient qu'en arrivant à Ning-ko-fou j'avais été arrêté par ordre des mandarins et jeté en prison. Le Père ne reviendra plus, disait-on ; si vous ne renoncez bien vite au Tien-tchou-kiao, les soldats vont venir vous piller et vous tuer. Toutes ces rumeurs firent de tous côtés d'innombrables défections. Mon arrivée rassura un peu les chrétiens ; mais l'heure du trouble était venue.

» Le 16, dans l'après-midi, je fus en cérémonie rendre visite au sous-préfet Wang. Je lui fit part de ma position, de celle des chrétiens, de l'attaque de la résidence, du danger qui nous menaçait, de toutes les rumeurs sinistres qu'on répandait

» — Tout cela n'est rien, dit-il, n'y faites pas attention; ici, il n'y aura rien.

» — Grand homme, nous ne voyons pas de la même manière : Si le danger pour moi et pour les chrétiens n'était évident, je ne serais pas venu aujourd'hui vous déranger. Donc, s'il vous plait, envoyez quelques satellites garder ma résidence ; faites, s'il vous plait, afficher une proclamation pour arrêter les mauvais bruits, défendre de piller les chrétiens, et par cette mesure sage vous détournerez un coup terrible qui nous menace et dont les graves conséquences retomberont sur vous.

» Il me le promit. Mais tout cela est resté à l'état de promesse. Le mot semblait donné, il fallait partout laisser faire.

» Le 18, je me rendis dans la chrétienté de Mang-fou pour ranimer un peu les chrétiens que je savais en grand danger de perdre la foi. Hélas ! les rumeurs avaient jeté l'épouvante dans ces âmes timides. La crainte des vexations et de la mort avait fait détacher l'image chrétienne et coller à la place la fameuse pancarte païenne. Ils n'osaient plus venir devant moi, leur conscience leur reprochant cet acte de faiblesse. D'un autre côté, le démon leur inspirait une grande crainte de se compromettre en venant me voir. Quelques-uns se mirent en route et firent quelques li, mais la peur leur fit rebrousser chemin. Une des raisons sans doute, c'est que le matin même une proclamation du général Fang avait été affichée à Ho-li-ki. Elle fit le plus grand mal. C'était un hypocrite appel à l'apostasie. Des satellites en firent afficher une copie à Mang-fou par un des principaux chrétiens. Je l'avoue, cette désertion de mes chrétiens me mit un poignard au cœur. Mais je me rappelai la fuite des apôtres. Je fus plus heureux à Ki-chan-pin. Plusieurs familles étaient restées fidèles. J'y dis quatre messes. Tout le monde s'approcha des sacrements.

» Pendant ces jours, la peur des chrétiens et la joie des païens ennemis redoublèrent à Ho-li-ki. On avait annoncé l'arrivée d'une troupe de soldats du général Fang. Le sous-préfet avait reçu l'ordre de construire quelques baraques et de faire des provisions. En effet, le 22 au soir, quelques centaines de soldats arrivèrent de Kien-ping. Les méchants jubilaient ;

ils s'attendaient à les voir fondre sur notre maison et se tenaient prêts à leur donner un bon coup de main. Mais, le 23, les troupes partirent pour King-hien, sous-préfecture limitrophe. Que signifiait ce passage pacifique ? Il déconcerta la mauvaise populace. Deux chrétiens vinrent m'annoncer cette nouvelle. Il n'y a plus rien à craindre, disaient-ils, vous pouvez revenir. Je crus en effet la crise un peu passée. Je revins dans la matinée du 24. Tout était calme. J'écrivis un mot au P. Chen-Eul sans savoir où il était ; mon domestique Yang se chargerait de le découvrir.

» C'est à cette date que les temps mauvais ont commencé pour moi.

» Vers trois heures du soir, Yang revient, il est pâle et tout essoufflé.

» — Qu'y a-t-il donc, lui dis-je ?

» — Père, cela va très mal. Hin-tsen est brûlé et les brigands sont maintenant à Chœï-tong. Après avoir pillé les maisons, ils vont tout brûler. De Chœï-tong ils vont venir ici et détruire tous les kong-sou sur leur passage ; sauvez-vous, on en veut à votre vie.

» — Ce que tu dis n'est peut-être pas vrai ; attendons.

» — Père, je le tiens du catéchiste Ko qui vient à cheval vous avertir. Il va arriver. Père, le voilà.

» En effet, le catéchiste entrait, tout défiguré ; il confirma la nouvelle ; il s'était enfui mal vêtu.

» Après avoir pris quelque nourriture, il partit pour Hoang-te.

» En même temps, on racontait partout dans les rues ce qui s'était passé à Hin-tsen et Chœï-tong. Un inconnu venait d'arriver dans le bourg en petite chaise. Il venait donner le signal.

» Le moment était donc venu de songer à disparaître ; il était temps de partir.

» Je donne ordre de seller les bêtes et, avec mon catéchiste Tang, nous allons nous réfugier dans une pauvre famille chrétienne, derrière une plantation de bambous, en attendant que les ténèbres nous permettent sans trop de danger d'aller plus loin et dans un lieu plus sûr.

» Avec le soir, Ho-li-ki commença à remuer et à se porter du côté de notre maison. De temps en temps des coups de fusil se faisaient entendre. De crainte que les chrétiens, et surtout le missionnaire, n'échappassent, les chemins furent très surveillés. Et pourtant, je ne pouvais demeurer dans ma retraite. On m'avait vu m'enfuir et l'on savait certainement où j'étais, à 3 li d'Ho-li-ki.

» Dieu inspira un des chrétiens qui m'entouraient.

» — Père, me dit-il, à 7 ou 8 li d'ici demeure un de mes anciens amis, c'est un très honnête homme. Sa maison est complètement isolée dans les montagnes, et lui n'a rien à craindre des méchants ; il est païen lui-même ; voulez-vous que je vous conduise chez lui ?

» — Volontiers ; vers une heure du matin nous partirons.

» Il n'était guère alors que dix heures du soir.

» J'essaie, mais en vain, de sommeiller ; sommeil et appétit, tout avait disparu.

» J'assignai à mes catéchistes la marche à suivre. Chacun emmenerait une mule en suivant des directions opposées à la mienne ; peut-être nos ennemis seraient-ils ainsi dépistés. Le domestique Yang, inconnu dans ce pays, resterait avec moi. De plus, comme le digne homme chez lequel j'allais chercher refuge s'appelait Yang aussi, mon domestique pouvait facilement passer pour un de ses parents.

» L'heure du départ arrivée, nous nous mîmes en route. Le chrétien qui nous conduisait marchait en tête, portant mon léger bagage composé de quelques vêtements de rechange et du bréviaire. Je le suis, et mon domestique ferme la marche. La nuit était très sombre. Armé d'un bambou, je tâtonne et me maintiens sur le sentier, ce qui ne m'empêche pas une fois de prendre un ruisseau pour lui ; je n'en eus que jusqu'à mi-jambe. Nous avions à passer devant deux villages païens. Nous redoublâmes de précautions, ne marchant que sur la pointe des pieds, comme des voleurs de nuit. Mais les chiens faisaient bonne garde ; malgré tout, quelque pierre heurtée roulait en faisant du bruit, et les chiens d'aboyer. Nous passâmes heureusement. Nous arrivons à la petite montagne derrière laquelle se trouvait la maison solitaire. Mes souliers pleins d'eau me rendaient la marche difficile. Enfin, après quelques efforts, nous étions à peu près rendus. Je dis au chrétien :

» Tu sais que ton ami ne nous attend pas ; va donc voir d'abord s'il est là ; dis lui ma position et demande-lui s'il a le courage de me recevoir. Il partit. J'étais assis avec mon domestique sur le bord du sentier. Je laisse à penser quels étaient les sentiments qui traversaient mon âme dans ce moment d'angoisse. Un grand calme y régnait et dominait les impressions pénibles ; je sentais un abandon complet entre les mains de Celui qui peut tout et ne veut en toutes choses que notre unique bien.

» La réponse ne se fit pas attendre.

» — Père, venez, on est enchanté de vous recevoir et de vous protéger.

» — Dieu soit béni !

» Le brave païen vint lui-même me recevoir. J'avance et j'entre non dans une maison, mais dans une grange. En effet, le milieu des deux côtés ou des deux bouts est ouvert à tous les vents A l'est, un treillage en jonc forme une chambre, mais sans porte. A l'ouest, il n'y a de treillage que de trois côtés. Je me demandai où l'on pourrait me cacher, la chose me paraissait impossible. Toute la famille s'était levée, le feu fut allumé, une tasse de thé me fut offerte. Quatre personnes composaient cette famille. Le père et la mère d'une cinquantaine d'années, un jeune homme et une jeune fille de dix-huit à vingt ans. La réception finie, je fus invité à prendre mon repos. Or, au-dessus du fourneau où l'on cuit le riz, se trouvait un treillage de bambous formant plafond. Là se trouvait le lit de mon protecteur, il eut l'amabilité de me l'offrir. Le tout se composait d'une vieille couverture sous une moustiquaire juste de ma longueur et blanche autant qu'elle pouvait l'être au milieu de la fumée du foyer qui l'enveloppait trois fois par jour. Sa hauteur ne dépassait pas deux pieds. C'est dans cette espèce de tombeau aérien que je demeurai du 24 juillet au 7 août. Quand le feu était allumé, force était de descendre.

» J'appris que nos ennemis, furieux de me voir leur échapper, avaient mis ma tête à prix. Les uns disaient 300 piastres, les autres 100 ou 200 ; c'était bien tentant pour des païens ou des Judas chrétiens.

» La résidence d'Ho-li-ki avait rapidement été livrée au pillage.

» Un jour, mon bon païen en revenant du bourg rencontra un *pen-ti* qui me cherchait et me faisait demander partout.

» — Où demeures-tu donc, lui dit-il.

» — Dans les montagnes de Mang-fou.

» — Que fais-tu là ?

» — Je cultive des terres.

» — N'aurais-tu pas connaissance de l'endroit où se cache Hang-chen-fou ?

» — Je suis païen, je ne connais pas les Européens.

» Un autre jour, le bonhomme était allé vendre du bois en ville. A la porte du midi, il se mit à causer avec les soldats qui le connaissaient. La conversation roula sur le pillage des chrétiens. L'un d'eux lui dit :

» — Sais-tu que cent piastres sont promises à celui qui livrera le Père ?

» — Je l'ai ouï dire, répond le vieux, mais le difficile c'est de le trouver.

» — Tâche donc d'avoir cette chance, tu feras une bonne journée ; tu n'auras plus besoin de venir vendre du bois pour vivre.

» A son retour, le brave homme me racontait le dialogue et il ajoutait dans sa simplicité :

» — J'ai cinquante-deux ans, et ma femme cinquante-sept ; ce n'est pas maintenant que nous commencerons à commettre pareilles abominations. Non, Père, n'ayez pas peur, nous ne vous trahirons pas ; nous avons encore de la conscience.

» J'admirais les desseins de la Providence ; je bénissais Dieu et le priais de faire descendre ses grâces sur cette famille.

» Le 28 juillet, le mandarin effrayé des proportions que prenait la persécution, des vols, des pillages et des meurtres même qui se commettaient, lança un édit qui fit du bien. Plût à Dieu qu'il l'eût fait quand je le lui demandai.

» — Etrangers, indigènes, chrétiens et païens, disait-il, sont également soumis aux lois de l'empire et ont des droits égaux à leur protection. Malheur à qui osera les violer en commettant des vols, des pillages et en troublant la paix.

Le P. André, s. j., missionnaire à Ning-ko-hien.

» Malgré les bonnes nouvelles, entre autres celle que des Pères et des délégués envoyés de Ngan-king allaient venir, je restais caché dans mon réduit.

» Ceux qui me protégeaient étaient d'ailleurs si bons, si pleins de complaisance, que je ne trouvais pas le temps de m'ennuyer. Je ne craignais qu'une chose, les visites intempestives de deux ou trois païens amis de la famille.

» Un jour, l'un d'eux arriva inopinément. J'étais au milieu de la maison, assis à une petite table. Heureusement, j'eus assez de temps pour me cacher, cela grâce au vieux qui, l'ayant vu à travers le treillage, s'était précipité dehors pour l'arrêter un instant.

» Un autre jour, sur le soir, nous causions tranquillement, quand tout à coup je vois venir un homme. Je m'esquive derrière la maison et m'enfuis dans la montagne. Mais il était trop tard.

» — Quel est cet homme qui vient de s'enfuir, dit le visiteur ?

» — Tu es mon ami, dit le vieux Yang, et un homme discret ; tu me promets de ne pas me trahir.

» — Eh bien quoi, dit l'autre, que veux-tu dire ?

» — Je fais une bonne action, je sauve un homme, et cet homme c'est le père Hang. Tu n'en diras rien, n'est-ce pas ; je serais aussi perdu.

» — Non, non, n'aie pas peur. Puisque c'est lui, je serais content de le voir. Prie le donc de rentrer.

» Le père et le fils vinrent à moi et me dirent qu'il n'y avait rien à craindre. Le visiteur fut en effet des plus aimables. Je l'aurais pris pour un chrétien, tant il s'apitoyait sur mon sort.

» Il tint en effet sa promesse de garder le silence.

» Enfin, le 3 août, j'appris qu'une lettre annonçait au mandarin de Ning-ko-hien qu'un délégué de Ngan-king venait chercher le P. André et demandait au sous-préfet où était ce missionnaire. Celui-ci prit des informations, mais en vain ; la rencontre de mes mules à 40 li dans l'est avait fait croire que je me cachais par là ; j'en étais bien loin.

» Le mandarin fit une tournée du côté de Mang-fou. Plusieurs chrétiens et païens furent interrogés, personne ne pouvait répondre.

» Mon vieux Yang se trouvant au village informa alors la vierge Cheng que j'étais chez lui.

» Cette vierge n'eut rien de plus pressé que de rapporter cette heureuse nouvelle au chef de la famille chrétienne où elle était.

» Le 6, dans la matinée, le délégué Fong arriva à Ning-ko-hien. Sa première demande fut de savoir où j'étais.

» — Nous l'ignorons, répondent les gens du tribunal, mais le *lao-yé* est à sa recherche.

» Ce même jour, vers onze heures du soir, trois personnes frappent à notre porte, le chien aboie, on se lève, nous nous croyons envahis. C'étaient trois chrétiens conduits par le chef de la famille où était réfugiée la vierge. Ils venaient me raconter l'embarras du mandarin qui me cherchait et l'arrivée du délégué Fong.

» Tout d'abord, je voulus les éprouver, car ils s'étaient mal conduits. Ce ne fut qu'après bien des instances que je permis à l'un d'eux de grimper jusqu'à mon grabat. Enfin, je leur dis d'aller le lendemain trouver le délégué et de l'avertir de l'endroit où j'étais. Ces pauvres gens n'attendaient que ce mot de ma part ; ils brûlaient du désir de me voir sortir pour que je dise un mot en leur faveur au mandarin et au délégué.

» Le lendemain, mon domestique me rapportait une lettre du P. Seckinger, confiée au délégué, et la carte de celui-ci. Je ne pouvais plus douter de sa mission.

» Il arriva dans la journée à Mang-fou. Bientôt des grelots se font entendre dans notre voisinage ; deux cavaliers montés sur des ânes apparaissent, c'étaient deux chefs de satellites ; derrière eux, une demi-douzaine de leurs subordonnés ; enfin, pour fermer la marche, une petite chaise portée par deux hommes. La vieille Yang, en voyant tout cet appareil, ne put s'empêcher de rire de tout son cœur.

» — Comme tout change, disait-elle. Le Père est venu ici de pleine nuit ; on l'a cherché longtemps pour le tuer et maintenant des satellites vont le porter en chaise ! c'est vraiment curieux !

» Les nouveaux venus m'abordent avec les saluts réglementaires et me présentent la carte du grand homme qui m'invitait à le rejoindre. Mes préparatifs ne furent pas longs. Le vieux Yang était aux anges.

» — Ah ! Père, que j'ai bien fait de vous protéger ! Que je suis heureux de vous avoir sauvé !

» — Tu vas venir me conduire au délégué, n'est-ce pas ?

» — Oui, oui, et je porterai votre petit paquet. J'y tiens ; si besoin est, je vous accompagnerai jusqu'en ville.

» — Si tu tiens à me conduire, je tiens aussi à t'avoir, car cette journée est pour toi un jour de triomphe. Je te présenterai au grand homme et le prierai de te récompenser, en attendant que je puisse le faire moi-même.

» Sur ce, je saluai la vieille Yang et sa chaumière qui m'avait abrité en ces jours d'alarmes, et montai en chaise. Le bonhomme prit mon chapeau de paille, dont il couvrit son chef, et le petit trousseau qu'il mit sur son épaule. Sur le midi, j'étais en face du délégué Fong que j'avais l'honneur de connaître.

» — Hélas ! Père, vous avez bien souffert, me dit-il ! Mais qui donc vous a gardé en ces mauvais jours ?

» — Grand homme, c'est un honnête et pauvre païen.

» — Un païen !

» — Oui, un païen. Ne mérite-t-il pas une récompense ?

» — Est-il ici ?

» — Il est dehors.

» — Qu'on le fasse venir.

» Il fait signe à son suivant qui déroule quelques piastres. Il en prend huit et, devant tout le monde, les fait remettre au vieux Yang.

» — Comment as-tu osé garder le Père ?

» — Grand homme, je savais que ce n'était ni l'empereur, ni le mandarin qui en voulaient au Père, mais quelques vauriens ; voilà pourquoi je n'ai pas craint de le cacher dans ma maison.

» — Je te félicite, tu as fait une bonne action, tu as de la conscience, tu es un brave.

» Tous les curieux avaient vu les piastres glisser dans la main du bonhomme et entendu les compliments du mandarin ; aussi plus d'un aurait-il voulu être à sa place. »

*
* *

Le P. André partit pour Ning-ko-hien en compagnie du délégué qui, pour lui faire honneur, ne voulut marcher qu'à sa suite. Le sous-préfet était encore absent, cherchant le missionnaire dans les montagnes de l'Est ; il n'arriva que le lendemain soir. Aussitôt après son retour, il vint saluer le Père. Celui-ci avait la fièvre depuis plusieurs jours.

— Vous avez bien souffert, lui dit-il, et vous souffrez encore ; pourquoi n'êtes-vous pas venu ici ? j'aurais été si heureux de vous donner asile !

Ces belles paroles ne trompaient point le Père qui gardait le silence. Le mandarin reprit :

— Vous savez que j'ai fait afficher une proclamation ; elle a fait beaucoup d'effet ; depuis ce moment la paix est revenue, on ne tracasse plus les chrétiens.

Le Père répondit alors :

— Je connais l'édit, oui, il n'était pas mal ; mais il est venu un peu tard. Si vous l'aviez donné quand j'eus l'honneur de vous le demander, tous les pillages n'auraient pas eu lieu et je n'aurais pas été forcé de fuir dans les montagnes pour sauver ma tête mise à prix. Mais je connais votre justice, j'espère que vous ferez vos efforts pour réparer tant de maux.

— Soyez tranquille, tout ira pour le mieux.

Le grand homme se mit en frais pour traiter de son mieux son hôte ; hélas, la fièvre l'empêchait de paraître à table. Le pauvre Père partit en chaise pour Ning-ko-fou. Là, il reçut une visite empressée du préfet. Ensuite il s'embarqua pour Ou-hou, toujours conduit par le délégué auquel il ne savait comment témoigner sa reconnaissance, tant il s'ingéniait à rendre le voyage moins pénible. Le missionnaire était complètement abattu par la fièvre ; heureusement que, grâce à l'escorte officielle, on pouvait voyager aussi la nuit.

Depuis le 24 juillet, il n'avait pu faire un bon repas ; d'abord les tristesses de tant de désastres l'avaient accablé au point que toute nourriture lui était impossible. Le régime de la pauvre famille Yang était d'ailleurs peu fait pour lui rendre l'appétit. Enfin, depuis le 4 août, la fièvre ne le quittant plus, lorsque dix jours après il arriva à Chang-haï, son état d'épuisement était absolu. Le pauvre missionnaire était content de retrouver ses frères, mais il remerciait encore Dieu de l'avoir trouvé digne de souffrir quelque chose pour son nom.

XIX

Un mois dans le grenier d'un tribunal

XIX

UN MOIS DANS LE GRENIER D'UN TRIBUNAL

En quittant Chœï-tong, le lendemain du massacre de Lou-tsen, le P. Biès alla à Hiu-tsen, ce charmant petit village assis au pied des collines qui bornent l'horizon de leur dentelle grise. Hui-tsen avait été le berceau des chrétientés de tout le pays ; les habitants étaient fervents et fidèles aux Pères ; le lieu retiré pouvait inspirer l'idée d'un refuge ; il n'est qu'à 10 li de Chœï-tong. Le Père, à son arrivée, trouve toutes les maisons fermées et abandonnées. Quelques hommes par-ci par-là, cachés dans les broussailles, montent la garde, tandis que femmes et enfants ont fui dans la montagne.

Vers le matin, les attaques redoutées n'ayant pas eu lieu, rien d'inquiétant ne paraissant menacer, les réfugiés rentrèrent au logis. Aussitôt, on se réunit à l'église et le Père s'établit au confessionnal. L'effroi glaçait les cœurs, l'image de la mort tournait tous les regards vers le ciel, on ne pensait qu'à recevoir encore une fois les sacrements. Vers neuf heures, quelques hommes accourent ; ils avaient entendu dire qu'un grand nombre d'hommes armés de fusils sont en route pour venir brûler l'église et la résidence.

« A cette nouvelle, dit le Père, tout le monde prend la fuite. Spectacle navrant ! On voit les femmes emportant les petits enfants dans leurs bras ; les plus grands courent derrière en pleurant et en poussant des cris, les hommes portent sur leur dos leur petit mobilier, tous se dispersent dans les montagnes et les villages voisins, chez des païens amis.

» Il fait un soleil brûlant. Je grimpe sur une montagne jusqu'au milieu et m'assieds en compagnie d'un orphelin pour contempler la scène qui doit avoir lieu. Mais ce n'était qu'une vaine et folle panique. Au bout de deux heures, nous redescendons pour prendre un peu de nourriture, quelques chrétiens reviennent et je les confesse. »

Que faire ? Ce hameau, connu et réputé pour sa nombreuse chrétienté, n'était pas un lieu de refuge; d'ailleurs, le P. Biès est missionnaire de Koang-té, à 150 li de là ; il est inquiet pour les siens plus que pour lui-même ; il part pendant la nuit. Il passe par Tsong-wang-tsen où il retrouve le P. Chen-eul. Le lendemain, il passe à Yué-wan-kiai. Là aussi règne la terreur. Les femmes ont toutes gagné les montagnes.

« Je reçois, dit le Père, une lettre du P. Chen-eul qui m'engage à revenir ; les chrétiens épouvantés me disent que le général Fang est en route. Mais je juge qu'il vaut mieux poursuivre mon chemin ; je ne tiens pas à compromettre ces chrétiens en restant avec eux, je préfère encore mourir sous les yeux d'un mandarin que d'être égorgé par le premier vaurien venu. »

Toujours accompagné du pauvre orphelin délaissé de tous, le Père marche vers Koang-té. La route était encore libre. Il remarque cependant en entrant en ville qu'il est insulté plus qu'à l'ordinaire. « On s'étonne que le diable européen soit revenu. »

A la résidence, les visiteurs ont l'air de s'attrouper et montrent des visages peu sympathiques. Le chef d'un petit poste militaire vient saluer le missionnaire, il visite la maison d'un air poli, mais étrange. Quel est le fond de sa pensée ? Le soir, il est difficile de faire sortir les étrangers ; la nuit est agitée; autour de l'enclos on entend des cris sinistres et des menaces. Le lendemain, on remarque que, dans l'église, les yeux des saintes images ont été grattés.

Cependant, les relations avec les mandarins sont bonnes ; ils ne désirent nullement que les affaires se compliquent. Chez eux, leur protection est en principe accordée au Père et une proclamation est affichée à la porte. Mais la littérature officielle n'empêche point le peuple de se livrer à toutes les suppositions ; il ressasse les vieilles calomnies ; au Tien-tchou-tang, on arrache les yeux, les cœurs, on coupe les queues, ce qui est aussi grave, car trois jours après la disparition de l'appendice, il faut mourir ; pauvres gens !

Le mandarin Lieou fit venir le catéchiste du missionnaire à son tribunal. Qu'avait-il à lui dire ? Il lui parla d'abord de la petite émeute de la veille, puis incidemment lui dit :

— Ne pourriez-vous m'éclairer sur tous ces mystères de queues coupées, d'yeux arrachés, d'hommes de papier ?

Ces grands hommes ont aussi quelque regain de crédulité au fond du cœur.

Le catéchiste lui répondit en substance :

— Grand homme, vous n'ignorez pas que ces contes populaires ont été inventés à plaisir par la haine et la calomnie ; le petit peuple se laisse tromper ; les mandarins ont trop d'esprit pour y souscrire. Depuis le temps que pareils bruits circulent, ils en auraient eu cent fois des preuves palpables, si ils reposaient sur le moindre fondement.

— C'est vrai, c'est vrai, dit le grand homme ; nous savons tout ce qui se passe dans l'Empire.

Sur ces entrefaites, arriva de Kien-pin un courrier. Il raconta au P. Biès qu'il avait vu Ho-tchou avec ses compagnons dans une auberge de la ville. Il entendit entre Ho-tchou et Yu-ma-tse ce singulier dialogue :

— C'est toi, disait le premier, qui as tué le P. Hoang.

— Non, répondait l'autre, c'est toi ; et, d'ailleurs, si c'est nous, il y en a encore d'autres.

Pendant dix jours, le P. Biès ne quitta pas la résidence ; on était continuellement sur le qui-vive. Le bruit se répandait que les Honanais de Kien-pin allaient venir en armes. Les braves mandarins tremblaient. Ils envoyèrent demander au Père de quitter sa maison pour prévenir des malheurs, et lui offrirent un refuge au tribunal.

Après quelques pourparlers, le Père dut accéder à ce désir, et « le 27 juin, dit-il, le mandarin Wen m'envoya un secrétaire qui me conduisit à son grenier, où je m'installai avec mon catéchiste. J'avais à côté de moi les domestiques du tribunal ».

Les constructions chinoises ne ressemblent nullement aux maisons européennes. Généralement, les maisons à étage n'y possèdent que des manières de combles, sous le toit de tuiles, qui servent de débarras et de lieu de repos pour la domesticité. La façade du midi est souvent ouverte comme une véranda; parfois, une cloison de planches mobiles permet d'obvier au vent glacial d'hiver et d'aérer, pendant les grandes chaleurs, qui sont atroces, dans ces greniers. Telle fut la singulière hospitalité des grands hommes, d'ailleurs fort pacifiques.

De cet étrange observatoire, qui donne sur les toits des maisons voisines, le P. Biès, pendant un long et triste mois, pourra contempler par la pensée les scènes de désolation que lui racontent des messages venant de partout.

Les lettres qu'il reçoit, les suppliques des chrétiens qui échouent systématiquement au tribunal et passent sous ses yeux, les confidences et les larmes de ses enfants lui brisent le cœur. Il est là, les mains liées, et ressemble au saint homme Job qui, coup sur coup, apprend la consommation de son immense malheur. Il n'aura pas de repos qu'il ne sache que trente-quatre résidences ou églises ont été détruites par le fer ou par le feu ; que cent et cent familles ont été chassées, pillées, ruinées ; que cent et cent autres ont apostasié ; que plusieurs ont été tués ou blessés. L'orage gronde, et le lendemain et toujours, c'est la tempête.

« Le 30 au soir, dit le Père, M. Wen, ce mandarin chez lequel je suis réfugié, est monté chez moi ; je lui avais demandé une entrevue.

» — On pille nos chrétiens, lui dis-je, les notables et les gardes-champêtres veulent les faire apostasier ; ce sont eux qui font tout le mal ; que ne les punissez-vous ?

» — Père, me dit-il, avant tout, il faut veiller à la sécurité de la ville ; plus tard, on s'occupera des *petites affaires de la campagne.* »

Extrait du journal du Père. — 31 juillet.

« Cette nuit, j'ai entendu sous moi les gens du tribunal causer entre eux ; ils paraissaient troublés :

» — Si c'est comme cela, disaient-ils, nous ne pouvons plus protéger la maison du Père ; maintenant, l'affaire est grave ; il faut avertir tout de suite le mandarin.

» Il me semblait qu'on parlait de Nan-kin et des navires de guerre européens. »

En Chine, autant et plus qu'en aucun pays du monde, les fausses nouvelles ont un grand succès ; la renommée vole rapide, et, de bouche en bouche, tout devient matière à sensation.

« *1er août.* Ce matin, devant le tribunal, on criait davantage : « diable étranger, diable d'occident ».

» *3 août.* Scène de mœurs et de police correctionnelle au ya-men. C'est une femme qui est venue réclamer justice ; elle veut se tuer. Le mandarin crie, la femme crie plus fort, tout le monde crie. On parvient à la mettre dehors. J'ai appris qu'on lui avait volé des piastres.

» *5 août.* J'ai reçu une lettre du P. Seckinger. Il me dit que le *tao-tai* de Ou-hou est chargé par le *fou-tai* d'aller tout arranger et qu'il partira après-demain. Il me prie de rester ici, de ne pas m'exposer et d'envoyer des courriers de tous côtés pour voir ce que font les délégués, ce que devient le général Fang, d'engager enfin les chrétiens à rédiger des suppliques pour les présenter au tao-tai ou aux délégués.

» *8 août.* Ce matin, le délégué Wan est venu me voir et je lui ai dit :

» — Vous devez savoir une bonne fois que ce sont les notables et les gardes-champêtres qui sont à la tête de la persécution. Pourquoi ne les arrête-t-on pas?

» — Père, c'est difficile.

» — A-t-on arrêté Ho-tchou et Yu-ma-tse?

» — Non, on n'osera pas.

» — Mais combien avez-vous de soldats?

» — On en a envoyé six cents.

» — Comment, avec six cents hommes vous ne pouvez pas en arrêter deux?

» — Deux! vous ne savez donc pas qu'ils sont plus de dix mille?

» — Dix mille, oh! c'est beaucoup. Tenez, si on avait arrêté quelques meneurs, tous ces troubles n'auraient pas eu lieu.

» M. Wan se retira.

» On disait au tribunal que Ho-tchou avait avec lui un millier d'hommes; ce n'était déjà plus dix mille; c'est encore très exagéré.

» *9 août.* J'ai vu ce matin un chrétien de Kien-ping qui a su par son frère que le tao-tai a mandé Ho-tchou et lui a dit :

» — Pourquoi as-tu tué le P. Hoang?

» — Ce n'est pas moi qui l'ai tué, c'est le peuple.

» — Si ce n'est pas toi, que faisais-tu à Lou-tsen?

» — J'y suis allé pour inscrire.

» — Inscrire quoi?

» — Inscrire les noms de ceux qui veulent entrer dans notre religion du saint homme (Confucius).

» — Je sais que le P. Hoang était ton ennemi; mais pourquoi tuer ce Yang qui n'était qu'un serviteur du Père? Et tu les as brûlés, dispersé leurs cendres. Va-t-en. Je t'emmènerai avec moi.

» Ho-tchou est parti et est sorti de la ville avec ses gens, environ trois cents hommes.

» Sa femme avait dit :

» — Aujourd'hui, le mandarin Wen doit passer par ici conduisant le P. Biès à Ou-hou; ils sont allés se poster sur la route pour le tuer.

» Ho-tchou, au milieu de sa troupe, montait la mule du P. Hoang.

» Le tao-tai aurait interrogé le général Fang; mais celui-ci n'aurait rien répondu. Il interrogea également les petites filles de l'école de Lou-tsen; celles-ci auraient rétracté toutes les calomnies avouées au sous-préfet. Ho-tchou les avait menacées de mort si elles refusaient de répéter à celui-ci la vilaine leçon qu'on leur avait apprise.

12 août. Les mandarins étaient allés à Kien-ping, au-devant du tao-tai ; celui-ci ne viendra pas ici.

» Le mandarin Teng a dit à mon catéchiste que, présentement, nos affaires ne se peuvent traiter. Il le pria de ne plus sortir et de ne plus laisser les chrétiens venir à la maison de peur d'accident. M. Wen est venu : il fait prier le Père de ne pas se fâcher.

» Ces messieurs voient que, par nos chrétiens, nous sommes au courant de tout ; ils ont peur de cela et veulent nous isoler. Peut-être est-ce une manœuvre des notables qui veulent agir plus en liberté.

» *13 août.* J'ai demandé une entrevue à M. Wen. Il est venu et m'a appris que le tao-tai avait repris la route de Ou-hou ; qu'il se disait malade.

» — Voyez, Père, pour arranger tout cela, nous aurons bien du mal.

» — Mais, comment ? quand vous occuperez-vous de nos affaires locales ?

» — Nous les traiterons après les autres.

» — Faites donc venir vos notables ; après avoir encouragé les bons, arrêtez les mauvais ; vous aurez immédiatement la paix.

» — Maintenant, on ne peut pas y toucher, le peuple se révolterait.

» — Le peuple ? Mais le peuple n'a pas persécuté ; il nous est plutôt favorable.

» — Vous et moi, me dit-il, nous sommes des étrangers ; vous de l'Occident, moi du Kiang-si, à 2,000 li d'ici ; nous ne connaissons pas ce peuple. Je n'ai jamais vu pareille chose ; ce sont des *tchang-mao* (rebelles féroces).

» — Vous feriez mieux d'y aller rapidement, car s'il vient ensuite des délégués européens au cœur droit mais sévère, ils se fâcheront. Ils ne sont pas si accommodants que les missionnaires ; vous serez dans un cruel embarras.

» — Je sais, dit-il, que les Pères sont bons ; tout le monde le dit, je m'en suis informé.

» *17 août.* Il paraît que c'est aujourd'hui l'anniversaire de mon hôte, M. Wen. Les autres mandarins sont venus le saluer, ainsi que les gens du tribunal. Ce soir, on boit le vin et, en buvant, on crie beaucoup.

» *19 août.* Aujourd'hui, à cause du 1ᵉʳ jour de la 7ᵉ lune, mon man-

Tribunal chinois.

darin est sorti de bon matin brûler des bâtonnets d'encens dans les pagodes. A son retour, il est monté dans notre grenier pour faire ses cérémonies. On avait dressé une table sur laquelle furent allumées deux chandelles. Entre elles, se trouvait un vase où brûlait du papier ; derrière ce vase en était un autre où brûlait un bâton d'encens. Devant la table, on avait étendu un tapis et placé un coussinet.

» Le mandarin arrive et se met à genoux sur le coussinet. Le maître de cérémonies, étant à côté et en arrière, appelle les esprits... Puis trois fois il répète : *kong-hi, kong-hi, kong-hi* (félicitations). A chaque fois, le mandarin fait une profonde inclination, puis se relève et recule un peu. Le maître de cérémonies dit alors : *li-ké* (c'est fini). Le mandarin fait encore à deux genoux une prostration, se lève et descend.

» *21 août.* On vient d'afficher une proclamation. A cause de l'anniversaire de la naissance de l'impératrice-mère, la bastonnade ne sera pas donnée au tribunal, à moins de raisons exceptionnelles. »

Sur ces entrefaites, un délégué, M. Fong, était arrivé à Koang-té, ayant pour mission de conduire le P. Biès à Chang-haï. L'ordre venait de Nan-kin. Le ministre de France avait formellement demandé au vice-roi qu'un mandarin partît pour Ning-ko-fou à la recherche des Pères qui étaient encore dans le pays, afin de les protéger en les conduisant à Ou-hou. Cette mesure n'était certes pas pour déplaire au vice-roi, très désireux de voir les missionnaires hors de son territoire.

Le P. Biès comprenait autrement les choses ; il sentait que sa présence à Koang-té imposait aux ennemis et donnait un peu de cœur aux chrétiens. Il était au tribunal. De là, il savait tout et il protestait sans se lasser. Les mandarins se sentaient moins libres. Pendant quatre jours, on discuta. Le Père objectait qu'il n'avait point reçu de ses supérieurs l'ordre de s'en aller ; que les routes n'étaient pas sûres ; qu'après son départ ses chrétiens seraient plus persécutés que jamais. Il fallut enfin céder, mais il exigea un écrit par lequel M. Wen s'engageait à veiller sur la résidence de la ville et à protéger les chrétiens des campagnes. Il allait donc dire adieu au grenier mandarinal après un mois entier de réclusion.

Nous avons dû considérablement résumer son journal, pour ne pas répéter les tristes récits des vexations qu'il apprenait chaque jour. C'est le pillage et l'incendie des résidences, les têtes de chrétiens mises à prix, des contributions exorbitantes et forcées, un homme tellement battu qu'il meurt ; des femmes enlevées, etc ; rien de plus lamentable.

L'inertie de l'autorité ne permettait pas d'assigner le terme de ces violences sauvages.

« *27 août.* Ce matin, dit le Père, départ de bonne heure, sans pouvoir célébrer la sainte messe. MM. Wen, Fong, moi, le catéchiste Ly, nous sommes en chaise. Ou-ta-jen, Tchang et plusieurs autres sont à cheval. Une trentaine de soldats nous escortent.

» Arrivés non loin de Che-tsi-tou, M. Wen reçut une lettre du tao-taï et nous fit immédiatement tourner bride. Le délégué vient à moi et me dit que le troisième fils de Ho-tchou était revenu, avait ramassé du monde pour nous attaquer; que, si l'on se battait, le général Fang viendrait à son secours. »

Le général était donc rebelle? Le tao-taï tremblait donc devant lui? La peur n'était-elle pas purement imaginaire?

On met bien des crimes sur le compte de la méchanceté; on pourrait souvent les appeler des faiblesses ou des sottises tout simplement causées par la peur.

En ces jours, par exemple, que faisaient à Ning-ko-fou les quinze cents hommes envoyés par le vice-roi? Ils étaient occupés à des terrassements vulgaires. Les mandarins, sans doute, avaient fort peu de confiance en ces soldats, bien plus capables de piller eux-mêmes que de rétablir l'ordre. Ces bataillons mercenaires et mal disciplinés sont des refuges de paresseux et de *ko-lao-hœi* (vieux frères).

Revenu à Koang-té, le Père reprit son poste; il déclara à M. Fong qu'il ne repartirait pas.

Un nouveau délégué, nommé Tcheou, arriva de Ning-ko-fou avec quelques soldats du général Ou, commandant le régiment dont nous venons de parler. On le présenta le soir au P. Biès. Celui-ci lui dit que la route de Se-ngan (1) n'était pas plus sûre que celle de Ning-ko-fou; qu'il ne partait pas, ne désirant pas suivre ce nouvel itinéraire.

M. Tcheou se montra impoli et partit brusquement.

M. Fong, qui s'était, depuis le commencement des affaires, montré toujours complaisant et très serviable, revint à la charge. Il sut parler avec douceur et politesse, tant et si bien que le P. Biès finit par se laisser vaincre.

Il mettait cependant une condition à son départ : il tenait à avoir en mains la lettre de M. Wen adressée au P. Seckinger stipulant clairement la double promesse de protéger la résidence et les chrétiens de la campagne.

Dès le soir, M. Fong l'apporta. Le Père la lut : elle était modifiée : la protection des chrétiens était omise.

(1) Se-ngan est un petit port de commerce à 40 li. De là, on peut gagner Changhaï en barque.

— Je n'accepte point cette rédaction, s'écria le Père ; je préfère qu'on omette la protection de ma propre maison ; je sais bien qu'on y veillera quand même. Si elle était endommagée, vous en seriez pour les frais de réparation.

On dut accepter cette seconde rédaction qui, toutefois, n'indiquait pas dans les autorités locales une amabilité d'excès.

« *29 août*. Nous partons. En route, les soldats sont insolents et m'injurient. A 20 li, arrêt ; j'étais sur le point de faire renvoyer ces soldats. Je voulais avertir Fong, mais il dormait dans sa chaise ; je m'adressai donc au sergent qui les gronda. Il dit un mot à l'officier Ou qui se mit à rire d'un rire moqueur. Les soldats n'en ont pas moins continué a me maudire.

» Arrivés à Se-ngan, les soldats qui ouvrent la marche disent :

» — *Yang-koei-tse lai leao*. Le diable d'Occident est arrivé !

» Nous montons en barque. Il y en a trois : une pour M. Fong et un domestique, une autre pour Tcheou, des soldats et leur officier ; une autre pour moi, mon catéchiste, un caporal et deux soldats. »

Le voyage, grâce au clair de la lune, se poursuivait pendant la nuit. Des soldats suivaient la route de terre le long de la rive. Ils avaient bien soin, le jour, d'avertir le public du passage d'un Européen, afin d'avoir la jouissance d'entendre les gamins crier *Yang-kœi-tse*, cette traditionnelle insulte qui peut avantageusement remplacer le *couac* des vauriens français.

On ne saurait mieux caractériser ces soldats chinois qu'en leur appliquant le portrait, tracé jadis, des lansquenets par le vieil historien Brantôme :

« Race barbare et corrompue, dit-il, dont le métier est de tailler, couper, voler, brûler, tuer, blasphémer, paillarder, faire des veuves et des orphelins. Garnements qui voleraient comme des mouches autour du diable, si le diable voulait les payer généreusement. »

Il ne manquait aux lansquenets que de fumer l'opium comme les confrères chinois ; il ne manque à ceux-ci que d'être braves comme étaient les lansquenets.

Le Père note les différentes stations de son monotone voyage, où nul incident n'est plus à signaler.

Arrivés à Zi-ka-wei, résidence des missionnaires, près de Chang-haï, les deux délégués et les deux chefs militaires furent invités à un dîner de remerciement. On en profita pour pousser la complaisance jusqu'à leur faire visiter l'orphelinat, l'observatoire, même la grande école tenue par les

Auxiliatrices. N'est-ce pas le meilleur moyen de faire tomber peu à peu les préjugés?

Nos ennemis soupiraient après le départ du P. Biès, et, dès le lendemain, comme il le prévoyait en prenant tristement le chemin de la liberté, les notables redoublaient d'efforts pour faire des apostats.

A Yang-kan-kiao, par exemple, on s'acharne sur trois chrétiens, et ces iniques notables, fort désintéressés, demandent 20 piastres ou l'apostasie. Mais ils aiment autant 20 piastres, car, s'ils les donnent, on les protégera malgré leur religion.

Au fond, cette persécution était l'œuvre du démon, ce tout-puissant du grand royaume païen. Il agit différemment sur les diverses couches sociales ; le peuple, lui, n'a qu'un mot d'ordre et il ne l'oublie pas : Profiter du désordre et l'augmenter pour piller à son aise.

Les pauvres chrétiens ne seraient peut-être pas fort vaillants devant les apprêts officiels d'un glorieux martyre ; pouvaient-ils être sans défaillance devant la rage des païens, les larmes et les cris de leurs pauvres enfants ?

Après le départ du P. Biès, il ne restait plus un seul missionnaire au Ning-ko.

A Ou-hou, le P. Le Cornec et quelques autres attendaient impatiemment l'occasion d'y rentrer ; ils n'étaient arrêtés que par la politique astucieuse des mandarins, qui refusaient leur concours sous mille prétextes de prudence. Nous l'avons dit, ils pouvaient à la vérité trembler de peur ; ils ne trouvaient pas non plus mauvais de protéger les missionnaires en les exilant de leur mission.

XX

A Nan-kin. — Première partie du procès

XX

A NAN-KIN. — PREMIÈRE PARTIE DU PROCÈS

Dès la nouvelle des attentats de Lou-tsen, le R. P. Foucault, supérieur de la mission, remit au P. Seckinger pleins de pouvoirs pour traiter avec les tribunaux de Ngan-king (1). C'est là, en effet, que devait naturellement se développer le procès sous la direction du *fou-tai* (gouverneur) du Ngan-hœï.

Le Père partit aussitôt en compagnie du P. Ly. Dès le 23 juillet, les Pères avaient une entrevue avec le mandarin Chen, président du tribunal des affaires étrangères.

Pour mettre la question dans tout son jour, le P. Seckinger ne négligea pas de s'étendre sur tous les désordres de détail qui semblaient être un acheminement au crime final, grâce à l'inertie des autorités locales qui avaient négligé tous les moyens de répression.

Le président, qui ne pouvait en rien ignorer, d'ailleurs, semblait attentif ; il promit avec chaleur de s'occuper du meurtre de Lou-tsen et de punir les coupables.

Le 24, il y eut visite du mandarin à la résidence. Le père montra des anges de papier semblables à ceux que Ho-tchou avait trouvés dans la caisse de l'école, et fit comprendre au président que ces images, purement décoratives, ne pouvaient en aucune façon s'assimiler aux lutins de papier dont le rôle à Nan-kin avait été si dramatique.

On convint que des délégués seraient expédiés immédiatement, l'un à Kien-ping pour informer, un second à la recherche des Pères qu'on savait

---

(1) Ngan-king est le chef-lieu de la province du Ngan-hœï, dont fait partie le Ning-ko. Nan-kin est la capitale du Ngan-hœï et du Kiang-sou. A Nan-kin réside le vice-roi. A Ngan-kin, gouverne le fou-tai.

encore dans le pays révolutionné et pour lesquels on avait droit de tout craindre ; un troisième devait, avec escorte, accompagner le P. Seckinger sur le théâtre de la persécution. Le *tao-tai* (1) de Ou-hou devait également se rendre à Kien-ping.

A Chang-haï, le R. P. Foucault, de son côté, informait M. Godeaux, consul de France, et le priait d'en écrire au vice-roi de Nan-kin.

L'extrême gravité des événements demandait en effet le maximum de promptitude, et, dans les limites de la prudence, le minimum de ménagements suffisait. Le tao-tai de Chang-haï, se trouvant par hasard à Nan-kin, le consul lui écrivit.

Sur ces entrefaites, arrivait à Chang-haï, M. Brenier de Montmorant, nouveau ministre de France à Pékin. Le R. P. Foucault s'empressa de lui rendre visite et de lui demander sa protection.

Deux jours après (4 août), le P. Basuiau écrivait au R. P. supérieur : « M. le ministre part demain pour Nan-kin, mais non par un simple steamer. Hier matin, j'étais chez lui. En me voyant entrer, il me dit : « Votre affaire m'a empêché de dormir cette nuit ». Alors il me demanda les noms de l'endroit où avait eu lieu le massacre, le nom du mandarin et de l'assassin ; puis, après avoir remis sa pièce à son secrétaire, il se mit à causer très familièrement avec moi d'affaires de famille.

» Le motif pour lequel il s'est décidé à se rendre à Nan-kin sur le *Talisman* (2) a pour but de produire plus d'effet. « Peut-être, m'a-t-il dit, enverrai-je le *Talisman* jusqu'à Ou-hou, afin que les Chinois s'aperçoivent qu'on s'occupe de la question ».

D'autre part, à Kien-ping, les ennemis ne s'endormaient pas. Ils avaient aussitôt rédigé des mémoires. Il faut supposer qu'ils reçurent bon accueil, car, plus de quinze jours après les événements, le vice-roi se conduit comme s'il eût tout ignoré. Il attend sans doute le *Talisman*.

C'est encore l'infatigable P. Seckinger qui va nous dire ce qu'il faut penser de la visite du ministre de France.

Il était donc revenu à Ou-hou avec les délégués. Mais en approchant du champ de bataille, ces excellents lettrés prirent peur. Personne ne voulut assumer la responsabilité de conduire l'intrépide missionnaire au Ning-ko, où les persécuteurs ont juré de le tuer s'il y venait. Le Père en profita pour courir à Nan-kin afin de mettre, d'une façon ou de l'autre, sa terrible *droiture* au service de la bonne cause.

Il écrivait ensuite (17 août) au R. P. supérieur :

« Votre lettre du 14 me témoigne le désir de savoir ce que je pense de

(1) Mandarin supérieur aux préfets.
(2) Navire de guerre.

l'entrevue des deux grands hommes (1). Il y en a eu trois. L'un, sur le *Talisman;* les deux autres au palais. Le tchang, envoyé du tao-taï (de Ou-hou), qui a assisté à chacune d'elles, m'a dit qu'on avait parlé d'affaires, mais peu. X***, qui a tout entendu ce qui s'est dit à l'entrevue du *Talisman,* me raconte la même chose. M. le ministre a surtout recommandé les PP. Biès et André. Le vice-roi a promis de donner des ordres pour qu'on les cherche et qu'on les *ramène.* Au lieu de ce dernier mot, qui peut cacher une arrière-pensée, celle de nous mettre à la porte du Ning-ko, j'aurais préféré entendre le grand homme dire qu'il allait les protéger efficacement là où ils se trouvent. En outre, le vice-roi a soutenu effrontément que, dans le Ning-ko, il ne s'agissait nullement de nous, ni d'attaques contre la religion ; que c'était tout simplement une querelle entre *pen-ti* et *ke-min* (aborigènes et immigrants) ; M. le ministre n'a pas répliqué.

» Dans mes entretiens, assez courts du reste, soit avec M. le ministre, soit avec ces Messieurs, j'ai remarqué qu'ils avaient une idée fort vague de nos affaires. Chose même qui m'a peiné, c'est que M. Lagréné (secrétaire d'ambassade) parlant de la persécution du Se-tchuen et de ce Monsieur des missions étrangères qui est venu demander secours, a crié à l'exagération, etc. Pour éclairer ces Messieurs et surtout M. le ministre, j'ai, sur l'avis de nos Pères, adressé mon rapport à Son Excellence. Pour prévenir l'accusation *d'exagération* j'ai mis : « Sur mon honneur sacerdotal... »

» De plus comme j'ai remarqué la même ignorance des faits chez le mandarin Tchang (préposé aux affaires européennes à Ngan-king), et ainsi, concluant que le vice-roi était dans le même état, craignant même que ce dernier ne fut prévenu contre nous par les visites antécédentes du général Fang et les mémoires de Ho-tchou, j'ai remis à M. Tchang un long mémoire chinois avec tous les détails et explications nécessaires. Je l'ai prié d'en donner connaissance au vice-roi. Il n'a dit ni oui, ni non. Enfin, connaissant combien sont insouciants quelquefois les interprètes de légation, en compagnie de mon rapport européen, j'ai remis à M. le ministre un autre rapport chinois qui était la traduction libre du premier pour qu'ils puissent le passer à leur secrétaire chinois, au vice-roi et même au *Tsong-li-yamen* (2). Le secrétaire chinois Tcheng, au consulat, a aussi par écrit tous les détails ».

Le P. Seckinger ne pouvait se montrer plus actif, plus adroit, plus dévoué. Mais il était déjà trop tard. Les entrevues avaient eu lieu. Si le

(1) Le vice-roi et le ministre de France.
(2) Grand tribunal des affaires étrangères à Pékin.

Père avait su que toute l'action se porterait à Nan-kin, il n'eut point fait le voyage de Ngan-king qui, dès lors, n'avait plus qu'à garder la réserve, et tout eut été préparé pour l'arrivée du ministre, qui, mieux informé, eut sans doute causé un peu plus d'*affaires*.

« Quel résultat, poursuit-il, j'espère de cette entrevue ? Connaissant M. Brenier (1), je réponds qu'à mon avis, ce résultat est meilleur que je n'osais l'espérer, et cependant moindre qu'il aurait pû être. Je dis meilleur. En effet, M. Brenier ne s'est pas fâché, il n'a pas rejeté nos demandes, il a *même* écrit et parlé pour nous. Je dis moindre : En effet, soit par raison d'âge, soit par manière d'agir, je ne sache pas qu'il ait plaidé beaucoup la cause de nos *Pères chinois*, ni *celle de nos chrétiens*. Il n'a pas réfuté les mensonges du vice-roi. Il s'est conduit, comme on dirait, *en vieux bonhomme*, parlant de la pluie et du beau temps, et seulement par entrefilet de nos affaires pourtant si sérieuses.

» Sans le fâcheux malentendu *Ravary* (2), M. le ministre aurait passé deux heures chez nous avant le dîner officiel ; nous aurions pu alors

(1) Le jugement du P. Seckinger peut paraître sévère ; c'est qu'il avait connu M. de Rochechouart, son prédécesseur, dont l'énergie avait tant relevé notre prestige. Les défaites de 1870-1871 imposaient sans doute à M. Brenier une ligne de conduite plus modérée. Nous voyons aujourd'hui, grâce à Dieu et grâce aux hommes, qu'ici notre chère France sait parler encore (1895).

(2) Les murailles de Nan-kin s'étendent presque jusqu'au bord du fleuve Bleu où mouillent les grands navires ; mais la ville habitée en est à deux heures, le reste est de la pleine campagne. Les murs de cette vieille capitale ont 30 kilomètres de développement.

Lorsque le *Talisman* arriva, un secrétaire chinois du consulat vint à la résidence et le P. Ravary comprit qu'il lui annonçait la visite de M. le ministre pour la matinée. C'était tout à fait inexact ; premier malentendu. Dans la matinée, le Père avait envoyé des provisions et le Chinois chrétien, chargé du message, avait reçu une lettre *très pressée* de ces Messieurs pour la rapporter au Père. Or, sur ce, arrive un orage avec pluie battante. « J'avais hâte d'accourir, dit ensuite le brave homme, mais impossible par un pareil temps ». Cette lettre n'arriva qu'à quatre heures du soir au lieu de midi. Or, c'était une demande d'entrevue immédiate au *supérieur général de l'Ouest* (erreur de titre, sans importance, le P. Ravary n'étant qu'un simple missionnaire). Il était donc trop tard. Toutefois, l'illusion de M. le ministre sur la qualité du P. Ravary concourut à le vexer ; il crut que « le supérieur général de la mission, pour lequel il venait à Nan-kin et auquel il tenait à donner de vive voix les bonnes nouvelles de son entrevue, *refusait opiniâtrement de venir le voir à bord* ». Or, ce même après-midi, il devait aller dîner chez le vice-roi à trois heures, la lettre n'était arrivée qu'à quatre heures. Il donna ordre à son escorte de ne pas faire relai à la résidence. Il faut dire que la pluie gênait peu ces Messieurs, qui venaient en chaloupe à vapeur jusqu'au Han-si-men, à cent pas de la résidence. Mais voici le dénouement. En accostant, quelques officiers et le secrétaire vinrent « déclarer au supérieur de la mission la cause qui empêchait son Excellence d'entrer ». Le P. Ravary ne se doutait de rien. A cette nouvelle, il prend son parapluie et s'élance vers le débarcadère. L'escorte était en branle. M. le ministre fermait la marche.

lui parler au long et au large de nos affaires, il aurait eu son rapport tout fait et aurait pu le présenter tout chaud au vice-roi. Quoi qu'il en soit, je suis content de vous avoir appuyés.

» Il faut que M. le ministre parle d'une manière ferme et accentuée, sans cela, on rira de ses lettres aussi bien que de sa personne. Les Chinois, voire même ceux du tribunal, après l'avoir vu et entendu, tous s'amusaient et disaient : « Lao leao.... (1) etc. ». Ces mots résument l'effet produit par l'entrevue. Non, il n'y a pas là l'ombre même de M. de Rochechouart. Mais le bon Dieu est tout puissant ».

Dans la prévision des insuccès, le P. Seckinger demandait au R. P. supérieur s'il ne serait pas opportun de tenter, en sa compagnie, une visite au vice-roi. Dix jours s'étaient déjà écoulés depuis l'entrevue quand il écrivait ainsi. Il ressemblait aux soldats de la vieille garde qu'on tient l'arme au pied quand le canon gronde. Mais, il avait une foi inébranlable dans son drapeau ; homme de la dernière cartouche, il eût été le martyr de la consigne. Les soldats de Jésus-Christ ne sont jamais vaincus.

Le lendemain, amenant avec lui Ho-tchou et trois de ses principaux complices, le sous-préfet de Kien-ping arrivait à Nan-kin. Ce voyage était-il dû à sa propre initiative? était-ce pour obéir à un ordre? peu importe. Les mémoires présentés et les démarches habilement faites et soutenues ne furent pas d'abord couronnées de succès. Le 16 août, on lisait à la porte du palais du vice-roi un décret ainsi conçu :

« Moi, Chen, vice-roi des deux Kiang, je porte mon jugement sur le mémoire que toi, Ho-tchou, émigré dans la sous-préfecture de Kien-ping, m'as présenté.

» Si les chrétiens de cette contrée se sont rendus coupables, tu aurais dû les accuser devant les mandarins locaux et laisser à ceux-ci le soin de traiter ces affaires. De quel droit t'es-tu mis à la tête d'une bande d'individus pour brûler une église, tuer deux hommes et brûler leurs cadavres? De plus, comme si ces crimes ne te suffisaient pas, tu es sorti de ton

« Je lui serre la main, dit le Père, mais ce bon Monsieur est froid. Je dis quelques mots, je parle du passé, de Zi-ka-wei, etc. Bientôt sa figure se déride, il comprend qu'il y a eu malentendu et me promet de venir à la maison à la sortie du tribunal. Il était déjà trois heures et demie. Enfin, à six heures, le ministre arrive. On s'explique et tous les nuages sont dissipés ».

(1) « C'est un vieux... » Inutile de rapporter les autres expressions. Il est important de savoir combien les Chinois, si peu énergiques dans leur administration, mais si rusés diplomates pour suppléer à leur lâcheté, jugent sévèrement leurs adversaires. Du premier coup d'œil, ils ont vu le défaut de la cuirasse. Malheur à une nation dont ils jugent ainsi l'ambassadeur; car en Chine l'estime est l'humble suivante de la crainte.

pays avec ta bande et tu as brûlé les églises des sous-préfectures de Sinen-tchen et de Ning-ko. Tu as agi ainsi avec une témérité audacieuse et au mépris de toutes les lois.

» J'ordonne en conséquence que Ho-tchou soit mis sous la garde du kiang-nin-fou et que le grand juge et le tao-tai saisissent immédiatement les autres accusateurs Ho-ta-tié, Yu-in-long et Hou-yun-tin.

» Qu'ils recherchent la vérité et qu'ils me rendent ensuite leur jugement, afin que la sentence qu'ils porteront soit exécutée.

» Je remets à ces juges les mémoires que Ho-tchou, etc., m'ont présentés. Ces mémoires me seront ensuite rendus ».

D'après ce jugement qui ne pouvait avoir été porté à la légère, il semblerait que le vice-roi, qui avait eu amplement le temps de s'informer, car c'était le 16 août, sût à quoi s'en tenir sur l'infâme personnage qu'il accueille si mal. Répondre à cet imposteur par un mandat d'arrêt motivé était de bon augure. Mais le jugement qui allait commencer allait être présidé par le *fan-tai*, (grand trésorier) ; on avait droit de tout craindre. Nous reparlerons de ce dignitaire célèbre par sa haine contre les Européens et le Tien-tchou-tang.

Le mémoire de Ho-tchou, pour ne pas parler des deux autres, qui sans doute n'étaient que des variantes, contenait dix articles également calomnieux et extravagants. Plusieurs sont si révoltants de cynisme que nous ne les rapporterons pas. Il suffit de dire, en général, que le bon prêtre chinois était accusé de vols, de meurtres, de débauche et d'autres choses moins infâmes, mais très contraires aux coutumes chinoises. Dès que les Pères purent se procurer copie de la pièce, une réfutation en règle en fut composée par les soins du P. Ly et immédiatement envoyée aux principaux mandarins.

Après l'arrestation de Ho-tchou, le sous-préfet de Kien-ping reprit la route de son tribunal.

Comme autorité locale responsable de tout ce qui s'était passé et ayant montré l'attitude la plus partiale dans toutes ces affaires si graves, on ne saurait trop s'étonner de la liberté qu'on lui laisse. Il était le premier coupable par son inertie impardonnable, quand les victimes menacées lui avaient maintes fois demandé protection, et quand les bourreaux agissaient au grand soleil.

Quelques jours après, Ho-tchou entrait en jugement. Je n'ai qu'à transcrire la narration du P. Debrin. Cette pièce envoyée de Nan-kin, le 23 août, était adressée au R. P. supérieur.

« Le jugement a commencé lundi soir ; jugement des plus solennels et à huis clos.

» Siégeaient comme juges le fan-tai, les deux tao-tai et un autre mandarin, le préfet de Nan-kin assistait. A la porte, pour la garder, étaient les deux sous-préfets de la ville, c'est derrière l'un d'eux que l'ancien petit marchand de gâteaux X*** (1) a pu se faufiler.

» Voici ce qu'il a vu et entendu, sous toutes réserves, car aucun autre n'a pu pénétrer même dans la cour du tribunal. Impossible donc de contrôler. On fait entrer les accusés.

» Ho-tchou, le front haut, un globule de cristal sur son chapeau, se présente résolument et se tient debout devant les juges.

» *Le fan-tai.* — Es-tu Ho-tchou ?

» — Je suis Ho-tchou.

» — Ah ! c'est toi, le fameux Ho-tchou !

» Comme celui-ci resta debout, le fan-tai lui dit :

» — Mets-toi à genoux. — Il s'exécute.

» — Ton globule, comment l'as-tu gagné ?

» — Je l'ai acheté.

» — Oh ! il vaut cher ce globule !

» Cependant, le juge fait signe à un satellite de déposer une théière auprès du prévenu.

» *Le fan-tai.* — Ho-tchou, allons, dis-nous la vérité. Si tu as la bouche trop sèche, tu peux prendre du thé. Raconte-nous tout à ton aise l'origine de ta haine contre le Tien-tchou-tang.

» *Ho-tchou.* — Dans le principe, je croyais que le Tien-tchou-tang était une bonne chose ; aussi ai-je été d'abord dans les meilleurs termes avec les chrétiens. Mais, cette année, j'ai vu qu'ils cherchaient tous les moyens de nuire au peuple et qu'ils ont fait du mal à beaucoup d'honnêtes gens. Le Tien-tchou-tang a commis cette année des crimes fort étranges.

» *Le fan-tai.* — Mais, as-tu vu de tes propres yeux ?

» — Je n'ai pas moi-même vu ; ce sont des voisins qui ont vu.

» — Ce que tu dis là est-il bien vrai ?

» — Très vrai. Si je dis la moindre fausseté, que le grand homme me traite comme bon lui semblera.

» — Eh bien soit ! Dis-nous donc franchement la source de tes haines contre le Tien-tchou-tang.

» — Voici les faits. Une veuve, pour ne pas rester sans postérité avait adopté pour fils un enfant du second frère de son propre mari. Cet enfant était à l'école du Tien-tchou-tang. De plus, une femme au service d'une famille païenne avait son mari au service du Tien-tchou-tang. Or,

---

(1) Il semble qu'il eût été plus simple de fermer les portes, mais ce n'est probablement pas réglementaire.

il est arrivé que cet enfant et ce domestique ont disparu sans qu'aucun indice puisse mettre sur leurs traces.

» La mère va donc au Tien-tchou-tang réclamer son fils adoptif. « Il n'est pas ici ». Voilà tout ce qu'on lui répond.

» Alors, de s'adresser au dehors et de faire avertir de tous côtés. Pas de traces ! Cette veuve vient donc m'avertir (1). Je parais surpris. Elle me dit qu'elle croit que le Tien-tchou-tang aura empoisonné l'enfant.

» — Tu n'as pas vu toi-même, lui dis-je !

» Elle me répond : « Un tel a vu deux cadavres d'hommes ; on ne sait quels sont ces hommes. »

» Ici, le fan-tai interrompant :

» — Si on les a vus, ces cadavres, pourquoi ne pas les apporter ?

» *Ho-tchou*. — Le peuple craignait un grand malheur et n'osait faire cette démarche.

» — Mais cet homme qui a vu, où est-il, lui?

» — Tout le monde s'est dispersé et a fui dans toutes les directions ; j'ignore ce qu'est devenu ce témoin.

» Le fan-tai sourit avec tous les assesseurs et dit : « Et après, qu'est-il arrivé ? »

» Ho-tchou, imperturbable, reprend le fil de son histoire :

» — Entendant parler de ce bruit par trop fondé, je suis allé moi-même, au nom de la veuve, prendre des informations au Tien-tchou-tang.

» Nous ignorons ces faits, m'a-t-il répondu. Impossible de s'adresser ailleurs, je suis donc revenu chez moi.

» Quant à la femme du domestique du Tien-tchou-tang, elle est allée réclamer son mari. Les gens lui ont répondu : « Nous ignorons ce qu'il est devenu ». La malheureuse alors de se lamenter et de pleurer. Un voisin lui demande la cause de sa douleur. Cette femme lui dit toute la vérité. Et le voisin de dire : « C'est comme pour l'enfant ».

» Là-dessus, tout deux viennent recourir à moi. Les circonstances m'ont paru si fâcheuses, que je suis allé au Tien-tchou-tang. Mais là, réponses ambiguës et obscures. « Ces deux têtes, ai-je dit alors, on vous les redemandera ». — « A votre aise », m'a-t-il dit.

» Accompagné de huit hommes, je retourne au Tien-tchou-tang pour y parler raison. On n'a pas voulu nous répondre. Trois jours plus tard, j'y retournais ; mais là, plusieurs centaines d'individus m'attendaient et voulaient me tuer. Je me suis sauvé à toutes jambes.

» Mais, des chrétiens, ils étaient plus de mille, m'ont poursuivi

---

(1) Ho-tchou était *long-che*, c'est-à-dire notable administrateur de village. Son influence était grande, son crime n'en était que plus grave.

Barque chinoise et ses haleurs.

jusque chez moi, ont voulu me faire sortir. Poussé à bout, j'ai crié au secours. De tous côtés le peuple s'est présenté avec un air si déterminé que les chrétiens se sont retirés sans avoir blessé personne. Nous, avant de nous séparer, nous avons voulu aller en finir avec le Tien-tchou-tang ; nous avons tout démoli. Un homme est mort, il est vrai dans la bagarre ; mais c'est un pan de muraille qui l'a écrasé dans sa chute ; personne n'a porté la main sur lui.

» Voilà ce que j'affirme. C'est la pure vérité. J'espère que le grand homme ne s'en laissera pas imposer.

» — Tu veux donc détruire le Tien-tchou-tang ; l'anéantir te sourirait, et à moi aussi ; mais il y a une difficulté, cela ne sourit pas à l'empereur. As-tu quelque chose à ajouter ?

» Ho-tchou déclare n'avoir plus rien à dire.

» Le sous-préfet qui gardait la porte, jusque-là très attentif aux débats, se détourne et aperçoit le gamin (1).

» — Que fais-tu là ?

» — Je regarde.

» — Comment as-tu pénétré jusqu'ici ?

» — Je suis venu à la suite du grand homme.

» — De quel grand homme ?

» — Du mandarin militaire.

» — Si toute la suite des grands hommes voulait faire comme toi, nous serions envahis ; sauve-toi bien vite.

» Et le gamin de détaler.

» Voilà ce que je tiens de sa propre bouche. Nous croyons tous à sa sincérité. »

Un enfant chinois serait absolument incapable d'inventer une semblable déposition. D'ailleurs s'exposer comme il le faisait, les actes de dévouement qui signaleront sa conduite dans le cours de ce récit, son attachement aux missionnaires, tout est présomption en sa faveur et invite à donner pleine confiance au substantiel de son rapport.

Rien, d'ailleurs, qui doive étonner dans l'arrogante attitude du criminel. Il connaît son juge principal, il était d'avance suffisamment édifié sur les sympathies d'en haut pour le Tien-tchou-tang, et le général Fang, émissaire du vice-roi, le protégeait. Celui-ci se tenait dans l'ombre, le général sur la négative, Ho-tchou agissait. Le vice-roi au fond approuvait, le général immobilisait toutes les résistances des tribunaux, et Ho-tchou conduisait librement les excitations et le désordre.

Le plan était habilement conçu, et si l'événement dépassa le but qu'on

(1) Le petit pâtissier, témoin cité plus haut.

se proposait, car il est inadmissible que l'autorité ait désiré des meurtres, à cause des relations diplomatiques, on comprendra qu'elle se serait, à son cœur défendant, lancé dans une procédure sérieuse, dont un réel triomphe eut rejailli sur la cause détestée qu'on voulait déshonorer et affaiblir. Ces messieurs jouaient avec le feu, l'occasion était belle pour la diplomatie de leur brûler les doigts.

Il est donc évident déjà, au seul jugé de l'interrogatoire actif ou passif, que le procès de Nan-kin ne serait qu'une infâme comédie. Le premier acte fut l'affiche du vice-roi condamnant Ho-tchou d'avance ; le second est cet interrogatoire ridicule où le fou-tai écoute en riant des histoires insensées. Nous verrons les autres.

Si nous en croyons le P. Le Cornec, et pourquoi pas ? Fang-ton-lin aurait fait trois ou quatre fois le voyage de Nan-kin durant les premiers mois de cette année fatale. Un homme qui paraissait, dit le Père, bien renseigné sur les démarches de Ho-tchou, l'avait assuré que ce misérable avait lui-même été rendre visite au vice-roi, lui demandant la permission de faire la guerre aux chrétiens ; que celui-ci lui aurait équivalement répondu : « Cela te regarde, c'est ton affaire ». Le grand homme ne pouvait se compromettre au point de donner la main ouvertement à une action décisive ; ne pouvait-il répondre par un sourire et être suffisamment compris ?

Le 3 septembre, venant de Kien-ping, trois barques abordaient à Nan-kin. La première portait le sous-préfet Fong ; la seconde huit soldats, la troisième, sept des jeunes enfants enlevées à l'école de Lou-tsen et une servante.

En quittant Kien-ping, ces trois barques étaient précédées de deux autres, dont l'une accompagnait celle du général Fang. Arrivé à Ou-hou celui-ci prit la route de Ngan-king. Il avait sans doute à s'expliquer avec le fan-tai et les mandarins du chef-lieu. Car les délégués et le tao-tai avaient été sur les lieux du meurtre, mais contenus par la froideur calculée du général, ils étaient revenus honteusement. Celui-ci avait sans doute à insinuer en haut lieu que sa cause ne ressortissait qu'au vice-roi. Tout le monde officiel s'en doutait bien et agissait depuis longtemps en conséquence.

Le sous-préfet de Kien-ping n'était donc reparti de Nan-kin, en abandonnant momentanément Ho-tchou, que pour accomplir la mission d'amener à Nan-kin les petites filles et la veuve, cuisinière de l'école, pour y subir des interrogatoires.

Le fan-tai allait triompher en leur arrachant, par les menaces et les coups, des aveux épouvantables, conformes aux calomnies de Ho-tchou et de ses mémoires, et préparer ainsi un dossier infâme pour la cour de Pékin. Celle-ci ne peut qu'accepter la signature de son vice-roi, à moins que la diplomatie n'exige une contre-enquête. Encore est-il infiniment plus prudent de prévenir ces épineuses complications ; car a-t-on jamais vu, dans les questions qui ne sont pas un *casus belli*, le fils du ciel infliger pareille honte à un si haut et si puissant dignitaire de son empire !

Ces pauvres enfants avaient séjourné au camp de Fang-ton-lin, entre les mains des créatures de Ho-tchou, ou dans les dépendances du tribunal. Il faut passer le voile sur les leçons qu'elles y avaient reçues, ainsi que sur les violences dont elles avaient été l'objet d'après leur propre témoignage, dix fois répété à leurs parents ou à d'autres personnes.

De plus, il ne faudra pas s'étonner de la précision de nos renseignements, quand on saura que le secret est presque impossible et inconnu en Chine : la discrétion est antipathique au Chinois. D'autre part, sur la même barque que les enfants se trouvait le père de l'une d'elles. Un catéchumène, y ayant sa fille, venait en même temps par terre, en compagnie des amis de Ho-tchou. Il n'était pas pour cela traître à la bonne cause ; inutile de discuter ces anomalies qui peuvent étonner un occidental. Ces deux hommes, plusieurs autres, des catéchistes, des mandarins, entre-autres le brave délégué F***, ont, durant tout le procès, tenu les missionnaires au courant des principaux et souvent des moindres détails.

Pendant que le Ning-ko était en révolution, et que les mandarins de Nan-kin poursuivaient la religion de leur haine juridique, les deux rives du fleuve Bleu, à l'est de cette ville, étaient également troublées par la persécution. Tout le pays de Tcheng-kiang, Yang-tcheou, Ou-si était mis en émoi par les coupeurs de queues et les lutins de papier. Le peuple soulevé accusait partout le Tien-tchou-tang, et les pauvres chrétiens étaient poursuivis par la populace.

Mais comme cette partie de la mission est éloignée du Ning-ko, que, si la haine diabolique était la même, l'action des suppôts sous le même souffle ne suivait pas le même courant, comme de fait ces deux persécutions étaient géographiquement et historiquement distinctes, nous n'en parlons pas. Qu'il nous suffise de signaler la coïncidence, comme nous avons relaté les *merveilleuses histoires des bonshommes de papier*, dont le retentissement agita l'opinion dans toute la province et seconda les projets si avancés des agitateurs du Ning-ko.

XXI

A Nan-kin. — Deuxième partie du procès

XXI

A NAN-KIN. — DEUXIÈME PARTIE DU PROCÈS

Le 6 septembre, à neuf heures du matin, commença la série des interrogatoires, sorte de corruption légale où le pharisaïsme du formalisme le plus naïf ne le cède qu'à la fourberie. A Pékin, il faut des preuves, on en aura; nous n'en avons pas; nous en ferons faire; il faut que les témoignages sortent de la bouche des témoins, ils en sortiront. Que peut-on désirer de plus, au moins à Pékin?

Les enfants et la femme de service comparurent ensemble au tribunal. Le fan-tai présidait. Il était assisté des deux tao-tai et d'un préfet. Les sous-préfets gardaient les portes.

L'enfant qui avait si bien joué son rôle de pâtissier, marchand de gâteaux, essaya de forcer la consigne; mais, cette fois, il échoua; il ne vit que le défilé final. Deux soldats ouvraient la marche, les enfants suivaient; six soldats formaient le cortège.

A travers les rues de Nan-kin, était-il rien de plus propre à faire sur l'opinion un effet déplorable, surtout à une époque où les examens qui vont s'ouvrir convoquent des milliers de jeunes lettrés? Qu'on imagine tout ce qui se disait sur la religion dans les explications qu'essayaient toutes les imaginations à ce spectacle. Puis, tout ce qui s'était dit à la séance secrète transpirait immédiatement dans le public; accusés et accusateurs parlaient à qui voulaient entendre.

Le petit pâtissier suivait parmi la foule; il ne voulait pas revenir sans nouvelles. Quand on arriva à l'hôtel du sous-préfet de Kien-ping, où logeaient les enfants, sous la garde de *me-bou* (gardiennes) (1), il aperçut le chrétien Hen, qui avait pu déjà savoir quelque chose.

— La séance, lui dit celui-ci, a été mauvaise. Le catéchiste Yang a été calomnié ; demain j'irai voir les Pères.

Le catéchumène Té, père d'une enfant, avait assisté et avait été interrogé, ce fut lui qui donna des détails. En voici la substance :

Tour à tour les enfants viennent se mettre à genoux devant les juges, et, dans leur épouvante, répondent tout ce qu'on veut. On comprend si, après les infâmes accusations de Ho-tchou, les questions étaient délicates et scrupuleuses. Le Père fut même accusé de lancer dans les airs des bonshommes de papier.

Bien entendu que pas une ne prit jamais l'initiative de la moindre imputation, c'était déjà trop pour elles de laisser échapper du premier coup de leurs lèvres un *oui* arraché par la peur ; il fallut s'y reprendre à deux fois la plupart du temps ; mais le bourreau était là.

Le Té eut la franchise d'avouer au P. Ravary qu'il n'avait pas non plus brillé par son courage. Il avait bien, dit-il, avant la séance, exhorté sa fille à ne pas mentir... Mais lui-même, quand le mandarin lui demanda :

— Faut-il *manger* de la religion ?

Il répondit :

— Non, grand homme, il ne faut pas en *manger*.

— Pourquoi parler ainsi, malheureux, contre la vérité et ta conscience, lui dit le Père ?

— Père, on ne peut pas répondre autrement en de telles circonstances !

Que dire à de pareils caractères ?

Quelques jours après, quatre enfants étaient renvoyées chez elles et le sous-préfet Fang retournait à Kien-ping pour en ramener la maîtresse d'école et deux élèves qui avaient été laissées parce qu'on n'espérait pas facilement en tirer les aveux qu'on désirait. Mais ceux de la veille avaient offert si peu de difficulté qu'on se flatta d'obtenir l'universelle déposition du personnel.

Parmi les petites filles, l'une était l'enfant d'un catéchiste du P. Hoang. Cet homme, très zélé, avait eu maille à partir avec les amis de Ho-tchou et Ho-tchou lui-même, notamment à propos d'un achat d'immeuble. Il avait dû être désigné nommément au fan-tai, car quand l'en-

---

(1) En Chine, il y a pour les femmes accusées des femmes satellites. Je ne sache pas qu'elles soient célèbres par leur férocité. Elles sont gardiennes et n'ont guère de clientes que par occasion. On n'abuse pas de la prison en Chine. La France, à elle seule, a cent fois plus de détenus et dépense pour eux mille fois davantage. La bastonnade, si courte et si économique, a bien des avantages quand elle est juste.

fant, qui avait dix ou douze ans, subit l'interrogatoire, celui-ci lui demanda si son père ne faisait pas aussi des lutins de papier, et elle répondit qu'il en faisait et les lançait en l'air.

Or, à cette époque, tout le monde avons-nous dit était révolutionné par ces histoires et ces faits étranges. Les mandarins avaient juré de faire des exemples, ils ne prenaient personne en flagrant délit ; la petite fille, sans s'en douter, pour éviter des soufflets peut-être, avait, d'un mot, chargé son malheureux père de la plus grave accusation.

On le fit venir avec le palefrenier du P. Hoang, qui avait été accusé de battre les gens. On s'y prit fort adroitement. Sous prétexte d'avoir leur déposition comme *témoins*, on chargea un délégué de négocier leur comparution avec le P. Seckinger. Si celui-ci avait pu se douter de la perfidie des juges, dont pourtant tout l'invitait à se défier, au lieu d'inviter le catéchiste à venir, il eût favorisé son évasion ; rien de plus facile en Chine que de se soustraire. Mais il fut trompé par le délégué, probablement de bonne foi lui-même, si on en juge par tous les services qu'il rendit d'ailleurs aux missionnaires. Le P. Seckinger comptait bien sur l'énergie de cet homme qui, répétons-le, allait se présenter comme *témoin*. Dans quel pays met-on les simples témoins à la torture ?

Ce n'était pas assez pour le démon inspirateur et guide de toute cette ténébreuse et infamante procédure, il fallait monter l'opinion publique.

Une après-midi, un inconnu, marchant à pas précipités, jeta dans une boutique un placard affreux contre le christianisme. Il se trouva que cette maison était chrétienne et, dès le lendemain matin, après la messe, le chef de la boutique le donnait aux missionnaires. C'était un imprimé. Il fallait donc supposer qu'on était en face d'une propagande.

Nous ne l'aurions pas signalé si ce pamphlet n'eût été dans son genre tout ce que l'on peut imaginer de plus révoltant.

On s'efforça d'en rechercher les auteurs. Les catéchistes apprirent que Ho-tchou et ses complices en étaient probablement les inspirateurs. Le soir, quand la nuit était venue, des distributeurs parcouraient la ville et glissaient la pancarte dans les plus importantes boutiques.

En ces mêmes jours, un enfant de quatorze ans, en pleine grande rue, avait eu la queue coupée. Un immense rassemblement se fit autour de lui, l'émotion était au comble.

Un mouvement populaire allait-il, pour comble de malheur, couronner les efforts de nos ennemis ? On pouvait tout craindre. Les Pères étaient résignés, sans jamais se laisser abattre, quand une nouvelle importante vint un instant détourner leur attention des murmures de la populace.

La barque qui amenait la maîtresse d'école était arrivée. Aussitôt, on pensa aux moyens de faire parvenir, avec les tristes nouvelles, des paroles de consolation et d'encouragement. Sur cette pauvre veuve, dont le dévouement ne s'était jamais démenti, qui avait quitté sa famille par zèle des âmes, et dont la ferme attitude était de bon augure, reposait l'espoir de notre honneur et de l'honneur de la religion.

Elle allait être circonvenue comme ses élèves et sa domestique qui, entre toutes, avait montré la faiblesse la plus impardonnable par des aveux détestables, obtenus sans coup férir. Résisterait-elle à la torture devant laquelle les juges ne reculeront pas s'il le faut.

Mais, placée entre celles du mandarin Fang et des soldats, sa barque était inabordable.

Comme on pourrait le deviner, parmi les messagers consolateurs qui rôdaient aux environs se trouvait l'imperturbable et rusé petit pâtissier. Il allait et venait comme un curieux vulgaire avec l'aplomb d'un païen et la naïveté d'un enfant. Il essaya encore de forcer la consigne sous prétexte de jouer, mais il perdait ses parties. Les soldats ne plaisantaient pas. Dans son dépit, il fit le maladroit et, par un faux pas bien exécuté, il tomba à l'eau. L'accident parut sérieux, on s'empressa autour de lui qui sut, pour son propre sauvetage, s'accrocher à la barque même des captives. Il attira ainsi leur attention et détourna des autres toute pensée de connivence. Il se laissa hisser à bord avec des airs de demi-noyé. Ses yeux fixés dans l'intérieur de la barque rencontrèrent ceux des captives. Il y vit trois personnes ; il ne s'était pas trompé. Il chanta les paroles de l'acte de foi. Les soldats n'y virent pas malice, pensant que le gamin voulait jouer la comédie païenne dans un costume de circonstance. Ils riaient de bon cœur, quand de l'intérieur de la barque répondaient quelques soupirs significatifs. Il avait été compris. Il accourut à la résidence heureux et fier de son équipée si généreuse.

Déjà, depuis plus d'un mois, le procès était entamé et la lenteur de la procédure n'était pas d'heureux présage.

Le 8 octobre, nous assistons, pour la deuxième fois, à une séance solennelle qui commence à midi et ne finit qu'à sept heures du soir.

Cette fois, trois catéchistes purent se mêler à la foule qui assiégeait la porte.

Outre les grands juges, siégeaient nombre de mandarins.

La maîtresse d'école et les deux grandes élèves comparurent. Les quatre enfants restées à Nan-kin furent de nouveau interrogées. Le catéchiste Pé, le palefrenier, Ho-tchou et quelques complices. Tout le monde était là.

Les résultats furent consolants en partie.

La maîtresse et ses élèves nièrent tout. Les quatre petites se rétrac-

Supplice des soufflets.

tèrent, ce qui provoqua une vive agitation parmi les juges. Comme on leur demandait pourquoi elles niaient aujourd'hui ce qu'elles avaient affirmé d'abord, elles répondirent qu'elles avaient eu peur. Seule, la femme de service, se coupant à plusieurs reprises, jeta le trouble dans cette unanimité qui eût été du plus heureux effet.

Le délégué F***, rapportant ces nouvelles à la résidence, ajouta que ce désaccord nécessiterait de nouveaux interrogatoires.

Ho-tchou et les siens parlèrent peu. Payant d'audace, ils dirent :
— Nous donnerons notre vie s'il le faut.

Pendant la séance, un médecin qu'on apercevait des cours intérieures, où se pressaient les curieux, manipulait des ossements déposés dans une caisse remplie de chaux. Ils avaient été apportés par le sous-préfet Fang.

Il est facile de se rendre compte de la tactique des ennemis. On voulait exhiber des pièces à conviction pour couvrir d'infamie le P. Hoang. Ces ossements, apprit-on, étaient soi-disant ceux d'un mort-né de six mois, déterré on ne sait où. Il est facile en Chine, hélas ! de trouver pareille marchandise. Il y avait, dit-on, le pied d'un autre enfant, des yeux arrachés, des queues sans doute... car Ho-tchou en avait recueilli, entre autres, celles des deux victimes.

Il fut aussi question *des deux hommes tués* par le Père la veille de sa mort.

Le sous-préfet n'avait-il pas amené des témoins ?

A partir de ce jour où les grands juges avaient reçu de ces versatiles témoins un pareil soufflet, rien ne fut négligé pour faire reprendre au procès sa marche unanimement infâmante.

Nous serions infini, si nous suivions pas à pas tous les interrogatoires de jour et de nuit, publics ou secrets, collectifs ou privés.

Des mandarins inférieurs se succédaient à tour de rôle et, passant des promesses aux menaces, harcelaient leurs faibles victimes sans relâche.

Le fan-tai et les deux tao-tai, ses assesseurs, allaient tour à tour d'un tribunal à l'autre.

Le catéchiste Pé et le palefrenier étaient surtout visés par le fan-tai (1). Deux hommes au service direct du missionnaire assassiné et incri-

---

(1) Il ne faut pas s'étonner de la rage du fan-tai. Cet homme était à Nan-kin depuis sept ou huit ans et s'était dès lors fait une réputation d'ennemi des chrétiens. Quand eurent lieu les massacres de Tien-tsin, il désirait que ces excès se généralisassent. Il ne fut pas étranger aux placards incendiaires qui, à cette date, parurent sur les murs de Nan-kin, non plus qu'aux croix à la chaux tracées dans les rues pour trahir les chrétiens soucieux de ne pas les fouler aux pieds. Mais le vice-roi d'alors ne laissait pas faire. Le fan-tai résumait la magistrature *assise* et *debout* des deux provinces. On peut supposer ce qu'il savait faire comme trésorier général.

miné étaient une proie fort précieuse. Leurs aveux étaient de première valeur, il les fallait à tout prix. Ils furent donc enchaînés, privés de nourriture, ne subissaient d'interrogatoire qu'à genoux sur des chaînes ou des planches cannelées.

Voilà comme, de témoins, ils étaient tout à coup devenus accusés, assimilés aux pires criminels. N'ayant contre eux aucune preuve, aucun témoin, on pensait qu'ils devaient s'accuser et se condamner eux-mêmes. La torture indéfinie qui épouvante, qui épuise et finit par faire perdre le sens, saurait remporter la victoire.

Le catéchiste tint bon à cette séance. Le malheureux palefrenier, sous la bastonnade, finit par dire « oui » à tout ce qu'on voulut. Quand il fallut, après la lecture de ses aveux, lui en faire signer la copie, il se laissa couvrir la main d'encre et l'appliqua au bas de cet acte inique désormais pièce irréfragable.

Pour empêcher les chrétiens de venir au tribunal se mêler à la foule des curieux, des croix à la chaux avaient été tracées en face des portes.

Dans une lettre du P. Ly, à la date du 16 octobre, nous trouvons un résumé complet de la situation. Il tenait ces détails du mandarin déjà cité, qui se montrait vraiment soucieux d'aider les missionnaires. Malheureusement, sa position effacée ne lui donnait aucune influence.

« 1. Ly-hong-tchang a écrit au vice-roi que la France n'était plus qu'une puissance de second ordre et que cette affaire du Ning-ko pouvait être traitée librement ; il n'y avait rien à craindre de personne.

» 2. Du grand tribunal des Affaires étrangères à Pékin, on disait en somme : « Pressez-vous et soyez juste ».

» Mais il y avait d'autres influences de haut parage.

» 3. Comme le vice-roi, dès le début, a écrit à Pékin que le P. Hoang a tué deux hommes, etc... Il veut à tout prix n'avoir rien à rétracter et il lui faut des aveux semblables à ceux du palefrenier, qui avait été maintenu deux jours et deux nuits à genoux nus sur des pierres. (Il ne parle pas de chaînes, mais l'un n'empêche pas l'autre, suivant le caprice du moment.)

» 4. Le catéchiste a avoué avoir connu les deux hommes qu'on dit tués par le missionnaire, et avoir également protégé deux chrétiens qui lançaient des lutins de papier. Depuis deux jours il était à genoux. (Ces aveux sont postérieurs à la séance que nous avons rapportée plus haut.)

» 5. La maîtresse d'école, fort maltraitée, aurait laissé échapper des paroles ambiguës.

» 6. Le vice-roi ne croit guère aux infanticides, parce que deux pieds apportés dans la chaux sont deux pieds droits.

» 7. Les lutins de papier présentés par Ho-tchou ne sont rien autre chose que des images préparées pour orner les rameaux.

» 8. Toutes les élèves seront poussées à de nouveaux aveux.

» 9. Ho-tchou et les siens seront délivrés honorablement. Le palefrenier et le catéchiste ne sont probablement pas exécutés.

» 10. Les autres mandarins, dit le rapporteur, me ridiculisent parce qu'ils me voient incliner vers les missionnaires.

» 11. Le tao-taï de Ou-hou se tait, réservant son jugement.

» 12. Le gouverneur de Ngan-kin a écrit au vice-roi qu'il n'y avait rien de prouvé dans l'accusation de meurtre. Mais le vice-roi a répondu : « Vous ne savez pas bien ce qui s'est passé à Kien-ping, nous le savons mieux que vous. »

» 13. Dans quelques jours, le vice-roi écrira à Pékin et enverra toutes les calomnies sous forme d'aveux juridiquement obtenus. Prévenez donc au plutôt votre ambassadeur et renseignez-le. Car si la cause est perdue, l'indemnité sera insignifiante et de pure forme. »

Le brave homme pense, en bon Chinois, que les piastres ont une large part dans les grands soucis des Pères. Il n'était pas encore temps de s'en inquiéter.

Désespérant de rien faire, et peut-être un peu compromis par son bon vouloir, il avait demandé à quitter Nan-kin.

On le voit, les choses du Tien-tchou-tang étaient à la merci d'un fanatique et d'un vice-roi compromis. Un pli de l'ambassade n'eût même pas suffi déjà pour faire reprendre la route de l'équité; il eût fallu à Nan-kin une nouvelle apparition de M. de Rochechouart, vengeant, en 1869 (31 décembre), les violences des brigands et des lettrés de la préfecture de Ngan-king. La France n'est pas compromise pour si peu, la religion ne demande pas davantage. La Chine en est quitte pour enregistrer sur son livret une punition de plus. Elle les reçoit d'un air maussade; il serait indélicat de lui contester ce droit ; mais elle les mérite si bien, qu'on a tort de l'en priver.

XXII

A Nan-kin. — Fin du procès

XXII

A NAN-KIN. — FIN DU PROCÈS

« Aide-toi et le Ciel t'aidera quand il voudra et comme il voudra. » Les prières et les supplications tentaient sans interruption de désarmer la colère de Dieu, s'il était irrité ; mais, prévoyant l'abîme où le courant nous entraînait, peu confiant dans les hommes, le R. P. Supérieur tenta une dernière ressource. Il écrivit au nom de Sa Grandeur, alors malade, une lettre au vice-roi, et la fit présenter par le tao-tai de Chang-haï, qui était à Nan-kin.

« Moi, évêque Lan, j'apprends que le P. Hoang, sur des accusations inventées après sa mort et par le moyen d'aveux forcés, est accusé devant les tribunaux de Nan-kin du double crime d'homicide et d'immoralité, et que ses accusateurs sont ceux-là mêmes qui l'ont mis à mort ou qui sont compromis dans l'affaire.

» Je suis surpris de ce qu'un homme qui était sous mon gouvernement, comme prêtre, soit, après sa mort, ainsi jugé sans que je sois averti des crimes qu'on lui reproche. De plus, comme la condamnation ne le déshonore pas seul, mais encore tous nos missionnaires français et moi-même, évêque, qui répondais de ses actes, elle ne pourra point ne pas provoquer les réclamations de la France. En conséquence, s'il est condamné, je suis décidé à avertir le ministre qui la représente.

» Moi, évêque Lan, j'ai voulu vous faire avertir de ces choses et vous prie d'en prévenir le vice-roi pour qu'il fasse examiner plus clairement. »

Le R. P. Supérieur était, sur ces entrefaites, venu à Nan-kin. Il reçut la visite du tao-tai qui lui communiqua la réponse du vice-roi.

L'entretien fut assez long.

Le tao-tait dit, en résumé, que le vice-roi trouvait qu'il avait rempli les promesses faites au ministre de France puisque les PP. André et Biès avaient été ramenés sains et saufs et que les 3,000 hommes étaient partis pour Ning-ko-fou. (1)

Il estime la religion ; mais pour l'affaire de Kien-ping, comme elle est purement chinoise et que ce sont deux Chinois tués de chaque côté, les Européens n'ont rien à y voir. Pour les choses d'immoralité, on n'en croit pas la majeure partie ; mais, cependant, l'homme n'est pas impeccable, le Chinois notamment.

A chaque assertion malsonnante, et il y en avait plus d'une, comme on voit, le P. Tsiang, qui était là, avait une réponse immédiate et protestait fermement pour remettre dans la vérité le fait ou le principe.

Le P. Seckinger demanda qu'un missionnaire fut adjoint pour une expertise que le tao-tai annonçait en projet. Il paraît, d'après le délégué F***, que cette expertise était demandée par le tribunal de Pékin, peut-être à l'insinuation du ministre de France.

Le lendemain, le R. P. Supérieur rendit la visite. On lui annonça que le vice-roi ne désirait pas d'Européen dans l'expertise pour éviter tout éclat. On comprend tout autre motif.

Ces tentatives, sur le succès desquelles on ne se faisait aucune illusion, avaient lieu le 23 octobre. Le 27, le procès reprenait son cours ordinaire.

Dans une séance aussi solennelle que triste, on obtint des enfants de revenir à leurs premiers aveux. On procéda carrément par la brutalité.

A la première question, elles répondaient « non ».

— Donnez-lui dix soufflets, articulait le grand homme.

Aussitôt l'enfant répondait « oui »,

— Greffier, écrivez la déposition.

Puis on passait à une autre. Les dernières, comme on pense, n'attendaient pas, si elles avaient assisté au précédent interrogatoire, qu'on donnât des ordres au bourreau.

Enfants ou grandes personnes, tous étaient peu préparés au martyre.

Ensuite, un catéchiste parvint à pénétrer jusqu'au malheureux palefrenier enchaîné dans son cachot. Celui-ci lui dit : « Le fait est que, certainement, le P. Hoang ni moi n'avons jamais tué personne ; le supplice était devenu intolérable. Les mandarins s'étaient tellement acharnés à m'arracher ce « oui » que toute résistance me paraissait inutile, J'ai avoué ce qu'ils voulaient. J'en serai quitte pour avoir la tête coupée. »

(1) Il n'y eut jamais que 1,500 soldats qui ne quittèrent pas la ville, occupant leurs loisirs à des terrassements. Pour les Pères, nous avons vu que l'honneur de leur protection en revient au P. Seckinger qui, dès le début, négocia à Ngan-king l'envoi des délégués qui les ramenèrent. Le vice-roi n'avait rien fait.

Le catéchiste essaya de lui rappeler son devoir.

— Si je me rétracte, on ne me croira pas ; on me battra encore. J'aime mieux me laisser tuer, c'est plus court.

Le catéchiste Pé n'avait pas encore répondu assez catégoriquement selon les désirs des juges. La maîtresse d'école, malgré quelques paroles un peu ambiguës arrachées une fois à la douleur, résistait toujours d'une manière admirable.

A la date du 9 novembre, le P. Ravary écrivait : « Nos mandarins se montrent de plus en plus acharnés contre leurs victimes et cela pour extorquer un « oui » quelconque. Depuis huit jours entiers, sauf de rares intervalles, treize on quatorze *ta-jen* et *lao-yé* (titres communs des mandarins) de tous grades vont et viennent, et cela le jour et la nuit, comme des loups affamés et poursuivent avec cruauté deux pauvres créatures épuisées. Les coups de rotin et les soufflets n'ont pas été épargnés cette semaine ; c'est hideux, expression la plus mitigée que je trouve sous ma plume ».

Toute liberté semblait donc laissée aux tribunanx chinois de procéder au gré de leur passion.

On nous demandera peut-être à ce sujet si la Légation s'était désintéressée des intérêts des missionnaires. Il serait fort injuste de le dire.

L'entrevue de M. Brenier avec le vice-roi était sérieuse et la bonne volonté du ministre est incontestable. Toutefois, si nous nous en rapportons aux paroles du vice-roi, répondant qu'il avait rempli son mandat, puisque les PP. Biès et André avaient été protégés et que des soldats avaient été expédiés, il resterait à craindre qu'au moment de sa visite, l'esprit du ministre de France ait été surtout et trop dominé par la pensée du danger de deux missionnaires européens, et qu'en appuyant sur la nécessité de les ramener en lieu sûr, il ait méconnu un autre côté de la question, qui, à nos yeux, est bien autrement considérable. Nous voulons signaler l'*honneur* de la religion. Dans sa lettre si courte et si catégorique, le R. P. Supérieur, au nom de Sa Grandeur, met ce côté dans toute sa lumière.

Qu'un missionnaire soit exposé, n'est-ce pas le sort du soldat d'avant-garde ? n'est-ce pas la position normale de cette sentinelle du Christ, en temps de paix comme en temps de guerre, sur un sol ennemi qui ne désarme pas ? Son sacrifice est fait et sa mort est sa gloire.

La diplomatie, nous le savons, ne peut prendre sur elle d'imposer ces héroïsmes ; bien plus, comme elle doit, si elle veut conserver et augmenter l'honneur de son drapeau, venger les victimes du fanatisme païen et protester contre la violation des traités, elle pourrait être tentée de redouter à l'excès la hardiesse des missionnaires qui sont la seule cause des complications. Mais, que le missionnaire exagère à son tour la prudence, sa raison d'être a bientôt disparu, Il devient une bouche inutile dans une retraite isolée, et ses souffrances avec son inaction lui auront bientôt persuadé qu'il fera mieux de quitter un poste où la consigne est d'être *trop prudent*. Prêcher, s'établir, ouvrir des écoles, toutes choses explicitement comprises dans les traités, sont autant de *casus belli* pour le démon qui ne désarme pas. Si *prudent* qu'on soit, la seule présence d'un missionnaire dans un pays nouveau, surtout, suscite la haine des lettrés et provoque souvent des émotions populaires.

Il faut donc renoncer à *étendre* la religion. Dès lors le drapeau français lui-même n'est plus sur ces bords qu'un promeneur inutile et son crédit est perdu.

Dans la persécution du Ning-ko, protéger deux Français exposés était urgent et digne d'attirer l'attention, mais avec cette partie du programme que nous appellerons volontiers secondaire, si nous considérons l'autre qu'il était urgent d'envisager, il était nécessaire de discuter un peu avec le vice-roi la part qui, à ses yeux, revenait à la Légation dans la question religieuse et chinoise. Le vice-roi eût été embarrassé.

Le missionnaire et son catéchiste étaient deux Chinois. Nous avons entendu le vice-roi affirmer par la bouche du tao-tai que, dans cette occurrence, *les Européens n'avaient rien à y voir*. Il y avait, donc dès le début, à lui faire faire le sacrifice de ce principe exorbitant qui, poussé dans ses conséquences, est la ruine de tout l'édifice. Non seulement le clergé indigène, mais tout chrétien, toute œuvre quelconque sont à la merci d'une législation arbitraire.

Encore une fois, le missionnaire européen qui plante sur un terrain qui n'est pas le sien prépare une récolte inutile. Les traités ont armé l'ambassadeur, à lui de connaître son arsenal.

La lettre de Sa Grandeur protestait hautement contre les prétentions inadmissibles du vice-roi.

Condamner un missionnaire pareillement calomnié n'est pas pour lui seul le déshonneur, c'est celui de la religion, et comme cette religion pacifique marche sous le drapeau français, son déshonneur est bien le déshonneur de la France.

Mais le Français est un chevalier, il croit à la loyauté quand même. Que l'esprit chevaleresque nous conduise, ce n'est pas un anachronisme ; qu'il nous aveugle, voilà qui n'est pas prudent. En Chine, dans les questions diplomatiques, c'est un contre-sens. Que de fois notre loyauté impénitente nous a stérilisés !

La protestation de l'évêque fut légère au grand homme. Voyons si le papier de la légation fut plus lourd dans sa balance.

Après une longue attente, le R. P. supérieur, qui avait écrit à Pékin, reçut cette excellente lettre :

Paris, 5 décembre 1876.

« Mon Très Révérend Père,

» J'ai appris par une lettre de M. le consul général que le vice-roi avait décliné son intervention dans le procès du P. Hoang, et S. E. Chenpao-tsen (le vice-roi) m'a écrit lui-même une longue dépêche à ce sujet.

» Je viens de lui répondre une lettre *sévère*. Je me suis plaint énergiquement que les témoins favorables aux chrétiens fussent écartés (1); qu'on employât des tortures les plus violentes pour arracher à d'autres des témoignages mensongers, qu'enfin les auteurs criminels du meurtre, de l'incendie, du pillage fussent laissés en liberté, alors qu'ils menaçaient de commettre de nouveaux attentats. Je l'ai engagé à faire respecter l'article XIII de notre traité, que je suis pour ma part décidé à faire exécuter comme tous les autres; et j'ai fait appel *à son impartialité*, en lui rappelant que, plus j'aurais été conciliant, plus je serais ferme.

» Je ne sais encore quel effet mon langage aura produit sur Son Excellence Chen; j'espère cependant qu'il en aura compris la portée et qu'il saura maîtriser les violences des mauvais conseillers qui l'entourent et cherchent à le pousser dans une voie inique et dangereuse.

» Vous, de votre côté, mon Révérend Père, vous ne sauriez user en de telles circonstances de trop de prudence et trop de circonspection. Que vos missionnaires n'acceptent qu'avec réserve et après examen de nouveaux néophytes, et qu'ils calment surtout, autant qu'ils le pourront, tout antagonisme entre les chrétiens et les païens. C'est seulement en évitant avec soin tout prétexte d'irritation qu'il leur sera possible de faire pénétrer dans des contrées incultes l'esprit évangélique.

» Veuillez agréer, etc.

» Vte BRENIER DE MONTMORRANT. »

Malheureusement pour la paix si désirée, l'étendard de la croix, qu'on ne peut plier pour le faire connaître, est, suivant la prophétie, bien des fois répétée dans les Evangiles, le *signe de contradiction*. Et voilà pourquoi, en Chine, il faut ou la faveur de l'empereur, ou la puissance des traités, toujours le sang des martyrs. (2)

(1) Ils n'ont pas été écartés, mais convertis en coupables, battus et condamnés.
(2) Au moment où nous écrivons ces lignes, nous apprenons que la mission du Se-tchuen vient d'être détruite et l'évêque blessé.

Si le grand crime des missionnaires, aux yeux du gouvernement chinois, est de préparer l'invasion étrangère, comment se fait-il qu'on évite avec tant de soin de profiter des bonnes occasions qu'il s'obstine à donner à la France d'intervenir selon ses droits ?

Faut-il donc prier Dieu, qui permet leur aveuglement, de dessiller nos yeux ? Non, pour aimer notre patrie, nous ne voulons point d'injustes conquêtes ; mais pour aimer Jésus-Christ et son Eglise, nous voulons pouvoir planter sa croix pacifique au-dessus de tous les drapeaux.

Le procès ne finissait point et le temps donnait toute liberté aux correspondances. Plus d'un mois après, le 17 janvier, nous nous retrouvons encore en pleine procédure. Le fan-tai a gagné du terrain, les tortures ont bien des fois triomphé.

C'est le catéchiste Pé qui est à genoux.

Il témoigne pour le missionnaire, on le menace de coups. Il se rétracte, s'accuse et accuse le P. Hoang de même que tous ses frères de distribuer la médecine qui fascine les gens.

Le fan-tai (1). — Pourquoi manges-tu de la religion ? Quel profit ?

— C'est pour sauver mon âme.

— Est-ce pour devenir une divinité ?

— Non.

— Mais pourquoi donnez-vous cette médecine à manger ?

— Nous n'en donnons pas.

— Si, on en donne ; une médecine qui force d'aller à l'église.

— Non.

— Frappez-le.

— Oui, on en donne.

— Cette médecine, comment est-elle ? Est-ce grand, est-ce petit ? De quelle couleur ?

— C'est blanc, c'est rond comme une sapèque.

— A combien en as-tu donné ?

— Je n'en ai pas donné.

— Pourquoi, étant catéchiste, n'en as-tu pas donné ?

— Ça coûte trop cher.

— Pourquoi ?

— Ça vient d'Europe.

— Qui la donne ?

— Les Pères européens.

L'interrogatoire fut très long. Ces lignes en montrent la tournure. Une multitude de détails ont échappé.

(1) Le fan-tai n'était pas le même, mais son esprit n'est pas *nouveau*.

Tout cela était dit sur un ton plus ou moins moqueur, devant la plus grande réunion des dignitaires de la cour de Nan-kin.

Et comment a-t-on su ces détails? Par notre jeune ami qui, n'ayant pu se faufiler dans la grande salle, a entendu un sbire qui, la langue déliée, se faisait une fête de raconter aux badauds la séance au sortir du tribunal. L'enfant rusé était mêlé à la foule.

Vint le tour du palefrenier.

Le fan-tai avait sous les yeux le gros cahier où avaient été consignées les dépositions précédentes.

Le fan-tai. — Le missionnaire a donc tué deux hommes? Qu'a-t-on fait des cadavres?

— Je les ai portés assez loin de la maison.

— Tu as dit jadis que tu avais participé au meurtre.

— Non.

— C'est faux! Je vois cela écrit ici. Rappelle-toi bien ; dis la vérité?

— C'est vrai.

— Comment?

— Je les ai achevés à coups de pieds.

Il y eut bien d'autres aveux, comme les queues coupées, mais nous n'avons pas d'autres détails précis.

Ca maîtresse d'école parut à son tour.

Les *accusés*, car, pour nous, nous ne pouvons les appeler *témoins*, étaient dans une salle dont la porte ouverte permettait d'entrevoir. Mais l'interrogatoire avait lieu dans une seconde salle attenante où ils se succédaient. Tout se passait donc comme à huis clos.

Notre petit messager fidèle était à la porte de la première salle, mêlé aux curieux.

Il vit, dit-il, la maîtresse d'école assise à l'écart avec ses écolières. Elle tenait un livre de prières à la main et priait. Avant d'entrer à l'audience, elle remit le livre à une petite fille.

Le fan-tai lui demanda depuis quand et pourquoi elle était chrétienne ; quelles étaient ses occupations ; à qui elle faisait la classe ; voyait-elle le missionnaire ; savait-elle lire et écrire?

Le fan-tai lui fait remettre un livre :

— Lisez.

— Je ne sais pas lire cela.

— Pourquoi?

— Je lis les livres de prière.

— Lesquels?

— J'en ai un ici.

— Montrez-le-moi. (Elle va le chercher.)

— Lisez. (Elle lit.)

— Expliquez. (Elle explique quelques mots.)

— Et vos rapports avec le missionnaire ? N'y a-t-il rien à dire ?

— Rien.

— On nous dit le contraire. (1)

— C'est faux.

— Qu'on frappe !

— Frappez ! Je ne dirai rien de plus, parce qu'il n'y a rien.

Ceux qui ont raconté l'interrogatoire n'ont rien signalé qui fut à déplorer. Ces sbires ne s'en fussent pas fait faute pour le plus grand charme des badauds.

Pour les petites filles, on leur fit dire tout ce qu'on voulut.

Arrivons à la dernière séance, la plus solennelle, car le vice-roi lui-même était présent. Ce fut le 31 janvier.

Le catéchiste Pé, le palefrenier, ainsi que deux païens saisis parmi les aventuriers au service de Ho-tchou, apparurent chargés de chaînes.

Ho-tchou, ses fils et plusieurs des siens étaient là, mais les mains libres.

C'est le catéchiste Pé qui est appelé le premier. Le vice-roi ayant un dossier sous les yeux interroge.

— Tu as coupé des queues et lancé des bonshommes de papier ?

— Non.

— Je le sais.

— Non.

— En as-tu entendu parler ?

— Oui.

— Par qui ?

— Par le catéchiste Yang tué avec le Père.

— Dans l'église, sait-on faire ces choses ?

— Non.

— Cela suffit ; retire-toi.

Voilà, au fond, ce qu'il aurait dit d'après son propre témoignage ; car on n'a pu rien savoir que par un autre catéchiste auquel il a communiqué ces quelques détails.

Pendant la séance, notre jeune pâtissier, placé à la grande porte d'où il voyait la maîtresse d'école, voulait absolument trouver le moyen de lui

---

(1) Elle avait été calomniée par ses enfants, sous peine d'être battues, dans une séance que nous n'avons pas cru devoir rapporter.

Supplice de la cage de suspension.

parler. Mais près d'elle se trouvait une vieille duègne préposée à sa garde. Notre gamin demande à un satellite le nom de cette *mé-bou*. Alors il va droit à elle :

— Chen ma-ma (mère Chen), dit-il, aujourd'hui c'est rude pour vous.
— Qui êtes-vous ? Etes-vous un employé ?
— A n'en pas douter, vieille mère.

Et le dialogue se poursuit.

Puis, quelques instants plus tard :

— Jeune homme, dit la mé-bou, gardez donc la position une minute.
— Soyez tranquille, vieille mère, je m'en charge.

Il en profite, bien entendu, pour dire à la maîtresse de bonnes paroles de consolation et d'encouragement.

Mais voici la bonne femme de retour.

Il portait un petit panier de pâtisseries vulgaires. Il en fait acheter par un employé qu'il connaissait un peu. Il en donne à la mé-bou, à la maîtresse d'école, aux enfants.

— Vous faites une bonne œuvre, lui dit la bonne femme très touchée, c'est vraiment très bien.

Ce fut à ce moment que la maîtresse d'école dut comparaître. L'interrogatoire fut court ; aucune parole malheureuse ne lui échappa. Vinrent les enfants qui, pour la plupart, se rétractèrent, car le vice-roi ne procédait pas par la torture.

Il est possible que la femme de service ne se rétracta pas, non plus que le domestique. Cette dernière séance, d'ailleurs, était pour la forme ; elle ne devait en rien changer les conclusions fixées d'avance et basées sur les dossiers accumulés pendant ces longs mois.

C'est toutefois la fin de cette lamentable persécution juridique, qui, tissée de contradictions sans fin, doit aboutir au déshonneur de la plus innocente victime, au déshonneur de la religion et à une exécution capitale.

On attendait, en effet, le verdict du vice-roi avec une vive impatience. Il allait être affiché d'un moment à l'autre. Tout serait définitivement terminé.

Le lendemain matin, de très bonne heure, l'homme chargé de porter au catéchiste Pé sa ration de riz, accourt à la résidence.

C'est alors que les missionnaires apprennent de sa bouche, avec une émotion facile à comprendre, que le malheureux avait déjà eu la tête tranchée. Avec lui, deux païens (1), compromis dans les pillages et choisis comme victimes obscures, avaient été exécutés. Il fallait épargner Ho-tchou

(1) Ou-sien-chen et Tchen-tse-kou.

et offrir des semblants d'impartialité. Deux victimes de leur fureur, le P. Hoang et le catéchiste Yang étaient tombés ; il convenait, pour la balance, de mettre deux misérables à mort. Le Tien-tchou-tang n'aurait, non plus que la Légation, le droit de se plaindre.

Pour le catéchiste Pé, on invoquait un autre chef d'accusation. Il formait catégorie à part. Sa petite fille, on se souvient, avait, par peur, affirmé qu'il lançait des lutins de papier. La torture lui en arracha l'aveu ; il avoua les queues coupées ; il mérita ainsi qu'on lui coupât la tête.

Pour le palefrenier, dont les aveux de meurtre sembleraient plus graves, il resta en prison avec un autre païen. On lui rendit sa liberté plus tard.

Ho-tchou, renvoyé indemne, s'en allait donc avec les honneurs de la victoire. Toutefois, pour la forme, le fan-tai crut devoir lui dire que les ruines qu'il avait faites restaient à sa charge. Cette charge était aussi légère à sa conscience qu'à sa bourse.

La maîtresse d'école et toutes les autres étaient mises en liberté. Citons une lettre du P. Ravary :

« Dès le matin, notre bon Wei et le *petit héros* partaient pour l'hôtel où les filles sont réunies. Ho-tchou et ses amis sont réunis dans ce kong-koan d'un grand juge, protecteur des Honanais. Quel contraste !

» Grâce au secrétaire chargé de ces filles, qui s'est fort bien montré, une première entrevue, bonne et consolante, a eu lieu. Les deux messagers portaient quelques petites provisions. Le tout fut bien reçu, mais ne suffisait pas.

» Après le dîner, ils retournent, porteurs de plus amples provisions : viande, canards, poules, provisions de voyage...

» Pauvres filles, condamnées pendant si longtemps au simble chi-fan, (bouillie de riz) deux fois par jour ! Le mandarin de Kien-ping ne payait aux *mé-hou*, chargées de les nourrir, que 24 sapèques par jour, 12 par repas, quelle indignité !

» De plus, le Wei a remis une piastre à la maîtresse, 100 sapèques à chaque fille, et le secrétaire a reçu 800 sapèques. Il les méritait bien, car c'est à lui qu'on devait l'entrevue.

» La maîtresse Song, reconnaissante, a beaucoup pleuré en racontant les affreuses tortures exercées contre elle. A deux reprises, cinq jours et cinq nuits à genoux sur des chaînes. Trois fois, trois jours et trois nuits, même supplice.

» Le plus cruel, ajouta-t-elle, fut la suspension par les mains à un pied de terre, souvent répétée.

» Il fallait qu'elle avouât l'affaire des queues coupées et des hommes de papier. Il fallait surtout avouer l'origine des deux pieds d'enfants apportés dans la chaux. Elle a tenu bon. Promesses, menaces, coups, tout fut inutile. Elle était préparée à la mort qu'elle attendait comme une délivrance.

» Plusieurs fois elle est tombée sans connaissance ; avec la grâce de Dieu, elle a triomphé...

» Elle est malade depuis longtemps, minée par la fièvre et la dysenterie. »

Dans une autre lettre, le même Père dit « qu'on aurait encore voulu lui faire avouer qu'étant veuve, c'est le missionnaire qui aurait tué son mari, et qu'il devait être coupable de bien d'autres crimes !... »

Le lendemain, elle partait pour le Ning-ko, et deux mois après, elle mourait d'épuisement, victime sainte de la foi et de son honneur, le cœur plein de résignation et d'espérance.

Cette pauvre femme n'apparaît-elle pas, au milieu de toutes les iniquités infernales d'en haut et de toutes les désolantes faiblesses d'en bas, comme une vision consolatrice, image de l'Eglise militante en Chine, toujours torturée, et promesse de l'avenir qui lui réserve toujours des couronnes ?

Le P. Dolliers écrivait de Pékin, en 1769, à propos d'une persécution : « Je vous laisse, Monsieur, à chercher dans tout cela la sagesse et l'équité dont nos philosophes de France font tant d'honneur à la nation chinoise. »

Quand on rapproche l'acquittement du scélérat Ho-tchou, au 31 janvier, et l'infamie dont on couvre tous les missionnaires du premier jugement du 15 août, alors que le vice-roi lui demande « de quel droit il prend la tête d'une bande de brigands pour tuer deux chrétiens, détruire les église », on peut se demander de quel droit lui-même il juge ainsi les coupables et condamne les innocents.

En Chine, comme partout, devant des philosophes à *la Confucius*, ou des philosophes à *la Voltaire*, païens de droit ou païens de fait, la sagesse et l'équité n'ont pas le sens que l'Evangile nous donne. Aujourd'hui, si l'honneur est sauf, ce n'est pas à leurs yeux, mais aux yeux de Dieu, qui regarde sans doute avec complaisance une pauvre femme fidèle jusqu'à la mort à son baptême si héroïquement défendu.

XXIII

Coup d'œil sur les campagnes pendant la durée du procès

XXIII

COUP D'ŒIL SUR LES CAMPAGNES PENDANT LA DURÉE DU PROCÈS

Il faut maintenant contempler dans son ensemble toute cette période douloureuse, qui s'étend depuis le lendemain du meurtre jusqu'au lendemain du procès. Après la première effervescence de je ne sais quelle rage fanatique chez les uns, et de la joie vulgaire du pillage chez le plus grand nombre, un calme relatif se fit insensiblement. Les missionnaires avaient disparu, leurs résidences n'étaient plus que des ruines, les chrétiens étaient en fuite, il n'y avait plus rien à voler.

A Ta-yuen-tsen, quartier honanais, à 70 li de Kien-ping, dont les habitants, favorables à Ho-tchou, leur compatriote, s'étaient signalés par leur audace, la nouvelle de 1,500 soldats, qui ne vinrent pas, mais qui devaient venir, porta la fureur au comble. Les menacer, en fait des tigres; leur apparaître, les eût changés en agneaux.

Pendant trois mois, trois fourneaux en activité, de jour comme de nuit, fabriquaient sabres, piques, lances, voire même d'étonnants fusils à mèche. Ce qui nous fait sourire, ce fut peut-être la cause de l'inaction des 1,500 braves restés à Ning-ko-fou. Les mandarins partageaient l'opinion publique. Le quartier de Kien-ping était déjà occupé par les soldats du général Fang dévoué à la cause, les Honanais forgent des armes; comment attaquer de pareils guerriers? Il faut bien le dire, le rôle d'un mandarin consciencieux serait à certains jours fort difficile. Le soldat est le premier pillard, quand il a tourné sa veste à l'envers; contre ses compatriotes et pour une cause détestée, il n'eût jamais livré bataille.

Ou-tong-lin, leur général, fit aussi bien de les convertir en terrassiers pour occuper leurs loisirs dangereux. Tout eut été pacifié comme par enchantement si, dès le début, Ho-tchou lui-même eut été mis à mort;

mais, entre le général Fang et le sous-préfet, il pouvait reposer sans inquiétude.

Ce qu'il y a de plus étonnant, c'est que, malgré l'évidence des faits la plus manifeste, nul ne parlait de la révolte des Honanais et tout le monde proclamait la révolte des chrétiens.

Les rôles étaient complètement changés, beaucoup moins par la calomnie que par une peur fantastique. La renommée qui grossit tout avait également décuplé le nombre des chrétiens ; l'opinion, qui veut quand même en faire les vendus de la France et ses premiers bataillons, les armait dans sa pensée. Le païen, âpre à la vengeance, peut-il d'ailleurs comprendre que des multitudes qu'il imagine se laissent piller ou tuer sans représailles. Loin du pays, il était donc facile de s'y méprendre, quand, sur les lieux mêmes, on s'aveuglait au point de croire ce qu'on avait rêvé.

Un jour, à Ning-ko-fou, les gens du tribunal, voyant transporter à la résidence quelques caisses venues de Ou-hou, assuraient qu'elles étaient pleines de poudre. Personne n'y alla voir.

Au mois de janvier 1877, à Koang-té, se trouvait un lieutenant de Fang-tong-lin avec ses soldats. Que faisait-il là, un mois avant la fin du procès ? Prévenir des vexations et protéger les chrétiens, sans doute ? Point du tout. Il disait à qui voulait l'entendre que, les chrétiens voulant se révolter, il veillait au salut du pays.

Ce courant d'idées excitait le peuple et entretenait la haine.

Que firent à cette époque les mandarins ? Il est plus facile qu'intéressant de le dire. Comme il serait très fastidieux de démontrer la parfaite réserve et la honteuse inaction d'où ils ne voulurent jamais sortir, contentons-nous de signaler leur excuse.

De Ngan-king, on envoya des délégués ; l'autorité supérieure agissait donc suffisamment pour permettre, que dis-je, pour nécessiter la délicate inertie des subalternes. Ils attendaient des ordres.

Des proclamations furent demandées : « Celle du vice-roi suffira », répondent les mandarins.

D'ailleurs, la proclamation réclamée par le ministre de France ne parut jamais.

Le tao-tai de Ou-hou, finit par accorder une affiche. Hélas ! elle ne contenait que des phrases banales qui ne blâmaient personne. C'était de la littérature en pure perte.

Le P. Seckinger multipliait ses visites ; il ne perdit jamais mieux son temps. Il voulait à tout prix aller au Ning-ko et contraindre ainsi les mandarins à l'accompagner. Mais, ils ne se laissèrent pas entraîner. « Allez-y seul, si vous voulez. Nous vous le défendons, c'est imprudent ;

si un malheur arrive, vous ne pourrez vous en prendre qu'à vous-même. »

Le peuple, ou pour mieux dire la populace, sorte de girouette que faisait tourner à son gré le clan des petits lettrés, flottait entre une vague inquiétude et une demi-confiance. Tantôt, la pensée de Ho-tchou mis en jugement le rappelait à l'ordre ; tantôt, le consentement tacite des autorités locales calmait ses scrupules. La moindre occasion provoquait l'explosion de sa rage, plus apaisée après un accès, que guérie pour ne jamais plus mordre.

En Chine, chaque village a ses mauvaises têtes, ses paresseux, ses hâbleurs, ses voleurs, tous fumeurs d'opium. Ce sont eux qui montent l'opinion et qui commencent ; tout le monde suit.

Les chrétiens furent tenus pour taillables à merci. Plus de deux cents familles furent réduites à la misère, leurs domiciles violés, tout leur médiocre avoir pillé ; momentanément même, il fut prudent de se cacher dans les montagnes.

On rançonna les autres qui se ruinèrent d'une nouvelle façon pour calmer les voisins, s'offrant à les protéger. Ce ne fut qu'à prix d'argent qu'on racheta ses filles.

Le P. Le Cornec écrivait le 19 août : « Aujourd'hui, je demandais à un jeune homme arrivant de Chœï-tong : où est ton père ? — Il est caché dans les montagnes. — Pourquoi ne retourne-t-il pas à la maison ? — Parce qu'il vient tous les jours des hommes voir s'il est revenu. — Eh bien, que feraient-ils ? — Ils le lieraient, le battraient pour le forcer à donner 50 piastres. — Qui garde la maison ? — Ma mère qui a plus de 50 ans. — Tes frères et tes belles-sœurs ? — Ils sont aussi dans les montagnes ».

L'histoire de cette famille était celle de la plupart des fidèles. Les apostats avaient la paix.

Or, l'époque venue de la récolte du riz, c'est l'heure de la fortune. Mais les païens ne s'en montraient que plus farouches, afin de récolter le riz des chrétiens pendant leur absence.

Les haines religieuses sont atroces ; mais le vol public, en plein soleil, organisé, du jour au lendemain, dans une société demi-civilisée, est-il rien de plus significatif ?

Si les apostats trouvaient grâce, il faut remarquer que les notabilités de village dirigeaient en partie le mouvement. Ils étaient les premiers à répandre le bruit que l'ordre de tuer les chrétiens avait été donné, puis, comme par indulgence, ils débattaient le prix d'une rançon ou recevaient l'abjuration des pauvres parjures. Les mandarins n'en ignoraient rien ; ils gardaient leur odieux silence.

Pendant ces mois d'agonie, des délégués apparaissaient de temps en temps, faisant la tournée par toutes les bourgades où ils savaient que les missionnaires avaient des établissements. C'était pour prendre connaissance des dégâts matériels. Un mot de réprobation, sans les compromettre, puisqu'ils avaient si grand peur du peuple, eût été presque partout une matière à réflexion suffisamment efficace ; ils se contentaient de prendre des notes sur les maisons et les terres.

Tous leurs renseignements leur étaient donnés par les païens de l'endroit, par les démolisseurs eux-mêmes.

Comme l'autorité prévoyait que la question des indemnités aurait son heure, et qu'elle leur tenait fort à cœur, il fallait préparer des pièces authentiques.

Le prix d'achat, connu de tout le monde dans le village, était religieusement enregistré, car ils comptaient sur cette base pour établir les compensations.

Fermer les yeux sur le prix réel était plus économique. Mais si, grâce aux circonstances, on avait, à bas prix, acheté des terrains inoccupés et de vieilles maisons en ruines, les réparations avaient parfois décuplé la dépense.

A Ngan-king, les mandarins, préoccupés de cette grosse question, puisque quarante établissements avaient été pillés, saccagés, dont plusieurs brûlés et rasés jusqu'au sol, avaient dit au P. Seckinger : « Nous vous indemniserons ; mais enfin, vous ne pouvez nier que vos maisons vous ont coûté des prix dérisoires, vous vous en souvenez et nous nous en souviendrons ».

« Très bien, grands hommes, répondit le Père, si vous les estimez sur cette base, entendons-nous, c'est très facile. Je ne vous demande pas d'argent. Rebâtissez-les telles qu'elles étaient et telles qu'elles nous servaient, nous serons enchantés. »

Cette réponse fort juste nécessita sans doute de nouvelles expertises.

Venir en aide aux chrétiens, remonter leur moral et surtout les fortifier par les secours religieux, était le plus ardent désir des Pères et en particulier du P. Le Cornec, ministre de la section. Il n'avait pas été, comme le P. Seckinger, nommément signalé à la vindicte publique. Il épiait à Ou-hou le moment où il pourrait forcer la consigne des mandarins qui, si on les eût crus, nous eussent pour longtemps laissés à la porte. Prudent, il l'était autant qu'on doit l'être. Depuis quelque temps, n'entendant plus la rumeur menaçante dont les échos arrivaient jadis, il écrivit au R. P. supérieur pour lui demander la permission de reprendre la route du champ d'honneur.

Après un mois d'informations et de sages négociations, il reçut la lettre où on lui disait : « Marchez à la grâce de Dieu ». Il partit malgré le mot d'ordre du tao-tai : « Nous ne répondons de rien ». Il était en compagnie du vaillant P. Chen-eul, qui avait, comme nous l'avons rapporté, si adroitement traversé, en *marchand de papier*, le territoire révolutionné des infidèles. Au bout de trois mois moins quelques jours, il rentrait donc au Ning-ko. C'était le 11 octobre. La paix, certes, n'était pas encore signée à Nan-kin ; mais, si elle n'était pas non plus bien assise dans les cœurs, elle régnait suffisamment à la surface.

Quand saint François de Sales partit pour le Chablais, infesté d'hérétiques autrement terribles que nos sournois et fort timides lettrés, M. de Boisy, son père, fit l'impossible pour le retenir. « Vous avez du zèle, mon fils, mais vous manquez de prudence... S'il vous arrive quelque chose de fâcheux, vous ne pourrez vous en prendre qu'à vous-même ». — « Mon cher père, répondit le saint prévôt, Dieu y pourvoiera. »

Dès son arrivée à Ning-ko-fou, Le P. Le Cornec envoya sa carte aux quatre grands hommes, le général en chef de la division, le préfet, le sous-préfet et le général des 1,500 terrassiers. Personne ne daigna renvoyer la sienne. Un soldat du camp vint demander à la porte si l'Européen savait le chinois ; vinrent ensuite des gens du sous-préfet demander si il se disposait à aller à *la campagne ;* on leur répondit que c'était son intention.

Au bout de quelques jours, le Père alla cependant voir le préfet et le sous-préfet.

« Le premier, dit-il, est un gros joufflu qui nage en plein dans les eaux du sous-préfet. Il a donc bien besoin d'être converti. Toutefois, il paraît convertissable, surtout si des ordres du vice-roi venaient lui donner la prémotion physique pour la contrition parfaite. Il est plus énergique que le tao-tai de Ou-hou ».

Chez le sous-préfet, l'entretien ne fut pas si serein. Il affirma qu'il ne ferait rien sans ordres de la capitale.

— Mais, dit le Père, vous pourriez nous faire rendre nos mules, nos chapelles, nos habits, dont nous connaissons quelques détenteurs.

— Je m'étonne que vous, *se-to* (1), arrivé depuis deux jours, vous osiez blâmer ma conduite.

D'ailleurs, ce sont les gens de Kien-ping qui ont tout fait ; si on arrête les malfaiteurs, le pays va se révolter : après toutes les peines qu'on s'est donné pour retirer du pays les PP. Biès et André, est-il concevable que l'on veuille y rentrer ?

(1) Litt. gouverner la clochette, nom quasi-officiel du prêtre devant les mandarins.

Le même Père raconte aussi comme le sous-préfet de Kien-ping, M. Fang, que nous connaissons, alla, au mois de novembre, à Lou-tsen, chercher des cendres appartenant aux deux individus que le P. *Hoang avait tués*, d'après Ho-tchou. On se souvient que celui-ci n'avait pu venir à bout de son histoire extravagante, sans faire rire ses juges ; ne demandons pas à M. Fang moins de ridicule en face du vice-roi, qui, lui du moins, a l'air convaincu, puisque c'est à ses ordres qu'il obéit. Il veut des cendres, des cendres il aura.

D'abord, le mandarin devait les trouver, les reconnaître, puis les rapporter comme pièce irrécusable contre le missionnaire. Il arriva donc au village, passa la nuit dans une pagode et, de bon matin, alla à la résidence.

On pourrait naturellement croire que, dans cette maison abandonnée, pillée, en partie dévastée, vide depuis trois mois, le grand homme eût dû être embarrassé pour trouver des cendres de deux individus inconnus, tués on ne sait quand, et brûlés, si nous l'admettons, pour mieux cacher le crime.

Qu'on se détrompe. Notre juge d'instruction n'hésita pas une minute. Il se dirigea vers le bûcher du missionnaire, lui-même, où il restait encore des cendres, en remplit deux petits sacs, un pour chaque assassiné, sans doute. Puis, se tournant vers les assistants assez nombreux, parmi lesquels était un chrétien qui rapporta le fait aussitôt, il leur dit : « Je suis venu de la part du vice-roi, je vous recommande la plus entière discrétion, l'affaire est grave ». Tout le monde trouva le procédé fort habile.

Bientôt après le P. Le Cornec, arrivèrent à Ning-ko-fou d'excellents renforts. On se rappelle le P. Biès et son mois de réclusion dans le grenier d'un mandarin à Koang-té ; comme le P. Chen-eul, il rentrait en diligence. Un caractère fort est toujours tenace. Toute une vie durant, contempler sans vertige les incertitudes du lendemain, instruit surtout par les dangers de la veille, diffère grandement des enthousiasmes et des entraînements qui passionnent sur un champ de bataille. L'humble héroïsme du missionnaire est la plus touchante preuve de la puissance de son Roi.

Le P. Biès était accompagné du P. Debrix ; tous deux prirent, le 9 novembre, la route de Chœï-tong, bien décidés à montrer dans le pays que les prédicateurs de la religion n'étaient ni morts, ni en fuite, ni arrêtés par la peur.

Ils chevauchaient comme aux beaux jours, trottinant sur leurs mules paisibles. Arrivés à mi-route, au grand village de Sun-kia-pou, ils se

Satellites et soldats chinois.

dirigent vers la petite résidence. Les scellés, apposés par le mandarin, étaient brisés. La foule se groupa autour d'eux. Le P. Debrix demande : « Qui a donc ouvert ? »

A ce moment, se présente un chrétien du P. Andrieux. Il se met à genoux en pleine rue et salue les Pères en faisant une prostration. Celui-là, au moins, n'avait pas peur. Il répondit aussitôt : « C'est Lin-lao-yé qui a ouvert ».

Les Pères crurent plus prudent de ne pas entrer, car, au milieu d'une foule, on ne peut user de trop de réserve.

En Chine, il y a beaucoup moins de danger quand on passe que quand on s'arrête. Ils avaient hâte, d'ailleurs, d'arriver le plus tôt possible à Chœï-tong, ne sachant où ils logeraient et voulant avoir le temps de s'installer. Ils piquent des deux et décampent. Une foule de gamins courent après, aux cris bien connus : « Yang-kœï-tse ».

Aucun autre incident ne signale cette première expédition en vrai pays infidèle.

A leur entrée à Chœï-tong, ils rencontrent quelques chrétiens, et ceux-ci, pleins de joie, dirigent leur marche.

« Nous arrivons aux ruines, dit le P. Debrix. De tant de maisons, il reste à peine quelques pans de murailles. S'installer pour la nuit est notre grande préoccupation.

» La divine Providence a permis que notre maison à l'angle sud-ouest ait été défendue et sauvée de l'incendie par son propriétaire païen : « Je n'ai pas encore été payé », cria-t-il aux incendiaires qui avaient déjà mis le feu au grenier. Le brave Ou parvint à l'éteindre.

» Plus de portes, plus de meubles et un toit fort endommagé. Nous dressons nos lits en choisissant l'endroit le moins exposé à la pluie. On nous prête deux tabourets de bambou, deux tables, quatre petits bancs sur lesquels nous alignons quelques planches, ce seront les lits, et nous voilà installés.

» Beaucoup de chrétiens viennent nous saluer. Nous refusons l'hospitalité qu'on nous offre, pour ne compromettre personne, car on leur ferait peut-être payer cher leur charité pour nous.

» *Vendredi 10.* — Quelques enfants nous crient des environs de la maison le refrain : *Diables d'Europe*. Visite de curieux, la plupart bienveillants. Les maçons réparent le toit et façonnent un fourneau pour la cuisine, tandis que les charpentiers mettent des portes.

» *Samedi 11.* — Tout le monde déplore notre malheur. On nous dit même que, dans le bourg, beaucoup de gens n'ont pas voulu acheter aux brigands les objets volés chez nous.

» Pendant que je visite les ruines, des enfants païens viennent me faire le ko-teou (1) en pleine rue ; ils m'accompagnent à la maison et nous voilà bons amis. Beaucoup de chrétiens nous demandent si on peut venir dimanche assister à la sainte messe. Nous répondons affirmativement, invitant cependant les femmes à rester chez elles si elles sont éloignées.

» *Dimanche 12.* — Chrétiens remplissant notre maison pour la sainte messe. Exhortation du P. Biès où il rappelle l'histoire de Job, l'appliquant aux persécutés. On récite les prières à voix basse. C'était presque un office des catacombes. Tout le monde était ému et priait de tout son cœur.

» D'après ce que nous voyons et entendons, même des païens, il est évident que le désastre de Chœï-tong n'est point l'œuvre de la population, mais de quelques brigands fumeurs d'opium et de bandes ramassées çà et là.

» Pour moi, il est évident que, sans l'impulsion du gouvernement, jamais pareil désordre ne se serait produit.

» Les chrétientés voisines nous invitent à aller les visiter ; mais nous attendons le moment favorable. »

Quatre jours après, le P. Le Cornec arrivait.

« Avant-hier, écrit-il, nous avons visité quatre kong-sou environnants. Que de ruines ! que de travail, que de temps, que de soucis pour tout rétablir ! De notre belle église de Hiu-tsen, il ne reste plus que quelques pans de murs noircis. La résidence n'a plus que ses sombres murailles. Sur la route, aucune injure ; au contraire, les païens se sont montrés plus polis qu'auparavant.

» Autour de nous tout est tranquille et nous n'avons à craindre que ce que les mandarins exciteront contre nous. Au milieu d'une population formée d'éléments aussi hétérogènes, l'union contre nous est impossible, si les mandarins eux-mêmes ne mettent en avant leurs hommes ».

Au commencement de décembre, le P. Debrix prenait possession des ruines d'Ho-li-ki. Il dût s'industrier comme à son passage à Chœï-tong. Toutefois, bien que le mur d'enceinte fut en partie démoli et que les dépendances eussent disparu, la maison n'avait été que très peu endommagée. Ce qui particularisait les lieux, c'était la présence d'une foule de mendiants qui en avaient fait leur *cour des miracles*. Seuls, les voisins les troublaient, en s'attribuant une partie de l'immeuble pour y loger leurs animaux.

Les domestiques eurent à travailler pendant deux jours : travail d'Hercule chez Augias, pour transporter le trop plein universel dans le torrent.

(1) Prostration.

Pendant que le P. Debrix reprenait place à Ho-li-ki, le P. Biès retournait à Koang-té.

Il écrivait aussitôt au P. Le Cornec : « En arrivant, j'ai envoyé ma carte à tous les mandarins. Hier soir, un secrétaire est venu voir mon catéchiste.

» — Comment se fait-il, catéchiste, qu'un P. Pien (1) soit ici ? Le mandarin Wen a conduit l'ancien P. Pien jusqu'à Se-ngan. Il a dépensé beaucoup d'argent pour son voyage à Chang-haï ; maintenant, voilà un autre P. Pien qui nous tombe ici comme du ciel ; nous ne le connaissons pas ; notre ancien Père est à Chang-haï. Nous n'avons reçu aucun avis de nos supérieurs annonçant l'arrivée du nouveau. Il nous faut donc la considérer comme non avenue. Le Père n'est sans doute qu'un voyageur· dites-lui qu'il n'y a aucun besoin qu'il vienne nous saluer ».

» Ni moi non plus, je n'ai aucun besoin d'aller les voir. Le pays semble assez tranquille ».

Le 14 mars, il a déjà eu le temps d'accomplir un exploit qu'il raconte au P. Palâtre.

« Dimanche dernier, j'ai fait une excursion à 20 li au nord-est de la ville, à Yang-kan-kiao. J'arrivai juste au moment où le notable Chen, avec l'ancien Tcheou, garde-champêtre (personnages qui se sont illustrés dans le pillage des chrétiens), venaient d'enlever une femme catéchumène. Le mari de cette femme était mort depuis deux ou trois jours et on l'avait déjà, non seulement promise à un chrétien, mais un engagement écrit avait été signé, la femme y avait appliqué la main trempée dans l'encre et le pied par-dessus le marché, selon la coutume. Or, tout à coup, les païens arrivent, enfoncent les portes, brisent les objets de la famille chrétienne, blessent trois ou quatre chrétiens et enlèvent la femme pour la marier avec le fils du notable. J'ai vu défiler le cortège près de moi. Lorsque j'entrai dans le bourg, je vis un mouvement extraordinaire qui l'agitait ; des personnes liées et blessés ; on criait, c'était un tumulte indescriptible. Je m'arrêtai dans un thé et, m'informant, j'appris toute l'affaire.

» Comme les chrétiens demeurent à quelques li du bourg, je me rendis chez eux et constatai les dégâts. Il était urgent de ne pas attendre pour prévenir un fait accompli et éviter des affaires de tribunal fort chanceuses aujourd'hui. Je courus chez le notable. La maison était pleine de monde. J'entre et demande à l'audacieux notable la raison d'un pareil procédé. Il s'excuse de son mieux et Tcheou, garde-champêtre, s'empresse de prendre la fuite.

» A ce moment, arrive le beau-frère de la femme ; il proteste et

(1) Nom chinois du Père.

amène la femme, qui montre devant moi sa main encore toute pleine de l'encre légale.

» — Vous voyez, dis-je aux assistants, qui a raison et qui a tort. Puis, m'adressant au beau-frère : Reconduis cette femme chez toi. Ils partent immédiatement ; personne n'ose s'y opposer. Plusieurs païens se disent entre eux : « Certainement, la raison est partout la même ». — Oui, leur dis-je, il n'y a pas deux justices. Si les chrétiens ont tort, il faut les punir ; si les païens ont tort, ne faut-il pas les punir aussi ? »

Après quelques instants d'entretien pour asseoir son coup d'état, le Père s'en retourna.

N'est-il pas étrange qu'on puisse ainsi, au lendemain de son retour, dans un pays qu'on pourrait dire conquis aux païens, après le déshonneur de Nan-kin, en pleine défaveur dans les tribunaux, se faire rendre justice à soi-même et aux siens sans autre arme qu'un sang-froid énergique ? Pour peindre la Chine, il faut bien des traits, bien des couleurs ; ce coup de pinceau, en particulier, ne nous paraît pas banal.

En voici un autre, tout-à-fait de la même époque, mais beaucoup plus sombre.

Le P. Le Cornec ajoutait, dans la lettre qui cite le passage précédent : « Le général Fang a quitté le Ning-ko-hien pour retourner à Kien-ping. En passant près de Yué-wan-kiai, il a demandé s'il y avait des chrétiens dans le pays. Sur la réponse négative il ajouta : « C'est bien ! Je ne laisserai pas les Européens revenir à Koang-té ni à Kien-ping ». Il citait ensuite une anecdote qui peut montrer la justice usitée dans ce pays quand il s'agit du général Fang.

Le P. Le Cornec, se rendant à Chœï-tong, rencontra sur la route un blessé couvert de sang et prêt d'expirer.

C'était un comédien, revenant de Chœï-tong où il avait exercé son art avec une troupe de ses confrères.

Au moment où il descendait le côteau de Ki-teou-lin, il fut rencontré par un mandarin militaire.

Celui-ci aperçut un hoa-mi (oiseau) entre les mains du comédien. L'oiseau charmant excita la convoitise de l'officier.

— Donne-moi ton oiseau, lui dit celui-ci sans plus de préambule.

— Cet oiseau est à moi et j'y tiens, reprit le comédien.

— Soldat, dit l'officier à un troupier, tue ce brigand-là.

Et le soldat frappe du sabre le pauvre comédien qui tomba dans son sang et expira le lendemain.

L'affaire fut portée au mandarin civil. Soldats et comédiens se portèrent au tribunal de la justice. Quel fut le dénouement ? — Le mandarin militaire fut relâché et les comédiens mis sous les verrous, sous prétexte qu'ils lui ont volé plusieurs centaines de piastres.

Tout s'explique quand on ajoute que cet officier est sous les ordres de Fang-ton-lin.

Pour que de pareils malandrins eussent si peu commis d'excès contre la religion, il fallait que son prestige fut grand, ou que Dieu ait fait un miracle.

XXIV

Les dernières épreuves

XXIV

LES DERNIÈRES ÉPREUVES

Lorsque parvint dans les villes et les villages du Ning-ko l'inique conclusion du procès de Nan-kin, l'émotion fut générale. Les chrétiens, comme on le comprend, retombèrent dans de suprêmes angoisses. La mort infâmante du catéchiste Pé épouvantait tout le monde. Elle trahissait les sentiments du vice-roi à l'égard de la religion. On se demandait ce qu'allait produire dans les populations païennes l'impunité de Ho-tchou et de tant d'autres que condamnait presque indistinctement l'opinion publique. On s'attendait à de nouveaux excès, puisque les précédents restaient impunis.

Le 2 mars 1877, le P. Debrix écrivait : « Kiou-sien-cheng (un des quatre cavaliers qui jouèrent Fang-ton-lin) vient me trouver, il dit que les chrétiens ont grand peur. « Comment, disent les païens, on tue les Pères et il n'en arrive rien de mal, qui plus est, on en est félicité; on peut donc à plus forte raison piller, tuer de simples chrétiens. » Ce genre d'argumentation m'est revenu un peu de tous côtés. Le 20 de la lune, on doit faire un coup de main sur Chœï-tong; les bruits partent de Kien-pin. Ici, à Ho-li-ki, les vieux chrétiens se mettent aussi en garde. Mes catéchistes, mes domestiques *filent* à l'exception d'un seul. Tous avouent qu'ils ont peur et promettent de revenir après l'orage ».

« Sans le général Fang, disait un païen au catéchiste du Père, Ho-tchou aurait été mis à mort à Kien-pin même, par le tao-taï de Ou-hou ; mais le général prit Ho-tchou sous sa protection et l'envoya à Nan-kin. Pour le moment, il ne peut rien entreprendre, car la connivence du général deviendrait par trop palpable. »

Le Père ajoutait : « Un chrétien venu de Chœï-tong me dit : « Si on avait exécuté Ho-tchou et le Lieou, personne ne craindrait ; mais le retour de ces deux hommes cause la panique.

» Un voisin de Ho-tchou racontait à un chrétien d'Ho-li-ki, quelques jours après le retour du meurtrier :

» J'habite derrière le village de Ho-tchou, à très peu de distance. Honanais, Houpenois, païens, apostats, tous félicitent Ho-tchou ; c'est une foule non interrompue. On a brûlé pour plus de cent piastres de pétards. Les mandarins de Kien-ping, eux-mêmes, se sont rendus chez lui pour lui offrir leurs congratulations. »

Ho-tchou et les siens, de retour de Nan-kin, disaient ouvertement, et pour qui connaît le sans-gêne du pays, ils le disaient au nom du vice-roi : « Les Européens, il faut bien les supporter, puisqu'on ne peut faire autrement, aujourd'hui ; mais, les catéchistes, les Chinois, sont mes hommes ; nous les frapperons, nous les accuserons comme brigands. »

Enfin, les amis et partisans du meurtrier célèbre organisèrent une comédie monstre ; et la comédie, en Chine, est l'idéal, le dernier mot des réjouissances.

Elles se font en plein air, à la campagne, sur des estrades dominant une plaine où des tentes innombrables se dressent autour. Les foules arrivent de 100 li à la ronde quelquefois. Le spectacle ne manque pas de pittoresque. Cette comédie triomphale devait durer vingt jours !

D'autre part, le général Fang, apprenant le retour des Pères, était on ne peut plus mécontent. Comment, après tant d'efforts et au lendemain d'un pareil insuccès, les missionnaires osaient-ils reparaître dans le pays et, qui mieux est, y voyager aussi tranquillement que lui-même ? « Pourquoi ces Européens viennent-ils me braver ? Le vice-roi ne veut pas d'eux dans le pays. Le préfet et le sous-préfet s'opposent à leur rentrée. Ils reviennent quand même. C'est trop fort ! »

C'est que, grand homme, vous pouvez les persécuter, mais vous ne pouvez les vaincre. Vous pouvez les tuer, mais vous ne pouvez les chasser.

En résumé, quoique la persécution menaçât de reprendre son allure de brigandage, elle se contenait dans les limites de la haine et des insultes.

Pour l'effet moral produit sur les populations, il fut déplorable. Le P. Le Cornec le résumait en trois mots : « C'est, disait-il, la ruine de notre réputation et de notre influence, la démoralisation de nos chrétiens et l'encouragement de nos ennemis ».

Heureusement que les œuvres de Dieu trouvent dans l'adversité le mystérieux secret de leur triomphe.

Le vice-roi, cependant, finit par donner une proclamation suffisamment banale pour ne pas engager sa conscience de persécuteur et pour endormir peut-être les protestations de la Légation.

Elle fut affichée au mois d'août et, si peu catégorique qu'elle fût, elle rendit quelque confiance aux chrétiens. En Chine, comme partout, la religion serait vite prospère si le gouvernement ne la persécutait pas.

Cette proclamation disait en substance : « Que tout Chinois était libre de se faire chrétien ; que les chrétiens n'avaient pas à contribuer aux comédies ou autres superstitions et cérémonies païennes ; que les missionnaires, n'ayant aucune charge officielle ne devaient point se mêler des affaires privées ou publiques pour les traiter par eux-mêmes, qu'ils avaient à recourir humblement aux mandarins, lesquels jugeraient les deux parties selon l'équité. »

Il n'élargissait pas, on le voit, les droits acquis par les traités ; on ne le lui demandait pas. Les missionnaires seraient infiniment reconnaissants, si on se contentait de ne pas les méconnaître. Mais, a-t-il jamais un seul jour, ce traité de 1858 (1), été en vigueur dans tout l'Empire ? Il est dit à l'article 13 :

« La religion chrétienne, ayant pour objet essentiel de porter les hommes à la vertu, les membres de toutes les communions chrétiennes jouiront d'une entière sécurité pour leurs personnes, leurs propriétés et le libre exercice de leurs pratiques religieuses ; et une protection efficace sera donnée aux missionnaires, qui se rendront pacifiquement dans l'intérieur du pays, munis des passe-ports réguliers. Aucune entrave ne sera apportée, par les autorités de l'Empire, au droit qui est reconnu à tout individu en Chine d'embrasser, s'il le veut, le christianisme, et d'en suivre les pratiques, sans être possible d'aucune peine infligée pour ce fait. »

Dans la convention additionnelle du 25 octobre 1860, il y avait : « Ceux qui, sans raison, s'opposeraient à ces droits, seront légalement punis... il est permis aux missionnaires français de louer et d'acheter des terres dans toutes les provinces et d'y bâtir à leur gré. »

Si le texte est explicite et reconnu, il n'en va pas de même ni de l'interprétation, ni de l'exécution.

Un seul fait, en passant, parce qu'il fait connaître l'esprit de notre vice-roi Chen-pao-tsen. L'année précédente, dans la préfecture de Hœingan, un missionnaire, en butte au mauvais vouloir d'un sous-préfet ou préfet à propos d'un achat, en référa au vice-roi. Celui-ci répondit que *d'après le traité :*

(1) Traité signé le 27 juin 1858, à Tien-tsin, par le baron Gros.

1° Les missionnaires peuvent acheter, quand ils trouvent des vendeurs, mais ne doivent forcer personne ;

2° Quand ils désirent acheter, il faut avertir le mandarin qui, alors, prendra des informations, examinera l'*eau et le vent* (le fong-chœi) (1). »

Par le fait de pareille interprétation, le vendeur ne se trouvera plus, car les mandarins le menacent en secret. D'autre part, ce fong-chœi idiot sera toujours *gâté*, si le mandarin ne veut pas de nous.

Malgré les protestations officielles à peu près correctes de la fidélité aux traités, qu'on trouve dans les proclamations, il y a, dans toute la sphère gouvernementale, un courant de résistance et de machiavélisme qui explique les audaces des subalternes ; non seulement ils ne sont pas punis, mais ils sont au moins implicitement récompensés.

C'est ainsi que nous voyons l'odieux Ho-tchou revenir avec les honneurs de la guerre. Aux mois de juillet et août, il alla à Ho-li-ki pour une promenade triomphale qu'il poursuivit jusqu'à Tong-ngam.

Partout il était fêté, il était accompagné d'un nombreux cortège, reçu comme un libérateur. Les dîners succédaient aux dîners sans interruption ; on s'arrachait le héros. Les cadeaux pleuvaient de toutes parts, les députations n'avaient pas de fin, les félicitations, les drapeaux, les pétards, les démonstrations, si bruyantes en Chine, atteignaient leur maximum. Et de tout ce tapage, à tort ou à raison, naissaient les bruits alarmants de nouvelles levées de boucliers, que, timides, crédules et payés pour avoir peur, nos chrétiens acceptaient plutôt en les grossissant qu'en les diminuant.

Le 22 de la douzième lune, Ho-tchou, après ses tournées, s'établit à Ou-tsen-ta, village des environs d'Ho-li-ki. Ce fut dans ce pays le coup de grâce pour les derniers demi-chrétiens, indécis encore. Le premier de l'an vit presque tous ces malheureux afficher des pousahs sur leurs misérables portes.

Le 1ᵉʳ de la deuxième lune, l'assassin se fixa définitivement au village de Ho-tsen, où un pen-ti lui fit cadeau de plusieurs maisons et de 120 mous de terre (2), une fortune.

Là, encore, recommencèrent toutes les simagrées de la politesse intéressée des voisins, tous voulant se signaler près de cet important person-

(1) Le *fong-chœi* (vent et eau) est une superstition universelle et fondamentale, ancrée au cœur de tout Chinois, depuis l'Impératrice, qui ne voulut pas démolir notre ancienne église existant dans le palais à cause du *fong-chœi*, jusqu'au dernier paysan. C'est l'influence faste ou néfaste qu'on attribue à n'importe quoi, surtout aux situations locales, aux orientations, aux voisinages des arbres, des tours, des pignons. Une cheminée peut gâter le *fong-chœi* !

(2) Huit hectares environ.

nage, l'ami du général Fang, le vainqueur du Tien-tchou-tang, afin de pouvoir compter sur sa protection.

Nous en avons bien assez parlé, hélas ! et il est temps d'ensevelir sa triste mémoire. Ce n'est pas la figure repoussante d'un héros de roman moral qui doit à la fin être puni pour ses crimes ; c'est une réalité qui a vécu, mais qui n'était pas immortelle. Dieu s'est chargé de son châtiment. Ce fut le 18 février 1893 qu'il mesura en terre sa véritable grandeur et qu'il trouva, dans l'éternité, la récompense des persécuteurs et des meurtriers impénitents.

Nous ne savons ni pourquoi, ni depuis quand il avait vu son étoile pâlir ; toutefois, c'est à la prison de Kien-ping que nous le retrouvons à ses derniers moments. C'est là qu'il meurt, seize ans trop tard.

Le dessous du Tien-tchou-tang à Nan-kin était une grande épreuve pour les chrétientés du Ning-ko ; pour les missionnaires il devait s'en suivre une nouvelle plus crucifiante encore. On croyait tout fini ; les mandarins et les païens ne persécutaient plus : voici qu'une fatale question d'argent se dressa entre les brebis et les pasteurs.

Personne ne peut imaginer la passion de l'argent en Chine. Le prestige de ce dieu l'emporte d'emblée sur tous les pousahs de cette immense pagode. Ce n'est pas une question d'avarice, mais d'amour-propre et de bien-être. L'argent est l'âme de tous les procès, de toutes les haines, de toutes sortes de crimes, c'est l'abaissement des âmes au dernier degré. Il y a là plus qu'une question de pauvreté, car les gens à l'aise sont les plus rapaces ; il y a une raison d'éducation et surtout d'instinct naturel.

Traqués comme bêtes fauves, pendant un ou deux mois, pillés, volés, ruinés par tous les moyens, nombre de néophytes et chrétiens attendaient avec impatience la fin du procès et le triomple de la justice pour se voir indemnisés de tant d'iniques spoliations. L'issue malheureuse n'avait pas encore détruit leurs espérances. On savait que les voyages des délégués à travers les campagnes avaient pour but des expertises. On connaissait la clause générale du vice-roi concluant à une indemnité.

Cette indemnité, tous l'escomptaient par avance, en parlaient sans cesse, en rêvaient nuit et jour. Plus d'un, sans doute, n'était retenu sous l'étendard de la croix que par ce malheureux fil ; et voilà que, comme un coup de foudre, arrive la nouvelle qu'il ne sera pas payé d'indemnité aux chrétiens.

Pour les maisons, églises détruites de la mission, objets des missionnaires, il y aura 40,000 piastres. Cette justice incomplète, inique en réalité envers les sujets de l'Empire, n'aurait dû couvrir d'odieux que les autorités si oublieuses des droits de leurs subordonnés.

Que font les ennemis? Avec une astuce diabolique, ils lancent immédiatement dans les campagnes le bruit que ces 40,000 piastres sont versées pour les missionnaires et pour les chrétiens, qu'elles doivent être équitablement partagées; mais que les *diables* gardent tout pour eux.

« Quand il s'agit d'infidélité en fait d'argent, dit le P. Debrix dans une lettre à cette occasion, le cœur du Chinois est prêt à tout croire. Aussi bien, avons-nous rencontré des esprits mécontents, des gens qui parlaient de nous intenter procès, etc., et cette dernière épreuve a été cause ou occasion du retrait de quelques bonnes familles. »

Les cœurs des missionnaires, si grands, si délicats, si généreux, saignèrent plus vivement que jamais. Un père de famille proscrit se console dans l'amour des siens et le partage des douleurs; mais si les coups lui viennent de ses enfants, peut-on imaginer l'amertume de sa peine?

Les Pères ne pouvaient ni accéder aux exigences des uns, ni fermer l'oreille aux supplications des autres. Ils avaient déjà nourri combien d'affamés accourus à Ou-hou dans leur détresse! Que d'aumônes ils avaient distribuées, alors même que leurs ressources étaient le plus réduites! Quelle mesure garder dans la circonstance? Les besoins partout étaient grands, mais n'y avait-il pas des dévouements à récompenser, des misères plus impérieuses à soulager; avec quelle adresse il fallait veiller à ne pas exciter une triste jalousie, cette plaie purulente de l'égoïsme qui ronge tant de Chinois. Ils firent enfin tout ce qu'ils pouvaient faire et acceptèrent avec soumission et joie surnaturelle l'ample moisson d'ingratitude qui terminait la persécution du Ning-ko.

XXV

Vingt ans après

XXV

VINGT ANS APRÈS

Pour le christianisme en Chine, la paix n'a jamais été et ne sera pas d'ici longtemps un synonyme de liberté, ni de réconciliation. Ce que nous avons dit des préjugés et des haines, qui ont de si profondes racines dans les institutions, dans les traditions et dans les cœurs, explique cet aveuglement national qui, de temps en temps, provoque une levée de boucliers.

Après ces orages, que conjurent la peur des représailles et aussi une certaine lassitude fort explicable chez ce peuple ignorant, chicanier, orgueilleux et plus frondeur que batailleur, la pacification descend sur la multitude comme le calme sur les flots.

Une sorte de paix est faite alors que la bataille est finie ; mais le soir de ces troubles n'est jamais la fin de la guerre. Dans un cœur chinois, l'inimitié ne cesse que si le paganisme est vaincu. Le païen est fatalement ennemi de l'étranger, surtout du missionnaire. Il a comme un virus à l'état latent et les accès de rage sont périodiques.

Le pouvoir, nous l'avons insinué, ne se fait-il pas un plaisir ou un devoir de cultiver ce bacille ?

Il y a quelques années, paraissait un livre destiné à rendre service aux mandarins et aux lettrés, pour la rédaction de certaines lettres officielles. Ce recueil de mémoires au trône et de pièces diplomatiques n'offrirait, à première vue, qu'un intérêt littéraire ou historique ; en réalité, il vaut les meilleurs pamphlets. Nous avons été fort heureux d'en recevoir l'indication, car il s'y trouve un document du plus haut intérêt pour cette histoire. C'est le mémoire du vice-roi de Nan-kin rendant compte à la cour du jugement porté sur les victimes de la persécution et l'acquittement *motivé* des coupables. Nous le donnons presque *in-extenso*.

Fin des antagonismes entre chrétiens et païens, dans la province du Ngan-hœï (1).

« Moi, vice-roi des deux Kiang, je témoigne :

» Entre la cinquième et sixième lune de cette année, des disputes commencèrent à Ngou-tsen-wan (Lou-tsen), de la sous-préfecture de Kien-pin, entre païens et chrétiens, et les inimitiés s'étendirent bientôt dans le Suen-tcheng, le Ning-ko-hien, à Koang-te-tcheou. Des églises catholiques y furent brûlées. Les chrétiens et même les mandarins locaux accusèrent le nommé Ho-tchou et son fils d'être les instigateurs du mouvement. J'en ai envoyé le rapport au tsong-li-ya-men et j'ai envoyé des troupes au Ningko-fou, chargeant aussi les autorités locales de saisir ces deux hommes et de les amener à Nan-kin pour y être condamnés. Mais Ho-tchou, le 23 de la cinquième lune était allé au tribunal, et, se sachant accusé et réclamé, se livra lui-même avec son fils et plusieurs autres et vint à Nan-kin.

» Je donnai ordre au tao-taï de procéder à leur interrogatoire ; mais il ressort clairement qu'ils n'ont, ni réuni, ni excité personne. Bien plus, Ho-tchou s'offrait à subir la peine de mort. Les troubles ont été absolument soudains et il était impossible de dire quel était le plus coupable.

» De leur côté, ils accusaient Hoang-tse-sen (le P. Hoang) et Yang-kin-si (son catéchiste). Ils donnaient des preuves irréfragables ; leur accusation n'était donc pas une calomnie.

» Pour ce qui est de la destruction des églises, à mon sens, c'est l'affaire d'un mouvement populaire ; et il est difficile de déterminer qui est coupable et quel est le plus coupable.

» La mort de Ho-tchou et de son fils ne serait donc d'aucune utilité, sinon pour faire plaisir aux chrétiens et mettre fin à leurs récriminations. Ho-tchou n'avait rien contre les chrétiens, lui qui était conciliateur et médiateur quand le peuple a pris et lié le catéchiste Pé.

» En outre, Ho-tchou était tong-se (notable-maire) et il savait bien qu'à lui revenait la charge de traiter les affaires épineuses ; il ne se serait pas tendu un filet pour se prendre lui-même. La calomnie qui l'accuse est plus évidente que le soleil. Comment pouvaient-ils, le même jour, lui

(1) Nous citons ici cette pièce, parce que le lecteur est maintenant renseigné et peut avec compétence en juger l'iniquité.

et son fils, se présenter au tribunal et être en même temps au Suen-tchen, au Ning-ko-hien, à Koang-té pour y brûler des églises ? Si sévère que soit un juge, il doit, devant l'évidence, prononcer l'*acquitation*.

» Que Ho-tchou innocent soit condamné à mort, la calomnie, qui n'est pas acceptable en temps de paix, comment serait-elle acceptée en temps de trouble ; elle irriterait davantage contre les chrétiens ; le peuple redoublerait ses violences, semblable à une bête sauvage que la flèche du chasseur a blessée et se précipite aveugle devant elle. De même que le peuple hait les missionnaires européens à cause des chrétiens, de même il haïra les mandarins à cause des missionnaires européens ; et les antagonismes et les vengeances n'ont plus de raison de finir. Plaire aux chrétiens, c'est augmenter le mal. En paroles, il est facile de finir la querelle des païens et des chrétiens, mais la pacification de fait est autrement difficile.....

» Pendant plusieurs mois, les juges ont examiné la question..... il ressort que, pour tromper le peuple par les fausses doctrines, c'est le catéchiste Pé qui est le plus coupable et la principale cause de la lutte.

» Mais, il vaut mieux remonter aux origines mêmes de toute cette affaire.

» Après les rebelles, la population du Ngan-hœï n'était plus que le dixième de ce qu'elle était auparavant ; et ceux qui l'habitent sont maintenant en grande partie étrangers, divisés entre eux et surtout très antagonistes avec les aborigènes. Cet état donna naissance à des associations.

» Dans le Ning-ko, parmi ce peuple clairsemé, il y a beaucoup de chrétiens et d'églises. Parmi ces chrétiens, deux se signalaient par leur mauvaise réputation, Hoang-te-sen (le P. Hoang) et Yang-kien-si (son catéchiste). Ce n'est pas la religion qui les déshonora, mais eux qui ont déshonoré la religion.

» Cette année, durant l'été, le peuple de Kien-ping savait bien que les coupeurs de queues appartenaient à la société du Nénuphar-blanc (1), non à la religion. Toutefois, on ne vit aucun chrétien perdre sa tresse de cheveux ; de plus, on remarqua que les coupeurs frayaient avec les chrétiens. Le catéchiste Pé avait été initié à cet art de couper les tresses par le catéchiste Yang.

» Le 16 de cette lune, Pé, sur sa monture, s'opposait à ce que Y-kin-kiai arrêtât des coupeurs de tresses. Y-kin-kiai l'ayant saisi et lié, le prêtre Hoang envoya sa carte au sous-préfet, pour le faire

(1) Il est difficile de savoir à quelle époque remonte cette société secrète, célèbre en Chine ; les anciens missionnaires en parlent dès 1740.

délivrer. Sur ces entrefaites, Yuen-koang-fou, qui avait eu sa tresse coupée ce même jour, ainsi que Ngan-tin-chan, deux Honanais âgés de plus de vingt ans, travaillaient aux champs d'un nommé Ou-yun-tin Ils causaient et accusaient les chrétiens de Lou-tsen d'avoir coupé ces queues-là.

» Passant sur la route à cet instant, le catéchiste Yang les entendit, il les maudit et le soir, avec le prêtre Hoang à cheval, suivis de plus de vingt hommes, ils s'emparèrent des deux Honanais, les autres ayant pris la fuite.

» Mais, le même jour, leur maître Ou vint promettre de faire les réparations voulues ; il n'obtint rien et, de retour, invita le notable Yu-kin-long. Revenu à Lou-tsen, il vit l'église en feu. Ce fut alors qu'arrivèrent par hasard ceux qui avaient saisi les coupeurs de queues. Ils profitèrent de l'occasion et, dans leur fureur, brûlèrent le prêtre Hoang et le catéchiste Yang.

» Les deux Honanais ayant disparu, on accusa Ho-tchou et Yu-kin-long de les avoir inventés. Mais ils avaient bien existé, leurs tresses avaient été coupées et, selon Lang-y-fou, ils avaient été arrêtés au Tien-tchou-tang, et Tcheng-yo-ko (le palefrenier du Père) avoua avoir coopéré à leur mort ; ce furent leurs cadavres qui disparurent.

» L'aveu de Tcheng-yo-ko, si loyal, m'a porté à la modération à son égard.

. . . .

» Que Pé-hœï-tsin trompât le peuple par les fausses doctrines, rien de plus évident. Il est impossible de désigner tous les gens qu'il s'associait. On ne doit pas les reconnaître comme vrais chrétiens, mais pour des coupeurs de tresses. Il faut donc établir cela clairement, si on veut en finir avec l'antagonisme qui divise chrétiens et païens.

» Excepté Ly-tsai-hoa, qui s'est enfui et qu'on recherche, les autres coupables sont condamnés à mort ; Hou-siou-chan et Tcheng-che-ko comme brigands ; le catéchiste Pé comme lanceur de lutins de papier, Tcheng-yo-ko (le domestique) et les autres (qu'il nomme) sont condamnés à l'exil à 1,000 li d'ici, après avoir reçu la bastonnade.

» Ceux qui ont pillé, quels qu'ils soient, devront tous restituer les objets, sous la peine la plus grave. Pour les églises et résidences brûlées ou détruites, j'ai avisé les mandarins locaux d'estimer ce qu'il convient pour l'indemnité, afin que notre justice brille à tous les yeux.

» Ho-tchou a invité le peuple à afficher des pancartes où sont imprimés les cinq caractères ; en cela, rien qui puisse offusquer les chrétiens.

» Que Yu-kin-long n'ait pas prévenu tant de malheurs, ce n'est pas qu'il ne l'ait pas voulu, mais il ne l'a pas pu.

» Hou-siou-chang a accusé, auprès du sous-préfet, Ho-tchou et son fils. Comment Ho-tchou et son fils pouvaient-ils détruire les églises du Nin-ko et les autres, quand, en prison, ils n'avaient pu se rendre sur les lieux? C'était une calomnie évidente.

» Prosterné, je supplie le sage empereur de lire tout ce mémoire.

» Le vingt-huitième jour de la douzième lune, de l'empereur Koang-sin, deuxième année ».

Le lecteur, qui connaît la vérité, aura peine, sans doute, à comprendre qu'un amas si monstrueux de légendes aussi ridicules qu'invraisemblables puisse s'entasser, avec tant d'air naïf, sous la plume d'un vice-roi pour être porté à la connaissance d'un grand tribunal. Il n'y a là qu'une indication de plus; puisse-t-elle contribuer à dessiller les yeux de plus d'un diplomate encore attardé dans les impasses du labyrinthe de la politique chinoise.

Humainement parlant, le christianisme semblerait déshonoré par ces calomnies tombant de si haut; et sa honte se perpétue avec la publicité de ces accusations qui font foi aux yeux des mandarins et des lettrés.

Vingt ans après, pareils souvenirs entretiennent le mépris, la haine et la joie d'un triomphe toujours désiré. Telle est la victoire du paganisme; mais la défaite, pour la religion, est plutôt apparente que réelle. Car la Chine, si rebelle qu'elle soit, ne saurait faire exception à cette loi générale qui protège et prophétise le progrès de l'Eglise dans l'univers. Son histoire est, ici comme partout, également pleine de tristesse et d'espérance.

La petite mission du Ning-ko venait donc d'escompter pour l'avenir un trésor de promesses.

Si probable que fût l'apaisement, au lendemain du jugement rendu par le vice-roi, les irritations avaient trop ému les populations et la sentence était trop injuste pour que les missionnaires pussent déposer toute crainte. Le 24 mai 1877, le R. P. Chauvin, supérieur de la mission, au nom de Mgr Languillat, des Pères et des fidèles de Ning-ko-fou, gravit les sentiers de la colline de Zo-cé (1), et là, en plein grand pèlerinage, dans le sanctuaire de Notre-Dame Auxiliatrice, aux pieds de son image si vénérée, il fit vœu que, si elle nous rendait la paix et nous fournissait les moyens

---

(1) Zo-cé, près de Song-kiang, n'est qu'à 10 lieues de Chang-haï. Sur une colline au milieu d'une plaine immense, s'élève l'église de Notre-Dame. Des milliers de chrétiens y viennent, aux deux grands pèlerinages, surtout, remercier et implorer Marie.

de réparer nos ruines, il bâtirait en son honneur un nouveau sanctuaire dans le Ning-ko.

La Vierge, infiniment compatissante, montra sans tarder qu'on n'a jamais en vain recours à sa médiation.

Les dernières causes de craintes et d'alarmes s'évanouirent promptement. Le paganisme sembla désormais frappé d'impuissance, la chaîne de satan s'était raccourcie. Les chrétiens ne rencontrèrent plus les vexations qui semblaient devoir peu à peu consommer leur ruine ; et, aux yeux étonnés de nos ennemis, partout se relevèrent nos écoles et nos églises.

Ce fut donc le 24 mai de l'année suivante que l'accomplissement d'un vœu si cher à tous les cœurs commença à être réalisé par la pose solennelle de la première pierre d'un sanctuaire digne de Marie.

Chœï-tong semblait désigné de préférence à tout autre lieu. Les chrétiens y étaient nombreux ; sa situation géographique en faisait un centre tout naturel de réunion. Eloigné du tumulte des villes, sur le bord d'un torrent, à l'intersection de nombreuses routes, au sein des plus pittoresques collines, il réunissait de précieux avantages.

Un terrain avait été acheté, agrandissant considérablement l'ancienne résidence, qui devait, dans le plus prochain avenir, prendre une singulière importance. Le F. Goussery, chargé de la direction des travaux, traça les fondements d'une église pouvant contenir deux mille pèlerins.

Malgré les travaux urgents de la campagne, de tous les points, même les plus éloignés du Ning-ko, accoururent de nombreux fidèles. Tous avaient à cœur de venir se placer sous la protection de Marie. Les vieux chrétiens surtout étaient là. Malgré les tristesses et les découragements de la lutte, leur foi était restée inébranlable. Ce 24 mai 1878 était un jour de réel triomphe, un jour de consolation, d'espérance, d'enthousiasme. Ils se sentaient forts et avaient un secret plaisir à paraître réunis et massés comme un bataillon d'élite autour de leur étendard. Les païens du gros village n'étaient d'ailleurs aucunement antipathiques à des manifestations qui favorisent leur commerce. Ils comprennent les pèlerinages, très en faveur en Chine ; les plus célèbres pagodes sont chaque année visitées par des foules immenses de païens.

La bénédiction de cette première pierre fut donc entourée du plus solennel cérémonial. C'était une nouvelle prise de possession au nom de la terre si douloureusement conquise, et au nom du ciel mystérieusement vainqueur.

L'émotion fut grande, lorsque le P. Ly, rappelant les jours de larmes, félicita les persévérants et pria pour les naufragés. Il montra Marie toujours toute-puissante protectrice pour ses enfants. Afin de mieux faire ressortir son patronage, le P. André, miraculeusement échappé à la mort, monta à l'autel et chanta la grand'messe.

Tandis qu'à Chœï-tong se scellait ainsi la nouvelle alliance entre les chrétiens du Ning-ko et leur Mère du ciel, à la tête d'une députation de fidèles, le P. Debrix avait gagné la colline de Zo-cé. Quand se déroula l'immense procession qui serpente à travers les allées sinueuses, on put voir avec reconnaissance la splendide bannière du Ning-ko qui ouvrait la marche. On lui faisait les honneurs comme au victorieux qui sort de l'arène. Deux noms seulement étaient tracés sur ses plis : *Ning-ko-fou*, *Koang-te-tcheou*. Ils sont désormais acquis à l'église de Chine. Mais, qu'il en reste encore à anoblir dans ces douloureuses croisades!

Sous quelque forme qu'elle se présente, la persécution est nécessaire et réservée à l'Eglise; le missionnaire le sait, il y est préparé, il y est habitué. Il en va bien autrement du pauvre catéchumène ou nouveau chrétien. En quelques mois, les ruines matérielles furent à peu près relevées ; il faudra de longues années pour refaire toutes les chrétientés qui, en grande partie, avaient sombré dans la tourmente. Vingt ans après, la terreur n'a pas encore vu s'évanouir le fantôme qui frappe encore les imaginations. D'ailleurs, une sorte de fatal endurcissement a frappé les apostats, et des villages entiers, stérilisés au spirituel par la défection, restent encore fermés à l'évangile. Nous raconterons cependant un fait qui montre l'action spéciale de la grâce. Sans lui donner plus d'importance qu'il ne mérite, nous sommes heureux de le rapporter à la gloire du cher missionnaire, sanglante victime de la fureur des païens.

Au mois de novembre 1878, le P. Royer, missionnaire au district qu'évangélisait le P. Hoang, parcourait les villages, consolait, exhortait, ramenait à Dieu quelques brebis égarées. Il fêtait la Toussaint à Lou-tsen et là, vint le voir un apostat. C'était un ancien *tao-che* (prêtre des idoles). Le P. Hoang l'avait converti et pris ensuite à son service comme catéchiste exhortateur, à cause de son instruction.

Ayant eu le malheur de faiblir pendant la persécution, il reprit son ancien métier, se remit au service du diable avec lequel il avait certaines relations, comme tous ses pareils.

Un jour, il vint dans une famille qu'il connaissait, la famille Siao, apostate aussi ; et il lui prit fantaisie d'*endiabler* la petite fille, seulement âgée de neuf ans. Son but était de savoir par son entremise certaines choses que le démon, souvent, se plaît à révéler, plus ou moins soucieux de la vérité, selon l'occurrence. Mais l'enfant ne put répondre que sur trois choses : « Le P. Hoang, dit-elle, et le catéchiste Yang sont au ciel ; ils

» prient les chrétiens et catéchumènes de Kien-ping de se convertir et de
» rester fidèles à adorer Dieu, sinon, Dieu les châtiera. Le P. Hoang s'est
» jeté à genoux devant Dieu, le suppliant de pardonner à ces pauvres gens.
» Toi-même, dit-elle au tao-che, ne fais plus ce métier, autrement Dieu
» te reprendra ton fils âgé de cinq ans ».

Le malheureux tao-che ne tint pas compte de la menace et Dieu ne tarda pas à le punir. Son fils mourut et, quatre jours après, cet homme, profondément désolé, allait trouver le P. Royer et lui racontait exactement toute cette curieuse histoire. Il lui disait : « Le bon Dieu m'avait averti, je n'ai pas obéi, mon fils est mort ; je veux me convertir sérieusement ». Il fit, en effet, sa mission et se remit au service du Père.

Ces pauvres Chinois sont, en général, si faibles et si ignorants qu'il faut pour les évangéliser une grâce toute spéciale de miséricorde et de patience.

Parmi les héros tristement célèbres du procès de Nan-kin, on se rappelle Tchen-lao-yo, le palefrenier. Qu'est-il devenu ?

Le vice-roi fut, dit-il, touché de sa « loyauté ». Il eut à cet égard un verdict d'indulgence et ne le condamna qu'à dix ans de prison, malgré le double meurtre dont la torture lui avait arraché le mensonger aveu: Il avait, en effet, du même coup, et condamné le P. Hoang, dont la mémoire était flétrie, et s'était condamné lui-même. Le pauvre domestique resta ses dix années en prison, mais ne subit pas la peine de l'exil. Aujourd'hui, il est au service du missionnaire qui remplace le P. Hoang à Pi-kia-kiao ; il le sert depuis des années et se signale, entre tous, par le plus parfait dévouement. Il est l'homme de confiance. Touchante surprise digne du berceau de la Chine chrétienne.

D'ailleurs, une bénédiction spéciale semble descendre sur ce district, le plus éprouvé jadis. Ce n'est pas en vain qu'un sang innocent y a coulé pour la plus sainte des causes. Le missionnaire, aujourd'hui, peut, le front haut, parcourir sans crainte les nombreux villages de toute la sous-préfecture. Il est connu, pour ne pas dire respecté de tous les païens. Ce n'est plus un déshonneur d'appartenir au Tien-tchou-tang. Aux 600 à 700 chrétiens dont, chaque année, le nombre augmente, il faut ajouter 500 ou 600 catéchumènes. Les différentes écoles regorgent d'enfants, et le missionnaire auquel incombe une si lourde charge peut apprécier parfois l'obscur martyre des succès apostoliques.

De plus, si nous considérons la mission du Ning-ko dans son ensemble, la religion n'a cessé et ne cesse sa marche ascendante ; lente peut-être, si on la compare aux progrès de certaines contrées très privilégiées, mais solidement organisée. Ses 5,000 chrétiens et ses 1,500 catéchumènes sont généralement bien instruits et suffisamment soucieux de leurs devoirs religieux pour mériter d'être admis tous les mois à la réception des sacrements. Beaucoup s'en approchent davantage. Très peu s'en font exclure. Ils sont visités tous les mois dans leurs villages par le missionnaire, qui, autant que possible, s'efforce de les mettre à même d'entendre la sainte messe. Les extrêmes-onctions, les enterrements, les courses apostoliques, mille questions de détail qui exigent sa présence, et en voilà bien assez pour qu'il ait plus le temps de courir par monts et par vaux que de compter des heures de repos dans la paix d'un presbytère.

Depuis 1876, rien de grave ne vint sérieusement inquiéter dans leur légitime conquête les apôtres de la vérité, jusqu'au jour où ils apprirent avec stupeur la terrible nouvelle de l'incendie de la mission catholique à Ou-hou (1891).

Dans cette petite ville, secondaire en hiérarchie, car ce n'est qu'une sous-préfecture, mais considérable par sa population, son commerce, sa position géographique, la présence du tao-tai; les douanes impériales dirigées par des Européens. La mission catholique, sentant la nécessité d'un centre pour la province du Ngan-hœï, avait construit une vaste maison européenne, et une belle église romane s'élevait déjà à 20 pieds du sol. Bâtie au pied d'un mamelon, dominant la ville et le fleuve Bleu, à tous points de vue la position est superbe. Sur les collines voisines, le consulat anglais, le commissariat des douanes ; plus loin, sur un rocher pittoresque que baignent les flots du beau fleuve, les protestants, dont les établissements se multiplient, et les sectes se font stérile concurrence. Ce n'est point, on l'imagine, sans amertume et sans arrière-pensée que les Chinois se voient ainsi envahis.

S'il est impossible de repousser légalement ces empiètements antitraditionnels, sourdement et unanimement le suffrage public proteste, l'opinion se monte, peu à peu les résolutions se formulent. L'autorité, d'ailleurs, protesterait-elle, que sa voix n'aurait qu'une minime influence; mais elle ne proteste pas. Elle cache ses mauvais désirs derrière sa mauvaise politique à deux faces. Un jour, des meneurs plus hardis viennent d'on ne sait où, les rumeurs s'accentuent, les calomnies circulent ; on entend le tam-tam et des crieurs qui réclament des enfants volés, des femmes en pleurs qui accusent le Tien-tchou-tang ; les attroupements se forment, on crie, on assiège, on se rue comme un flot qui a rompu ses digues, et, devant ces multitudes affolées, grisées par la haine de l'étranger, il n'y a plus qu'à quitter la place. Tout est pillé, démoli, rasé ou incendié, la révolution est faite ; le peuple est content, les mandarins s'excusent, la diplomatie menace, on paye les indemnités et la paix renaît... jusqu'à la prochaine fois.

Telle est en résumé l'histoire des vexations périodiques avec lesquelles le missionnaire doit se familiariser, qu'il faut prévoir, qu'on peut quelquefois prévenir, mais qui menacent toujours (1).

En 1891, année de douloureux souvenir, toute la vallée du Kiang vit, se succédant comme une traînée de poudre, les ruines et les incendies de plus de quarante églises et grands établissements catholiques.

Au Ning-ko, ce ne fut pas sans émotion que nous lûmes ces lignes exemptes de tout préambule : « La mission de Ou-hou vient d'être brûlée. Les Pères sont en fuite ; veillons et prions ; restons fidèlement au poste jusqu'à la fin ».

Il ne s'agissait, en effet, ni de parler trop tôt, ni de fuir encore. Dans ces terribles circonstances, là où la résidence est prise d'assaut, là les chrétientés et les chrétiens sont englobés dans le même cercle de haine et de persécution. Les résidences sont même solidaires, et si la plus importante parvient à écarter l'orage, les autres en bénéficient.

S. G. Mgr Garnier promit par vœu au divin Cœur de Jésus de bâtir deux églises en son honneur, l'une à Ngan-king, l'autre à Ning-ko-fou, si, dans sa miséricorde, il daignait nous épargner un nouveau 1876.

Pendant un mois, l'alerte fut vive. Nuit et jour, missionnaires et chrétiens vécurent anxieux ; à chaque instant de nouvelles rumeurs, de plus en plus accentuées, semblaient rapprocher la certitude d'une attaque. Les dates de convocation s'affichaient dans les pagodes, dans les villages, des mains mystérieuses appelaient le ban et l'arrière-ban des vrais patriotes aux armes, par des affiches où la calomnie et la haine se traduisaient en injures infâmes. Nous ne pouvions songer à sortir, c'eût été livrer la place ; car le Chinois n'a peur que de l'Européen. Toutefois, pour attaquer sa fragile forteresse, il faut des foules. Dans les grands centres, elles sont toutes prêtes ; rien que l'attroupement des curieux est une armée. Dans les petites bourgades, il faut des inconnus pour entraîner une population ayant peur de se compromettre.

La légende, qui excite l'opinion par la calomnie, sert parfois pour maintenir le respect. Si, d'une part, on calcule les caisses d'yeux arrachés,

(1) A cette heure, le *Se-tchuen* est en ruines ; évêques, missionnaires catholiques ou protestants sont en fuite. Quelques jours après les accès de rage de cette populace, contre lesquels le vice-roi refusa ouvertement d'agir, les rumeurs colportées à Ou-hou par les chefs d'un mouvement plus ou moins organisé mirent, en 1895, la mission à deux doigts de sa ruine, quand un navire américain mouilla au port et calma par sa seule présence les esprits déjà échauffés et prêts à recommencer l'œuvre inique de 1891.

les enfants volés, les cœurs enfouis dans des souterrains, d'autre part, la légende des fusils a sa valeur morale. Nous passions pour en posséder un arsenal. Il suffit d'inviter quelques chrétiens déterminés pour augmenter son personnel, de leur servir double ration, et le boucher du village dira· à qui voudra l'entendre que plus de 100 hommes sont dans nos murs prêts à foudroyer les audacieux.

Quelle que soit la haine des grands pour nous, le jour des excès populaires, il n'est cependant pour les mandarins locaux qu'une source de graves ennuis ; son lendemain, un règlement de comptes ruineux ; car la métropole trouve suffisantes les responsabilités diplomatiques pour laisser aux titulaires celles de l'indemnité. Tant qu'une action générale et officielle ne sera pas dirigée et commandée par le gouvernement, la protection des préfets et sous-préfets ne saurait faillir que si leur mauvaise volonté personnelle prédomine. En 1891, le Ning-ko trouva en eux des auxiliaires dont le bon vouloir conjura l'orage.

Le Sacré-Cœur entendit donc favorablement la prière de son très dévoué suppliant. Sa Grandeur, quelques mois après les longs ennuis qui suivirent la réorganisation de tous les désordres accumulés dans l'autre partie de la mission, mit la main à l'œuvre. Ning-ko-fou, dont le berceau fut cette masure pillée par la turbulente jeunesse des écoles, possède aujourd'hui une belle église, encadrée par les vastes bâtiments qui déploient symétriquement leurs deux ailes dans le grand terrain conquis par l'habile ténacité du P. Seckinger. L'église de Chœï-tong rappelle l'histoire de 1876, celle de Ning-ko-fou redit aussi une époque. Le démon, qui devrait se souvenir, finira-t-il par redouter de suivre une voie où nous marquons ainsi ses étapes ? (1)

Puisque nous comparons hier à aujourd'hui, pouvons-nous passer sous silence l'église de Ou-hou.

Elle venait d'être livrée au culte, le 16 juin 1895, la veille des menaçantes rumeurs auxquelles nous avons fait allusion plus haut.

Du plus pur style roman, à trois nefs, aux belles colonnes de pierre couronnées de chapiteaux finement sculptés, sa beauté, ainsi que nous le comprenons en Europe, est toute dans l'harmonie de son architecture. De nombreux et riches autels, semblables deux à deux, mais dont tous les couples diffèrent et que le même style harmonise, achèvent sa prin-

(1) A Ngan-king, le P. Joret, chargé de diriger la construction de son église votive, trouva, dans les ressources de son esprit et celles des âmes dévouées qui lui vinrent en aide, le secret de multiplier la somme du vœu. Aussi, avec un goût parfait, sut-il, dans le genre chinois, faire ressortir tout ce que l'art décoratif comporte de plus délicat et de plus harmonieux. Ne faut-il pas, qu'à tous points de vue, la religion chrétienne domine, triomphe et finisse par écraser le paganisme!

cipale décoration. Elle peut compter au nombre des plus jolies églises de Chine. Si, pour respecter les susceptibilités superstitieuses d'une nation qui croit que les monuments très élevés (autres que leurs vieilles tours) irritent les génies de l'air et sont néfastes à l'entourage, on n'avait pas dû supprimer les tourelles et ainsi découronner le plan de l'architecte, la façade, qui de sa hauteur domine la vallée du grand fleuve, serait du plus superbe effet. L'acceptation muette de ce sacrifice ne fut pas le seul mérite du constructeur. Depuis bientôt trente ans au service de la mission, comme Frère coadjuteur (1), il a bâti, à la gloire de Dieu, bien des maisons et bien des églises. Chœï-tong, Ning-ko-fou, pour ne pas parler de tant d'autres. Comme les moines du moyen âge, nos frères qui remuent des pierres remuent aussi les idées.

Quand des voyageurs européens visitent son petit chef-d'œuvre de Ou-hou, leur étonnement grandit alors qu'ils apprennent que tout a été réalisé par des mains chinoises. A notre avis, le plus merveilleux a été de savoir les diriger pour pouvoir l'obtenir.

C'est que tous les dévouements sont infiniment précieux et de bonne acclimatation sur ces rivages mal partagés. Tous les talents peuvent y fructifier à la gloire de Dieu. Les missionnaires d'aujourd'hui ne nous paraissent pas dégénérés, ni dans la paix, ni dans la lutte. Sinologues, mathématiciens, naturalistes, écrivains, peintres, architectes, éducateurs, apôtres du progrès chrétiennement compris, ils éclairent la Chine ignorante d'une lumière pure et glorieuse. Pendant que les religieuses, les frères des écoles chrétiennes, les sœurs des hôpitaux se dévouent, les trappistes et les carmélites lèvent les mains au ciel. Tous peuvent dire avec saint François Xavier : « Nous portons à la Chine un présent très précieux, et qu'aucun roi que je sache n'a jamais fait à un autre roi : c'est l'évangile de Jésus-Christ ; et si l'empereur de la Chine en connaît une fois le prix, je suis assuré qu'il préférera ce trésor à tous les siens, quelque grands qu'ils soient. »

Quand le comprendra-t-il ? Quand les Chinois comprendront-ils les missionnaires ?

Depuis ce grand apôtre, en effet, jusqu'à nos jours, l'Eglise n'a cessé de diriger vers cette enviable conquête ses plus dévoués enfants, chevaliers de toutes armes, de tout lignage, armoiries et bannières, obéissantes légions sous la grande suzeraine, la croix de Jésus-Christ. Ils ont toujours dit et nous répétons avec saint François Xavier : « Nous persistons toujours dans le dessein de risquer tout pour annoncer l'évangile aux Chinois. A la vérité, nous ne saurions manquer d'être mis d'abord dans

(1) Le F. Goussery, dont le nom a déjà paru en cette histoire.

les fers, et la captivité dont nous sommes menacés a quelque chose d'affreux ; mais ce qui nous console, c'est que nous sommes persuadés qu'il vaut mieux être prisonnier et esclave pour le seul amour de Dieu, que d'être en liberté et dans les plaisirs, en fuyant par une lâche ingratitude la croix de Jésus-Christ. »

Que ces paroles de Xavier finissent notre récit ; elles sont pleines d'actualité, puisque les antipathies indigènes sont toujours aussi vivaces et que trois siècles de sacrifices n'ont pas naturalisé en Chine les apôtres de la charité. Mais, aujourd'hui, nous sommes plus de mille, et un million d'âmes nous aiment !

TABLE DES MATIÈRES

TABLE DES MATIÈRES

Préface... 7

CHAPITRE Ier
La Préfecture de Ning-ko-fou............................... 19

CHAPITRE II
L'Immigration... 37

CHAPITRE III
Entrée des Missionnaires au Ning-ko...................... 51

CHAPITRE IV
Missionnaires et Lettrés.................................. 63

CHAPITRE V
Missionnaires et Paysans.................................. 77

CHAPITRE VI
Un incendie à Lou-tsen (Ngou-tsen-wan) et un pillage à Kien-ping (mai 1875)... 89

CHAPITRE VII
L'Apostolat... 103

CHAPITRE VIII
La prison de Ning-ko-hien............................. 117

CHAPITRE IX
Un pillage en règle................................... 127

CHAPITRE X
A travers les villages................................. 135

CHAPITRE XI
La religion du Saint-Homme........................... 149

CHAPITRE XII
Un contre trois....................................... 159

CHAPITRE XIII
Les histoires merveilleuses de queues coupées et de petits hommes de papier... 171

CHAPITRE XIV
Consolations au milieu des épreuves.................... 183

CHAPITRE XV
Le crime de Lou-tsen.................................. 191

CHAPITRE XVI
Le lendemain du crime................................ 201

CHAPITRE XVII
Le récit du P. Chen-eul............................... 213

CHAPITRE XVIII
Journal du P. André.................................. 229

CHAPITRE XIX
Un mois dans le grenier d'un tribunal.................. 243

CHAPITRE XX
A Nan-kin. — Première partie du procès..................... 257

CHAPITRE XXI
A Nan-kin. — Deuxième partie du procès..................... 271

CHAPITRE XXII
A Nan-kin. — Fin du procès................................. 281

CHAPITRE XXIII
Coup d'œil sur les campagnes pendant la durée du procès 295

CHAPITRE XXIV
Les dernières épreuves..................................... 309

CHAPITRE XXV
Vingt ans après.. 317

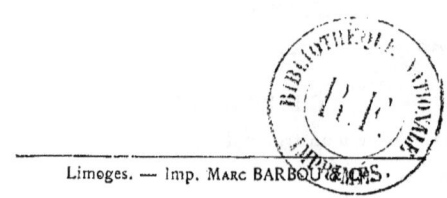

Limoges. — Imp. Marc BARBOU & Cⁱᵉ.

www.ingramcontent.com/pod-product-compliance
Lightning Source LLC
Chambersburg PA
CBHW070607160426
43194CB00009B/1214